Kohlhammer

Frank Thomas Brinkmann

Praktische Homiletik

Ein Leitfaden zur Predigtvorbereitung

Verlag W. Kohlhammer

*Meinen geliebten Großeltern
Elisabeth und Reinhold Limburg
in dankbarer Erinnerung*

Die Deutsche Bibliothek – CIP-Einheitsaufnahme

Brinkmann, Frank Thomas:
Praktische Homiletik : ein Leitfaden zur Predigtvorbereitung /
Frank Th. Brinkmann. - Stuttgart ; Berlin ; Köln : Kohlhammer, 2000
ISBN 3-17-016471-6

Alle Rechte vorbehalten
© 2000 W. Kohlhammer GmbH
Stuttgart Berlin Köln
Verlagsort: Stuttgart
Umschlag: Data Images GmbH
Gesamtherstellung:
W. Kohlhammer Druckerei GmbH + Co. Stuttgart
Printed in Germany

INHALTSVERZEICHNIS

Vorwort 9

ORIENTIERUNG: PRAKTISCHE HOMILETIK,
oder: Über sechs Stationen vom Schreibtisch zur Kanzel 15

ERSTE STATION: DIE PREDIGENDEN, *oder: Wer und Warum?* 29

1.1 Ein Begründungsnotstand für das Predigen? 29

1.2 Das Predigtgeschäft zwischen Beruf und Berufung 31

1.3 Predigende und ihr Profil 35

1.4 Der persönliche (Verstehens-)Horizont von Predigttexten:
Lebenserfahrung und "eigene" Theologie 37

1.5 Wortverkündigung oder Lebenshilfe? 41

1.6 Literatur zur Weiterarbeit und Vertiefung 48

1.7 Leitfragen als Hilfestellung: Selbstverortung und -rechenschaft 49

ZWEITE STATION: DIE KIRCHE UND IHR GOTTESDIENST,
oder: Wann, Wo und Weshalb? 53

2.1 Perikopentext und -kontext, Lesereihen und Kirchenjahr 53

2.2 Radius Gottesdienst und Gottesdienstgemeinde.
*Proprium und Ordinarium, Liturgie und Varianten,
Gebräuche und Lokaltraditionen* 56

2.3 Als Überleitung: Assoziative Textlektüre.
Sinn, Recht und Grenzen spontaner Ideen und Einfälle 59

2.4 Literatur zur Weiterarbeit und Vertiefung 62

2.5 Leitfragen als Hilfestellung:
Von der Erfassung des kirchlichen "Kontextes" zu ersten Einfällen 63

Inhaltsverzeichnis

DRITTE STATION: DER TEXT, *oder: Womit und Worüber?* 67

3.1 Prinzipiell: Wenn Texte "reden" könnten 67

3.2 Die klassische Exegese und ihr Nutzen 70

3.3 "Garstige Gräben", "Zirkelschlüsse" und andere Schwierigkeiten 75

3.4 Theologische Texthermeneutik 80

3.5 Literatur zur Weiterarbeit und Vertiefung 85

3.6 Leitfragen als Hilfestellung: Ergründung von Text und Textgehalt 87

VIERTE STATION: MENSCH UND GEGENWART, *oder: Wem und Wohin?* 91

4.1 Grundsätzlich: Das Verhältnis von "Sache" und "Situation" 91

4.2 Der Stellenwert von "Gemeindeanalysen" und "Hörereanalysen" 96

4.3 Alltagskultur und Zeitdiagnostik, Menschenkenntnis und "Gegenwartshermeneutik" 100

4.4 Literatur zur Weiterarbeit und Vertiefung 108

4.5 Leitfragen als Hilfestellung: Erkundung von Gemeinde, Mensch und Gegenwart 109

FÜNFTE STATION: PREDIGTSKOPUS UND BOTSCHAFT, *oder: Wozu und Was?* 115

5.1 Der Predigt Stoff und Sprache. Christlich-kirchliche Rede und parteiliche Verständigung 115

5.2 Der Predigt Sinn und Zweck, der Predigt Ziel und Kraft. Schnittmengen, Dialoge, Konzentrationen. 121

5.3 Der Predigt Wort und Mär. Die Kunst der Über-Setzung 127

| | 5.4 | Literatur zur Weiterarbeit und Vertiefung | 130 |

| | 5.5 | Leitfragen als Hilfestellung:
(Re-)Konstruktion des Predigtgehaltes | 131 |

SECHSTE STATION: GESTALTUNG FÜR DIE PRAXIS, *oder: Wie?* 135

| | 6.1 | Die Predigt:
Gottes Werk - Menschen-Machwerk - geistreiches Kunstwerk | 135 |

| | 6.2 | Zur Kreation der kontextuellen Sprachhandlung: Predigt
Das technische KnowHow für kirchliche Auftragsreden unter
den gottesdienstlichen Bedingungen "freier" Rezeption | 140 |

| | 6.3 | Predigtgliederung, Predigtaufbau - und "Wortstellung" | 145 |

| | 6.4 | Literatur zur Weiterarbeit und Vertiefung | 150 |

| | 6.5 | Leitfragen als Hilfestellung: Predigtkonzept - Konzeptpredigt | 151 |

ZUSATZ: PROTOKOLL EINER PREDIGTVORBEREITUNG,
plus: Predigtentwurf 157

ANHANG: TABELLARISCHE UND GRAPHISCHE ÜBERSICHTEN 175

         Anlage I,   *zu: Kirchenjahr* 175
         Anlage II,   *zu: Erlebnisgesellschaft* 182
         Anlage III, *zu: Faktoren im System: Predigt* 184

         LITERATUR 185

VORWORT

Es spricht eine Stimme: Predige!
und ich sprach: Was soll ich predigen? (Jesaia 40,6)

Verstehst Du auch, was du liesest?
Er aber sprach: Wie kann ich, wenn mich nicht jemand anleitet? (Acta 8, 30b.31a)

Wer in der letzten Dekade des zwanzigsten Jahrhunderts an Streifzügen durch die praktisch-theologischen Wälder oder auch an Spezialexpeditionen in das homiletisch-literarische Dickicht beteiligt gewesen ist, dürfte dabei kaum einen Mangel an Kurzweil empfunden haben; schon seit längerer Zeit sind die Aufenthalte in den genannten Gefilden dafür bekannt, eher an Abenteuerreisen denn an erholsame Kururlaube zu erinnern. Dabei ist das Terrain nicht einmal wild, wüst oder ungepflegt; es wird weiterhin auf traditionelle Weise - so gut es geht und den Umständen entsprechend - von den Bediensteten der theologischen Denkmalpflege, des religiösen Landschaftsbaus und der kirchlichen Parkwacht gepflegt und gewartet. Trotzdem türmen sich neben den beständig restaurierten und renovierten Klassikern auch Novitäten, Majestäten und Kuriositäten, die das gewohnte Bild insgesamt merklich verändert haben. Einige Ortsansässige freilich betonen gern, daß die ungeheure Fülle an freiwachsenden Wildpflanzen und durchgestylten Designskulpturen, an vagabundierenden Fabeltieren und hochgezüchteten Exoten nicht nur zur Verfremdung einer vertraut gewähnten Region, sondern, was ungleich besser sei, zu ihrer Attraktivität bzw. ihrem Spannungs- und Unterhaltungswert beitragen konnte.

Aber wie verhält es sich eigentlich, wenn die bezeichneten Streifzüge gar nicht um des bloß spannenden und unterhaltenden Erlebnisses willen unternommen wurden, sondern besondere Gründe und Ursachen haben? Was wäre, wenn sich die Expeditionsteilnehmerinnen und -teilnehmer gar nicht wirklich *auf exotischem Gelände ästhetisch bereichern* wollen? Was wäre, wenn sie weder angetreten sind, um sich an verwitterten Statuen, moosüberzogenen Ikonen und verwesten Idolen zu ergötzen, noch danach trachten, die schillernden Architekturen und schrillen Artefakte der Spät-, Post- oder Hip-Hop-Moderne zu verherrlichen? Was wäre, wenn sie weder steil-akademische Elfenbeintürme besteigen noch "in-between"-Performances zelebrieren, sondern lediglich den unauffällig-schlichten Wegmarkierungen nachgehen möchten, die sie zum Ziel ihrer Schatzjagd weisen? Was wäre, wenn jemand in der Praktischen Theologie einfach nur nach einer *Praktischen* Homiletik sucht, weil er von einer einzigen *praktischen* Frage getrieben wird?

Was soll ich predigen? - Diese Frage, die bekanntlich auf einen alttestamentlichen Propheten zurückgeht und mutatis mutandis mitkennzeichnend ist für zahlreiche der sogenannten biblischen Berufungserzählungen, dürfte - vor allem angesichts ihrer Mehrdimensionalität und ihres Facettenreichtums - bis zum gegenwärtigen Zeitpunkt Ausdruck einer ganzen Fülle von Beweg- und Hintergründen für Exkursionen in homiletische Territorien sein. Sie steht dafür, daß Predigerinnen und Prediger, gerade auch zukünftige, wissen wollen, wie sie ihrer "natürlichen" Aufgabe am besten gerecht werden können. Sie steht dafür, daß die Berufsgruppe parochial-pastoral praktizierender Theologen und Theologinnen in einen Kenntnisstand versetzt werden möchten, der sie dazu befähigt, ihrem Auftrag liturgisch und homiletisch angemessen nachzugehen. Sie steht dafür, daß es nicht auf die vielfältige Fülle an kulturtheoretischen, ästhetischen, semiotischen, phänomenologischen Bonmots ankommt, die *gelegentlich von Interesse sein können* für die Praktizierenden, sondern letztlich nur auf dasjenige, was *dauerhaft von Nutzen und Bedeutung sein wird* für die kirchliche Berufsausübung.

Was soll ich predigen? - Ein Hilferuf, der also versteckt zur Maßgabe wird für eine Theorie zur Praxis, eine Frage, die indirekt abzielt auf die *Anleitung* dazu! Es gilt wohl, um im begonnenen Bilde zu bleiben, Landkarten, Wegweiser und Ratgeber zu erstellen für die Exkursionen in die praktisch-theologische, hier insbesondere in die homiletische Landschaft; es gilt, Streckenabschnitte und Pfade zu markieren, auf bestimmte Sehenswürdigkeiten hinzuweisen, erprobte Abkürzungen nicht zu verschweigen sowie auf die Notwendigkeit einer guten Ausstattung hinzuweisen, die aus dem klassischen Grundrüstzeug besteht, aber hier und da auch alternativ-unorthodoxe, technisch-entlastende Spielzeuge enthalten darf.

Wer also mit der bereits mehrfach zitierten jesaianischen Frage beschäftigt ist und noch dazu den Wunsch des äthiopischen Kämmerers nach Anleitung hegt, sollte einen Leitfaden zur Hand nehmen können, der für Predigende geschrieben wurde, erfahrungsbezogen bleibt, "ortskundig" ist und fachlich begründet. Ein Leitfaden also, der nicht in der Heimlektüre kurzweilig, sondern im Gelände tauglich sein muß.

***

Der vorliegende Leitfaden geht auf entsprechende Bitten, auf wiederholt und hartnäckig vorgetragene Einzelfragen von Studentinnen und Studenten zurück; er ist deswegen auch zuerst mit ihnen - kapitel- und abschnittsweise - diskutiert worden. Dabei haben sich viele Veränderungsvorschläge als nützlich erwiesen, an der einen Stelle ist mehr "Theorie" eingearbeitet worden, an der anderen mehr "Praxis(-erfahrung)".

Auch die bisweilen umständliche Sprache, zu der sich der Autor geneigt weiß und folgerichtig bekennen muß, ist den ersten Kritikerinnen und Kritikern in homiletischen Seminaren zuliebe hier und da in eine saloppe Tonart überführt worden in der Hoffnung, den Leitfaden unter Beibehaltung seiner Plausibilität und Wissenschaftlichkeit gefälliger und gängiger zu formatieren. Dennoch sind sicherlich einige Satzungetüme erhalten geblieben. Die geneigten Leserinen und Leser sind gebeten, noch während der mitunter quälenden Lektüre Gnade walten zu lassen.

Ähnliches ist auch im Blick auf die vor allem von Studentinnen erbetene 'frauengerechte' Sprache zu sagen; einige Studenten haben geglaubt, diese Anregung quittieren und erledigen zu müssen mit der Rückfrage, ob der Begriff *frauengerecht* automatisch *männerungerecht* bedeutet oder ob er etwa in Analogie zu *kindgerecht* gebildet worden ist. Das ist vielleicht witzig, aber selbstverständlich auch völlig polemisch und unsachgemäß. Der Verfasser vertritt die Ansicht, daß es zwar keine 'gerechte' oder 'ungerechte' Sprache gibt, aber durchaus eine solche, in der sich veraltete Klischees und überholte Rollenverständnisse manifestiert haben. Zu Recht ergeht also die Forderung, einer exklusiven Sprachverwendung Einhalt zu gebieten, die ungenau ist, da sie sich ausschließlich auf eine bestimmte Gruppe, ein bestimmtes Geschlecht etc. zu beziehen scheint. Doch worin besteht die Lösung? Es gibt in der deutschen Sprachregelung - trotz bisweilen anzutreffender Praxis - noch immer nicht die Möglichkeit, mitten im Wort die Groß- bzw. Kleinschreibung der Buchstaben zu wechseln (etwa: PredigerInnen); und eine parallel-additive Verwendung beider Geschlechtsformen (etwa: Predigerinnen und Prediger) bläht manche Sätze, Absätze, Kapitel ungemein auf. Der vorliegende Leitfaden versucht dieser komplexen Sachlage dadurch Rechnung zu tragen, daß er die geschlechtsbezogenen Endungen alternativ-wechselnd verwendet und die geneigte Schar der Leser und Leserinnen von nun an bittet, selbständig die nötigen Ergänzungen vorzunehmen.

***

An alle Gesprächpartnerinnen und -partner, die die Entstehung vorliegender Ausführungen begleitet haben, nicht zuletzt auch an die Theologiestudentinnen und Studenten in den homiletischen Seminaren in Bochum, die sich angesprochen fühlen möchten, soll das erste Wort des Dankes gerichtet sein! Das zweite geht sogleich an Dennis Jäschke und stud. theol. Volker Pesch, denen dieser Leitfaden die Tabellen und Anhänge verdankt. Das dritte soll all diejenigen Menschen erreichen, die in den einzelnen Kapiteln ihren "praktischen" Auftritt haben. Das vierte Dankeschön schließlich ist mit Worten nicht zu formulieren; es möchte in der Widmung zur Geltung kommen.

Dortmund, am 18. Mai 2000   Frank Thomas Brinkmann

ORIENTIERUNG

PRAKTISCHE HOMILETIK ...

PRAKTISCHE HOMILETIK,
oder: Über sechs Stationen vom Schreibtisch zur Kanzel

"Weißt du eigentlich, was deine Arbeit mit meiner zu tun hat?", fragte einmal ein Fußballspieler eine befreundete Pfarrerin. "Nicht wirklich", antwortete sie. "Die Sache ist ganz einfach", erklärte er daraufhin, "von dir denkt die Gemeinde, daß du den ganzen Tag von Gott erzählst, weil du dich selber gerne reden hörst. Von mir denken die Fans, daß ich den ganzen Tag nur Fußball spiele, weil ich das am liebsten tue. Und von uns beiden denken sie, daß wir nur einen Tag in der Woche arbeiten, und nicht mal richtig..."

Fußballspielen und Predigen - ein Vergleich, der, sobald man sich auf ihn einläßt, eine Reihe interessanter Parallelen erkennen läßt. Um mit Fußball zu beginnen: "Ein Spiel dauert neunzig Minuten". Oftmals genügt schon ein einziges geistreich zitiertes Zitat, um sich Kritiker vom Leibe, Begeisterte bei Laune - und Vorurteile aufrecht zu halten; darauf verstehen sich nicht nur weitblickende Trainer, gewitzte Moderatoren und stattliche Vereinspräsidenten, die ihre Auskünfte und Kommentare in der Regel aus pfiffigen Bonmots (und weniger pfiffigen Plattitüden) zusammensetzen. Aber warum stellt es eine absolute Ausnahme dar, wenn sachverständig referiert wird über die Art und Weise aller theoretischen und praktischen Vorbereitungen, über Länge, Besonderheit und Intensität der Trainingseinheiten, über "Spielernaturelle" bzw. "-typen", über Motivationsstrategien und Zurüstungen "individueller Leistungsträger" und über taktischen Einstellungen und Anweisungen insgesamt? Das mag vielleicht einen Grund darin haben, daß die Show und das Geplauder letztlich gefälliger daherkommt als das Referat. Es mag auch daran liegen, daß nur mit Aufmerksamkeit verfolgt wird, was unterhaltsam ist: also das Spiel selber, die üblichen Gerüchte sowie das Vor- und Nachgeplänkel in den Medien. Es mag fernerhin sein, daß die wirklichen Erklärungen Aufschluß geben könnten über das geheimnisvolle Inventar taktisch denkender Strategen - und folglich nicht preisgegeben werden dürfen. Und schließlich mag es damit zu tun haben, daß sich die unbeteiligten Zaungäste freiwillig mit Phrasen abspeisen lassen, weil sie, auf dem bestmöglichen Kenntnisstand gebracht, ihre Eindrücke bezüglich der "überbezahlten Kurzarbeiter und Spielkinder" relativieren müßten. Kurzum: Es gibt Dinge, über die spricht man einfach nicht. Aber man hat sie bzw. sollte sie haben. Denn man braucht sie. Kluge Fußballspieler etwa haben von guten Trainern gelernt, daß es neben der schlichten Spielfreude auch auf das professionelle Spieltraining ankommt bzw. daß es neben dem allgemeinen Spielvermögen auch um den besonderen Umgang mit der antrainierten "Spiel-Kunst" geht. Gute Trainer wiederum sind sich darüber im Klaren, daß das Spieltraining während der Spielpraxis verinnerlicht wird, sich zur Spiel-Zeit bewähren muß - und keinerlei Garantie auf Spielerfolg verspricht.[1] Trainingsplanung und Spielvorbereitung sind unendlich wichtig,

---

[1] Was pflegte Franz Beckenbauer als Teamchef immer zu seiner Mannschaft nach dem Abschlußtraining sinngemäß zu sagen? "Jetzt geht und spielt Fußball, Jungs!"

machen aber die Resultate nur bedingt verfügbar. Vielleicht wird gerade deshalb dem o.g. Zitat gern ein zweites an die Seite gestellt: "Der Ball ist rund!"[2]

Wer das Predigtgeschäft näher in den Blick nimmt, wird erstaunliche Analogien bilden können. Mit gewissem Recht kann man festhalten, daß eine Predigt 20 Minuten dauert und in der Regel mit Gott zu tun hat, obschon dieser "im Himmel ist und nicht auf Erden". Predigerinnen und Prediger, auch dies läßt sich sagen, erwecken tatsächlich mitunter den Eindruck, als würden sie allzugern und allein einer Lieblingsbeschäftigung vieler Erwachsener nachgehen: nämlich reden! Obendrein stellt sich dazu bisweilen noch der Verdacht ein, als würden Arbeitszeit und -aufwand mit der Predigtredezeit identisch sein; nicht immer wird es zu ahnen ermöglicht bzw. zu sehen vergönnt, daß einer Predigt in aller Regel Trainings- bzw. Vorbereitungsphasen vorausgehen. Dies freilich ist wiederum all denjenigen Predigenden bekannt, die einmal stundenlang über einem leeren Blatt Papier gesessen, über Literaturen gebrütet, über Lebensgeschichten, Krisenstimmungen, existenzielle Nöte und schlichte (Sinn-) Fragen von nicht nur kirchlich orientierten Menschen nachgedacht haben sowie schließlich an der Ermittlung theologischer und lebensrelevanter Pointen beinah irre geworden sind. Nun, die hohe homiletische Aufgabe und Kunst erschließt sich wirklich nicht nur darin, "jeden Sonntag den Leuten 'was von Gott zu erzählen....."[3], sondern voller Predigtfreude den spielerischen Umgang mit der erlernten Predigtkunst in die Predigtpraxis hinein zu tragen, ohne mit der Predigtplanung den Predigterfolg für vollends verfügbar zu erachten. Das ambivalente Bild vom "runden Ball", der einerseits so sehr von der Handhabung trainierter Könner abhängig ist, andererseits aber auch bisweilen eigenen Gesetzen folgend rollt, fliegt und flattert, trifft außerordentlich gut auf das Predigtgeschäft zu. Da gilt es im Ergebnis wohl, eine mindestens fünfzehnminütige Kanzelrede erfolgreich vorzutragen, manchmal auch durchzustehen; da gilt es aber auch, im Vorfeld zu trainieren, indem man Recherchen betreibt und auswertet, Faktoren benennt und abwägt, Eventualitäten einplant und Begegnungsstrategien konzipiert, - und dennoch mit der Möglichkeit rechnet, daß sich in *dieser* Viertelstunde vielleicht Unverfügbares ereignet. Fest steht wohl, daß nicht in, sondern "vor" der Kanzel(-predigt) für die Predigerinnen der weiteste Weg gegangen, die meiste Arbeit getan und der größte Kampf ausgetragen wird.

Wer nun das vorliegende Buch zur Hand nimmt, wird nicht unbedingt um des Fußballers arbeitsreiche Trainingswoche vor dem "großen Spiel" wissen, aber höchstwahrscheinlich den weiten Weg vom Lesesofa über den Schreibtisch zur Kanzel ahnen, kennen oder gar fürchten.

Denn dieser Weg ist keineswegs mit der theoretischen Arbeit identisch, die von den theologischen Disziplinen gelehrt und gepflegt wird. Es ist ein Weg, der nicht ein theologisches Theoriedesign, ein dogmatisches Lehrgebinde oder eben ein (Spiel-)Ideenkonzept zum Ziel hat, sondern vielmehr eine konkrete Sprachhandlung im Handlungsfeld: Kirche, die einem bestimmten Ziel und Zweck, einem Nutzen, einem *praktischen*

---

[2] Die besten Zitate stammen von sogenannten Erfolgstrainern, wie etwa hier: von Sepp Herberger und Otto Rehagel; vgl. http://www.blutgraetsche.de

[3] In diesem häufig, z.T. auch mit geringfügigen Abweichungen vernommenen Ausspruch drückt sich offensichtlich die Außenwahrnehmung vieler "kirchlich distanzierter" Menschen aus.

Sinn zugeordnet ist. Es ist die kirchliche Kommunikations- und Interaktionspraxis, die einerseits den äußeren Rahmen bzw. die formalen Bedingungen sowie die inhaltlichen Bezugs- und Orientierungspunkte bereitstellt, andererseits aber auch Kriterien für lebenspraktische und menschendienliche Konkretionen kennt. Die Existenz dieser Kriterien beruht auf der Tatsache, daß Predigten immer bezogen-sein-wollen-auf, oder anders: daß kirchliches Handeln immer auch ein Handeln-für ist. Kurzgesagt, es geht um die Menschen, von denen und für die praktiziert wird. Predigt ist Praxis. Predigtvorbereitung ist trainingsrelevante Theorie, die auf die Praxistauglichkeit der Predigt zugeschnitten ist. Eine Homiletik, die sich dieser Tatsache bewußt wird, ist eine Praktische Homiletik.

Was tut eine Praktische Homiletik? Sie prüft die Theorie und erkundet die Praxis; und während sie dies tut, sortiert sie aus: sie stellt Dinge zurück, die unpraktisch sind und beendet Theoretisierungen, deren Praxistauglichkeit und -dienlichkeit nicht erkennbar wird. Sie greift zurück auf das Anliegen der *praktischen Exegese*[4], die sich nicht um eine Reproduktion biblischer Texte, sondern um deren Interpretation im Zusammenhang mit der neuzeitlichen Lebenswelt verdient machen wollte. Sie blickt auf die Sinndeutungspraxis und die Lebensauslegung des zeitgenössischen Menschen in seiner Kultur, seinem Alltag, seinen Milieus, seiner "Moderne" und seiner Gesellschaft; doch sie tut dies, weil sie nach den Bedingungen heutiger (Predigt-)Praxis fragt, weil sie wissen will, wo, unter welchen (Praxis-)Bedingungen die Predigt noch ihren Sitz im Leben haben, bekommen, halten kann.

Um es auf die jüngere Geschichte der Theoriebildungen zur neuzeitlichen Predigt zu beziehen und von daher zu verdeutlichen: Praktische Homiletik möchte die Spätfolgen der klassischen Dreiteilung der Homiletik in prinzipielle, materiale und formale Homiletik überwinden; Spätfolgen, die vor allem im Zusammenhang mit zwei Paradigmenwechseln bzw. "Wenden" in der Praktischen Theologie betrachtet werden müssen. Zum einen ist da die Tatsache zu nennen, daß die ursprüngliche Ausrichtung der integrativen prinzipiellen Homiletik auf "Sphären des Gemeindelebens"[5] preisgegeben wurde zugunsten theologischer bzw. dogmatischer Grundsatz- und Wesensbestimmungen. Zum anderen ist in Betracht zu ziehen, inwieweit die theologische Entdeckung der Empirie dazu beigetragen hat, die grundsätzlich-prinzipielle Betrachtung von Predigtprozedur, Predigtfunktion und Predigtwirkung in eine rein technische Diskussion von Möglichkeit und Machbarkeit zu überführen. Praktische Homiletik möchte genau dort ansetzen, wo sie etwa die substanzontologische Lesart der prinzipiellen Homiletik, die exegetischkerygmatische Engführung der materialen Homiletik und die Betonung funktionaldidaktischer bzw. instrumenteller Aspekte in der formalen Homiletik an ihr Ende gekommen sieht.

> Natürlich wird schon seit einiger Zeit die Begrenztheit jener Ansätze diskutiert, die sich einer Beantwortung der Fragen "Was ist die Predigt?", "Wie komme ich vom Text zur Predigt?" und "Wie verpacke ich die Botschaft kundenorientiert und erfolgreich?"

---

[4] Vgl. H. SCHRÖER, *Bibelauslegung durch Bibelgebrauch. Neue Wege >praktischer Exegese<*, EvTh 45 (1985), 500-515.

[5] Vgl. A. SCHWEIZER, *Homiletik*, Leipzig 1848, 112-114.

verschrieben haben. Aber warum ist es so wenig spürbar, daß an diesen Stellen schon länger debattiert wird? Warum scheinen Examenskandidatinnen und -kandidaten so wenig über die wirkliche Predigt zu wissen, die ihnen immerhin bald bevorsteht? Warum weichen auch in homiletischen Hauptseminaren immer noch pseudo-barthianisch gedrillte Studentinnen und Studenten der Übungsaufgabe aus, ihre Zeugen-Rede so zu verfassen, daß sie die christliche Lebensdeutungs- und Trostperspektive ohne theologisches Vokabular zur Sprache bringt? Und wieso sind eigentlich von den pointierten Debatten der akademischen Kampfgetümmel so wenig Funken auf die praktischen Schlachtfelder übergesprungen (und haben für purgatorisch-reinigende Flächenbrände gesorgt)? Wieso wird hier immer noch die überholte Alternative von dogmatischem und ethischem Christentum gepflegt und gepredigt, wieso begegnet man immer noch in aller Deutlich- und Eindeutigkeit den Konzepten der fünfziger bis frühsechziger sowie der spätsechziger bis frühachtziger Jahre? Eigentümlich parallel, mitunter auch vermischt kommen die entsprechenden Spitzensätze zu stehen, durch die auch die Predigthörerinnen des neuen Jahrtausends noch darüber "informiert" werden, daß Gott der ganz andere ist und Christus sein einziges fleischgewordenes Wort, und daß die Tropen abgeholzt werden und Kernenergie umstritten bleibt, solange es Solarzellen gibt. Es scheint bisweilen, als würden die Essenzen wissenschaftlicher Diskussionsbeiträge erst mit einem Zeitverzug von zehn, zwanzig Jahren in der "Praxis" praktisch auftauchen; anders ist es nicht zu erklären, daß die Lange'sche Diagnose von einst schon wieder bzw. wieder einmal zutrifft: Predigten gelten als unverständlich und langweilig[6].

Wohlbemerkt also, es geht der Praktischen Homiletik nicht um die Verleugnung der Sinnhaftigkeit jener wichtigen Unterscheidungen von prinzipiell angelegter und sodann materiell und formal entfalteter spezieller Homiletik, ebensowenig um die Preisgabe dessen, was die frühe Geschichte dieser systematischen Dreiteilung erreichen wollte. Denn was war es, was seinerzeit hinter den prinzipiell-homiletischen Differenzierungen kultischen Darstellens, pastoralen Zumutens und halieutischen Eindringens bzw. der Predigtprozedur, der Predigtfunktion und der Predigtwirkung aufleuchten wollte? Es war aufs Ganzen gesehen exakt die Benennung und Präzisierung des entscheidenden Bezugsrahmens homiletisch-praktischen Handelns. Insofern möchte die Praktische Homiletik das ursprüngliche Anliegen der klassischen Dreiteilung aufnehmen, bzw. genauer: das integrative Anliegen der vormals "prinzipiell" genannten Grundlegung von Homiletik überhaupt. Insofern sollen es wieder die "Sphären des Gemeindelebens" sein, von denen ausgegangen wird, weil aus ihnen die Predigt hergeleitet und auf sie die Predigt bezogen bleiben will.

"Sphären des Gemeindelebens" - ein Terminus, mit dessen Hilfe sich immer noch gut anschaulich machen läßt, auf welch schillerndem Boden eine Predigt gedeiht. Da geht es um Welten, Facetten und Dimensionen, die allesamt mit dem wirklichen und praktischen Leben zu tun haben. Da sind Menschen im Spiel und Texte, Räume und Mächte, Personen und Lebensgeschichten, semantische Vereinbarungen und kulturelle Systeme, Konventionen und Funktionen, Wahrnehmungen und Wirkungen, Grundhaltungen, Meinungsverschiedenheiten und Weltanschauungen, Prozesse individuell-religiöser

---

[6] Vgl. E. LANGE, *Zur Theorie und Praxis der Predigtarbeit*, in: DERS., *Predigen als Beruf. Aufsätze zu Homiletik, Liturgie und Pfarramt* (Hg. R. Schloz), München ²1987, 9-51, 15.

Sinnsuche und rituell wie auch "sprachlich" tradierte und kommunizierte Glaubensbekenntnisse. Und da müssen sich dann (in der Theorie) die praktischen bzw. praxisrelevanten Fragen stellen lassen nach dem Verhältnis von Predigtlehre und Rhetorik, von Homiletik und Liturgik, von Erbauung und Belehrung, von Überzeugung und Berufung, von Überredung und Trost[7], nicht zuletzt, weil die "wirkliche" Predigt aus einem merkwürdigen Beziehungsgefüge, einem Ensemble von Wechselwirkungen, einem Geflecht von Faktoren heraus entsteht.

Diese Faktoren lassen sich weitestgehend katalogisieren, trotz mancher Überschneidungen und Doppelungen. Zunächst hat man es mit vier Katalogen zu tun, nämlich mit dem Katalog: *Die Predigenden,* dem Katalog: *Kirche und Gottesdienst,* dem Katalog: *Bibel und Bibeltext* sowie dem Katalog: *Mensch und Gegenwart.* Indem sich die Praktische Homiletik diesen Katalogen zuwendet, erörtert sie theoretisch die praktischen Bedingungen und Möglichkeiten der Predigt, ihren besonderen (Gottesdienst, Gemeinde, Kirche) und ihren allgemeinen (Welt) Austragungsort, ihre traditionelle Ausgangsbasis (Text bzw. Bibel, christliches Bekenntnis), ihre individuell-humanen (Predigerin, Rezipienten, Lebensgeschichten) und kulturellen (Sprache, Auslegungsgeschichte, Gegenwart) Voraussetzungen sowie die jeweiligen Wechselwirkungen und Schnittmengen - und eröffnet dabei en passent zwei weitere Kataloge, nämlich (fünftens) den der *Skopus- oder Ziel- und Zweckbestimmung* sowie (sechstens) den der *Gestaltung.*

Gleichwohl ist Praktische Homiletik nicht nur deswegen praktisch, weil sie an einer theoretischen Erkundung und Erörterung der praktischen Bedingungen und Möglichkeiten arbeitet, also theoretisch auf Praxis reflektiert, sondern vor allem, weil sie an einer praktischen Durchführung interessiert ist. Sie ist (im Schleiermacher'schen Sinne) von der Art einer positiven Wissenschaft(-sdisziplin), die weniger auf die Predigt "an sich" denn auf das Predig*en* und die Ausbildung dafür abzielt. In Abwandlung einer klassischen Formulierung ist sie die Summe derjenigen Kenntnisse und Kunstregeln, ohne deren Besitz und Gebrauch wohl kaum ein Predigen möglich sein wird. Damit aber ist der Kreis zu dem eingangs im Orientierungsvergleich mit dem Fußballer-Trainingsplan betonten weiten und mühsamen Weg bis zum nächsten großen Predigt-Spiel geschlossen.

Genau dieser Weg - der Vorbereitungsweg zur Predigt - will hier gegliedert und klar beschrieben werden. Denn es braucht einen praktischen Leitfaden vom Schreibtisch zur Kanzel, ganz gleich, ob nun ein Student seine ersten Erprobungsschritte im homiletischen Seminar wagt, eine Prüfungskandidatin nach abgeschlossenem Studium und intensiver Auseinandersetzung mit homiletischer Theorie vor ihrer Examenspredigt steht, ein Vikar im vier-Wochen-Rythmus um die Wortverkündigung gebeten wird oder eine Gemeindepfarrerin schon am kommenden Sonn-, Fest- oder Feiertag wieder an der Reihe ist. Es braucht, zunächst auch ohne Berücksichtigung der exakt zur Verfügung stehenden Zeitspanne, eine klare Gliederung derselben, die ermöglicht werden kann auf der Grundlage einer weitestgehend genauen Beschreibung der Strecken, die abzuschreiten sind, um

---

[7] All dies gehörte einmal in den Themenkatalog der prinzipiellen Homiletik; vgl. etwa O. BAUMGARTEN, *Prinzipielle Homiletik,* aus: *Leitfaden der Homiletik zu den Vorlesungen des Prof. O. Baumgarten,* Kiel 1899, 5-13, zuletzt in: F. WINTZER, *Predigt. Texte zum Verständnis und zur Praxis der Predigt in der Neuzeit,* München 1989, 73-81.

am Ziel anlangen zu können. Es braucht in der Tat einen Trainingsplan, mit präzis theorie- und erfahrungsbezogener Erklärung der einzelnen Trainingseinheiten, im Idealfall erstellt von einem - um weiterhin im vorgeschlagenen Bild zu bleiben - Trainer, der sowohl auf eine anerkennenswerte Zeit als aktiver Fußballer als auch auf eine gediegene und erfolreich absolvierte theoretische Schulung blicken kann.

Der hier vorgeschlagene Leitfaden erhebt den Anspruch, einem solchen Trainingsplan recht nahe zu kommen. Als ein Handbuch, das den *praktischen* Weg veranschaulicht und dabei die notwendigen *theoretischen* (Vor-)Kenntnisse und Impulse benennt und thematisiert, möchte er die literarische Lücke zwischen exegetischen Kommentaren, homiletischen Entwürfen und gängigen Predigthilfen schließen, indem er die klassische Route vom Text zur Predigt bzw. vom Schreibtisch zur Kanzel sachlich und erfahrungsbezogen, mitunter auch unter Zuhilfenahme zunächst abwegig, absurd oder antiquiert erscheinender Erwägungen, beschreibt und erklärt.

Durch sechs Stationen werden die Leserinnen und Leser geführt. Es wäre zu wünschen, daß sie nicht nur bemerken, daß die Anzahl der Vorbereitungsschritte deutlich höher als bei gängigen "Dreier"-Vorbereitungsmodellen[8] liegt, sondern auch, daß sie in Erfahrung bringen, inwieweit die hier vollkommen beabsichtigte Anlehnung an die Zahl der o.g. "Kataloge" Praktischer Homiletik durchaus praktisch sinnvoll ist.[9] Sechs Kataloge, sechs Stationen, sechs Trainingseinheiten: jede Trainingseinheit erklärt sich in ihrer Überschrift bezüglich des jeweilig betreffenden "Kataloginhaltes" (etwa: Die Predigenden, oder: Die Kirche und ihr Gottesdienst etc.) wie auch hinsichtlich der besonderen Fragerichtung des jeweiligen stationären Aufenthalts (etwa: Wer und warum?, oder: Wann, wo und weshalb? etc.). In sich ist die einzelne Trainingseinheit - auch um ihrer Transparenz willen - so aufgebaut, daß dort die je besonderen Problemhorizonte Benennung finden, Diskussionsstandpunkte angerissen werden, auch gewissen Gesprächspartnern im Zitat das Wort erteilt wird, entsprechendes Hintergrundwissen zur Vermittlung kommt sowie Literatur (ohne Wertung in der Auflistung!) zur je eigenen Weiterarbeit vorgeschlagen wird. Zudem enthält jede Trainingseinheit einen Fragebogen, der die jeweils getätigten Grundüberlegungen sozusagen ihrer jeweiligen Konkretion, ihrer Praxisdienlichkeit bzw. -tauglichkeit zuführen möchte, indem er vor dem Hintergrund der vorausgegangenen Reflexionen schlicht "handwerklich"-praktische Fragen stellt. Aber worum geht es nun in den einzelnen Stationen? Eine kurze Skizze mag klären.

---

[8] Etwa: erstens Sachanalyse, zweitens Situationsanalyse, drittens Predigt; oder: erstens Textexegese, zweitens Predigtmeditation, drittens Predigt (vgl. Station III u.ö.).

[9] Wer mag, kann natürlich auch einen Bezug herstellen zu der Zahl der Wochentage minus eins; dann wäre es etwa denkbar, die sechs Arbeitsschritte auf Montag bis Samstag zu verteilen, um Sonntag zu ruhen, pardon: zu predigen!

Zur ersten Station: *Wer predigen will[10], sollte sich selber kennen, sich über sein eigenes und besonderes "Warum" im Klaren sein und fernerhin in der Lage, darüber Rechenschaft abzulegen.* Der entsprechende Fragenkatalog ist möglicherweise bekannt, wenngleich die aufgestellten Alternativen zunächst höchst plakativ und uneindeutig, weil nicht wirklich streng alternativ (!) sind: Tut man, was man tut, aus einem Gefühl der Berufung heraus oder nötigt das gesellschaftlich normierte Ethos des Berufsstandes: Pfarrer? Drängt das eigene Persönlichkeitsprofil oder der Heilige Geist, die Pflichtschuld oder die Freiheit? Wie verhält man sich zu der Doppelformel, derzufolge "Gott will, daß allen Menschen geholfen werde und sie zur Erkenntnis der Wahrheit kommen?" Soll Gott die Ehre gegeben werden oder muß man den Menschen helfen beim Begreifen ihrer selbst generell und in bestimmten Situationen? Sollte die *Sache der Theologie* verfochten werden oder die *Situation des Humanum*? Will der *lebendige Gott bezeugt* oder das *Ensemble der Fußkranken der Gesellschaft betreut* werden? Gilt es, das alt- und neutestamentliche Gotteswort zum Leuchten zu bringen oder die alte Dame in der zweiten Kirchbank ihrem Himmel ein Stückchen näher? Wie sieht es mit diesen theologischen und doch hochpersönlichen Grundentscheidungen aus, wenn man zusätzlich fragt, welches Gewicht dabei der je eigenen Lebensgeschichte, der je eigenen seelischen Gestimmtheit zukommt? Wer all diese - und noch mehr - Fragen beantwortet hat, weiß um die Bedeutung der predigenden Person, weiß um ein *Wer?* und *Warum?* und geht

zur zweiten Station: Denn *wer predigen will, sollte seine Aufgabe kennen und seinen Auftrag, dessen besondere Umstände und dessen Rahmenbedingungen.* Die Kirche ist es, in der gepredigt wird; die Kirche ist es, die - theologisch argumentiert - den Auftrag dazu erhalten hat und weitergibt an ihre Amtsträgerinnen. Dieser Auftrag lautet konkret und traditionell, auf der Grundlage eines bestimmten biblischen Textes eine Predigt zu erstellen, die Teil einer gottesdienstlichen Handlung werden soll, und zwar an einem bestimmten Zeitpunkt im Verlauf des Kirchenjahres. Dieser Auftrag wird einerseits von den in einer Agende zur Entfaltung gebrachten Gottesdiensttraditionen sowie den besonderen liturgischen Gemeindegepflogenheiten näher eingeschränkt, andererseits von einer Perikopenordnung präzisiert, die sozusagen für jeden Sonn- oder Feiertag einen eindeutig festgelegten Textabschnitt vorgibt. Damit erscheint der biblische Predigttext aus seinem biblischen Zusammenhang herausgenommen, in den Kontext und die Gebrauchssprache der gottesdienstlichen Feier übertragen, eingebettet in ganz andere und völlig verschiedene biblische und liturgische Texte. Er wird zu einem Text der Verbundenheit, die er quasi für all diejenigen Gemeinden herstellt, die sich an einem konkreten Gottesdiensttag an verschiedenen Orten unter dem gleichen und gleichlauten-

---

[10] Hier wie auch in den folgenden Absätzen könnten Leserinnen anmerken, daß anstelle des Wörtchens *will* auch *muß* geschrieben stehen könnte. Dieser Einwand wäre nicht ohne Berechtigung; er ließe sich biblisch begründen unter Bezugnahme auf die von Gott recht energisch aus ihrem Leben herausgerufenen und zum Predigen beauftragten Propheten, aber auch im Blick auf manche Predigerinnen und Prediger, die sich aufgrund ihres Persönlichkeitsprofils nahezu zwanghaft zur Bekenntnisrede genötigt fühlen. Doch dafür ist der Leitfaden insgesamt zu wohlwollend ausgerichtet; möchte er doch davon ausgehen, daß niemand gegen seinen Willen oder seine Neigung den Predigtberuf ergreift, sondern vielmehr gern und aus freien Stücken Zeugnis ablegt und Lebenshilfe anbietet.

den Wort zusammenfinden, aber er wird auch zu einem Text der Offenheit, indem er während seiner gottesdienstlichen Ingebrauchnahme eine Reihe von Assoziationen frei ermöglicht, die sich wiederum beziehen auf eine unendliche Fülle von einstigen und jetzigen Eindrücken, Erinnerungen, Erfahrungen. Mitunter sind es Assoziationen, die die Predigenden vielleicht aufgrund gemeinsamer Erfahrungen und Geschichten mit ihren Hörerinnen teilen, Assoziationen, die zu Einfällen und Ideen führen, aber auch weitere Ansatzpunkte kritischer Selbstreflexion und -revision ermöglichen können. Letztlich sollte erkundet sein, was es bedeutet, daß die Predigt dem Gedanken einer Kirche entspricht, die sich als Gemeinde Jesu Christi begreift und sich in ihren Gottesdiensten - *Wo?* und *Wozu?* - auf dem Weg kommunikativer Anschlüsse an die Bezeugungen der Heiligen Schriften Alten und Neuen Testamentes konstituiert und erhält. Daher

zur dritten Station: *Wer predigen will, sollte seine Grundlage kennen, seine Basis, sein Fundament und dessen Geschichte.* Es geht also um den biblischen Predigttext, diesmal in seinem Primärkontext, der auf vielfältige Weise rekonstruiert und beschrieben werden kann. Das klassische Instrumentarium wird bereitgestellt durch die historisch-kritische Exegese, die in ihren einzelnen Arbeitsschritten so unterschiedliche Sachverhalte zu erklären sucht wie etwa den Zustand des Urtextes, die Beschaffenheit der literarischen Konstruktion und Position eines Textabschnittes innerhalb gewisser Zusammenhänge, die Eigenart möglicherweise vorausgehender mündlicher Traditionen und überindividuell geprägter selbständiger Einheiten (Gattungen) einschließlich ihrer Sitze im Leben oder die Art und Qualität zwischenzeitlicher bzw. abschließender Redaktion. Freilich reichen diese exegetischen Arbeitsschritte kaum aus, um den Sinngehalt des analysierten und sezierten Textes auf den Punkt bzw. vor die Gemeinde zu bringen. Wie klärt man die Differenz und Diskrepanz zwischen den je ihrer Zeit einschließlich aller besonderen Umstände unterworfenen Vorstellungskomplexe und den quasi zeitlos-wesentlichen Wahrheiten, und wie - um nicht nur die alte Frage Lessings aufzuwerfen, sondern auch an seine Terminologie anzuknüpfen - überschreitet man den "garstigen Graben der Geschichte"? Denn immerhin sind 2000 Jahre Christentum eingebettet in eine allgemeine Geschichte voll geistiger Umwälzungs- und Wandlungsprozesse, Ideenverschiebungen und Bedeutungswandlungen, in eine Geschichte von unendlichen, sich teils gar widersprechenden Text- und Sinninterpretationen. Sprachgeschichtliche bzw. etymologische Forschungen, semantische Untersuchungen, aber auch schon der schlichte Vergleich zweier Predigten über denselben Text, die eine vielleicht anno 1648 gehalten, die andere im Jahre 1798 oder auch 1919, bringen diesbezüglich eindeutiges ans Licht.

Der Ertrag der sogenannten Textarbeit ist nicht mit den Resultaten der Exegese identisch. Textarbeit bedeutet, auf der Grundlage der exegetisch ermittelten historischen Fakten nach demjenigen zu suchen, wofür der Text a) theologisch vertretbar steht und b) vor dem Hintergrund der Transformationsgeschichte christlicher Ideen und Werte auch heute zu stehen kommt. Doch nachdem die Fragen des *Womit?* und *Worüber?* reflektiert wurden, wird man übergehen dürfen

zur vierten Station: *Wer predigt, sollte seine Adressaten kennen und deren Welt, sollte menschen- und gegenwartskundig sein.* Heute mehr denn je. Längst schon müssen die christlichen Konfessionen ihren eigenen Ansprüchen hinterhereilen, Heil alleinig zu garantieren, echten Lebenssinn zu stiften, plausible Werte zu vermitteln und praktikable

Orientierungsmöglichkeiten zu bieten. Im großen Pool der sogenannten Lebensdeutungsvorschläge, Existenzhilfen und religiösen Dienstleistungen, aber auch im Konvolut der unterschiedlichsten Sinn- und Symbolwelten belegen die Kirchen nur noch Provinzen, keine Monopole mehr. Ist das bloß eine vorübergehende Situation - oder ein klarer Sachverhalt und Tatbestand? Und damit zu einer Kardinalfrage: wie ist es überhaupt mit den sogenannten Unterscheidungen von Sache und Situation bestellt? Es dürfte erwiesen sein, daß die einst klar und deutlich vollzogene Trennung von Sach- und Situationsanalyse zwar ihren Dienst getan hat, aber mittlerweile völlig unbrauchbar geworden ist. Wer tatsächlich noch meint, nach einer wissenschaftlichen Klärung der Sache (gedacht wird dabei gern an die Sache der Theologie, aufgezeigt an einem Bibeltext) lediglich die aktuelle *Hörersituation* innerhalb der (Gottesdienst-)Gemeinde - etwa mit Hilfe einer statistischen Sortierung der Gottesdienstbesucher nach Altersgruppen oder Schichtenzugehörigkeiten - klären zu müssen, um zu einer angemessenen Predigt zu gelangen, irrt[11]. Auch die an dieser Stelle bisweilen vorgebrachten theologischen ("Gottes Wort kann auch ohne mein Zutun in der Predigt offenbar werden") und pneumatologischen ("Der Geist weht schließlich, wie und wo er will!") Argumente liefern trotz ihrer nahezu verblüffenden Schlüssigkeit[12] keine hinreichende Begründung für eine Arbeit, die nur zur Hälfte erledigt wird, d.h. für eine unvollständige und unzureichende Predigtvorbereitung.

Auf den Punkt gebracht: Wenn sich für den *Text* zeigen läßt, wie sehr seine Sache von Situationen bestimmt war, muß auch die *Gegenwart* so ergründet werden, daß sie quasi als situative Sachlage beschrieben, erklärt und verstanden werden kann. Und erst in der Schnittmenge beider Sachlagen liegt die wirkliche *(Predigt-)Situation*. Zahlreiche Wissenschaften und Forschungszweige haben ihren Beitrag zur Gegenwartserkundung geleistet; ihre Resultate sollten summarisch bekannt - und für die Predigtvorbereitung nutzbar gemacht werden. Ob es um die Erträge mentalitätsgeschichtlicher oder (alltags-)kulturhermeneutischer, entwicklungspsychologischer oder religionssoziologischer Untersuchungen geht - sie alle tragen zur zeitdiagnostischen Rekonstruktion desjenigen aktuellen Kontextes bei, innerhalb dessen sich nicht nur jedes zeitgenössische Subjekt sozial konstituiert und individuell erschließt, sondern innerhalb dessen sich auch jegliche Predigt ereignet! Doch von diesen Erwägungen zu dem *Womit?* und *Worüber?* nun

zur fünften Station: *Wer predigen will, sollte wissen, was zu predigen ist, sollte auf den Punkt bringen können, wofür es gut ist, was gesagt wird.* Entscheidungen müssen getroffen werden. Die maßgeblichen Bilanzen sind erstellt; ein überwältiges Ensemble an Vorerwägungen, Theorien, Ideen, Assoziationen, Textsinngehalten, zeitdiagnostischen Betrachtungen und anregungsreichen Sachinformationen fremder Wissenschaften liegt vor. Jetzt gilt es, Konsequenzen abzuleiten und alle kritisch geprüften und sorgsam

---

[11] Diese Bemerkungen bringen kein konstruiertes Zerrbild zur Anschauung, sondern verdanken sich bedauernswerterweise zahlreichen Beobachtungen in homiletischen Pro- und Hauptseminaren sowie dem häufigen Gedankenaustausch mit praktizierenden, also offensichtlich "gelernten" PredigerInnen.

[12] Es ist natürlich eine Schlüssigkeit der Einfalt, und verblüffend daran ist eigentlich nur die Tatsache, daß der offene Schlagabtausch mit biblischen Brocken, frommen Phrasen und theologischem Flickwerkzeug noch immer gern gepflegt wird.

Praktische Homiletik

ausgewählten Erwägungen in eine Resümee zu überführen. Welche greifbar-anschaulichen Schlüsse sind aus der einleitenden Selbstrechenschaft, der assoziativen Lektüre, der Textarbeit und der wissenschaftlichen Gegenwartserkundigung zu ziehen? Wie kompatibel sind die Resultate der unterschiedlichen Recherchen und Diskussionen, wie verhält es sich mit ihrer Verträglichkeit? Läßt sich das eigene Grundkonzept bzw. die eigene Predigttheorie sowohl mit dem exegetisch-texthermeneutischen als auch mit dem gegenwartsdiagnostischen Befund in Einklang bringen, und wie kommt dies nun ins recht Verhältnis zur kirchlichen bzw. gottesdienstlich eingespielten Sondergruppensemantik? In welchem Verhältnis steht das kirchenjahreszeitlich geprägte, auch liturgisch artikulierte bzw. codierte Proprium des jeweiligen Tages zu der bzw. den bereits ermittelten Predigtpointe(n), und inwieweit finden beide Aspekte ihren Wiederhall in den beweglichen Stücken der Liturgie?

Worum muß es in der Predigt gehen, sowohl stets und generell als auch dann je im Einzelfalle aktuell? Wie kann sie für das Ganze stehen? Welche Priorität ist zu setzen: Legt die Schrift den Menschen aus bzw. das Gotteswort die gegenwärtige Sachlage, oder ergreift das stets in (Selbst-)Deutungen begriffene Individuum den Text und die Predigt als hilfreiche Story zur Orientierung, als ein Erschließungsforum auf dem langen Weg zur eigenen Lebenssinngestaltung? Haben vielleicht beide Überlegungen etwas für sich? Und was bedeutet eine solche Diskussion des Verhältnisses theologischer und anthropologischer Grundansatzpunkte für die "nächste" Predigt? Wie kommt nun konkret der Dialog von einst und jetzt zustande, von Gott und Mensch, von Botschaft und Bedarf, von Evangelium und Gestimmtheit? Wie sind die Erträge von Textarbeit und Gegenwartserkundung aufeinander zu beziehen, und was ist das für die Predigt thematisch-inhaltlich und gehaltvoll Bedeutsame, das sich in der Schnittmenge von Texthermeneutik und Gegenwartshermeneutik (s.o.) findet? Erst wenn all diese Entscheidungen hinsichtlich des Predigtskopus bzw. der Botschaft, bezogen auf die Fragen *Wozu?* und *Was?* getroffen sind, geht es

zur sechsten Station: *Wer predigen will, sollte einen Plan haben, ein Konzept, sollte wissen wie es geht, was zu beachten ist - und wo die Grenzen des Machbaren liegen!* Wie sind eigentlich die Befunde aussprechbar, wie können sie in einer Predigt zur verständlichen Sprache kommen? Welche Sprache, welcher Vortragsstil empfiehlt sich überhaupt, welche rhetorischen Figuren und Kniffe sind anzuwenden, und inwieweit sind Sprache, Rhetorik und Vortragsstil von der Zielsetzung abhängig? Verfügt schon die (konkrete) Textgrundlage über genügend Spannung und Dramatik, oder muß die Predigtvorbereitung - etwa bei einem sperrigen, undramatischen und spannungsarmen Episteltext - Gebrauch machen von professionell-dramaturgischen Kunstgriffen, um eine Rede zu erstellen, die ungebrochene Aufmerksamkeit garantiert? Ist diese ungebrochene Aufmerksamkeit überhaupt nötig und erwünscht? Besteht der äußere Sinn und Zweck der Predigt in wahrer Information, rechter Erbauung oder gefälliger Unterhaltung? Muß man sich je nach Zweckbestimmung für ein quasi akademisches Kanzelreferat entscheiden oder für einen von zahlreichen biblischen und zeitgenössischen Bildelementen durchzogenen narrativ gestalteten Vortrag, für ein von Betroffenheitsrhetorik geprägtes theologisch-ethisches (oder wie auch immer geartetes) dramatisches Plädoyer oder gar für eine fragmentarische Ansprache voller Impulse, die das Ziel hat, einen wirklichen Dialog mit Hörerinnen und Hörern herzustellen[13]?

Mit den letztgenannten Entscheidungen hat man sich indirekt auf einen bestimmten Aufbau bzw. eine bestimmte Gliederung festgelegt. Es mag folgerichtig debattiert werden, ob es überhaupt (noch) eine *typische Gattung Predigt* mit klaren Kennzeichen und Merkmalen, also auch einem *typischen Aufbau* bzw. einer *typischen Gliederung* gibt. Das Gegenteil scheint der Fall zu sein, aber es bedarf gleichwohl einer Erörterung - und dann eben für Predigende die entschlossene und begründete Wahl. Ähnlich verhält es sich mit der Stellung des Bibeltextes, oder genauer: mit dem Ort des 'Wortes': Wann und wie kommt der Bibeltext vor? Wird er zu Beginn verlesen, darf er am Ende stehen, kann die Lektüre des Bibeltextes mitten in bzw. während der Predigt erfolgen? Muß er überhaupt explizit verlesen werden? Wer bei der Bearbeitung all dieser Fragen zu einer oder mehrerer Pointe(n) gekommen ist, sollte verschiedene Argumente sowohl theologischer als auch kommunikationswissenschaftlicher oder schlicht dramaturgischer Art geprüft - und eine klare Vorstellung der fälligen *zwanzigminütigen Rede* haben: Eine angemessene Würdigung und kritische Berücksichtigung von Anregungen fremder Wissenschaften, bezogen etwa auf die Stationen der Wahrnehmung und Verarbeitung längerer Botschaften, auf die Bedeutung von Sprechweisen, Symbolinventaren, Satzbauten und Wiederholungsstrukturen von Sprache, auf die Unterschiede "natürlicher" Dramatik und "künstlicher" Dramaturgie und auf die Wirkungs- und Rezeptionsweisen bei "offenen Kunstwerken" kann durchaus zur Vorbereitung einer gelingenden bzw. gelungenen Predigt, namentlich zur Beantwortung der Frage nach dem *Wie?* beitragen.

Insgesamt sollte nach einem Durchgang durch alle Stationen - mit allen entsprechend getroffenen Festlegungen - eine Predigt verfaßt werden können. Sofern dabei der Bedarf besteht, mit mehr Anschaulichkeit an die Kunst der Predigtvorbereitung bzw. des Predigtschreibens herangeführt zu werden, empfiehlt sich als Lektüre das diesen Leitfaden abschließende

Protokoll einer Predigtvorbereitung. Hier legt der berufserfahrene Verfasser in einer spontan-protokollarischen Wochenerinnerung ein Beispiel praktischer Arbeit vor; um zum eingangs gewählten Vergleich zurückzukehren: eine persönliche Schilderung bzw. Beschreibung seiner individuellen Trainingsvorbereitungen für ein konkretes Fußballspiel.

---

[13] Diese vielleicht skurril anmutende Auflistung entspricht m.E. wirklich dem "wahren kirchlichen Leben" - und ist noch nicht einmal vollständig.

ERSTE STATION

DIE PREDIGENDEN

DIE PREDIGENDEN,
oder: Wer? und Warum?

1.1 Ein Begründungsnotstand für das Predigen?

Für vieles im Leben gibt es gute Gründe. Ob eine Jugendliche um reiner Freude willen Karussell fährt, ein lokalpatriotischer Kommunalpolitiker aus persönlicher Betroffenheit heraus engagierte Reden für eine bestimmte Sache schwingt oder eine alleinerziehende Mutter wegen finanzieller Engpässe des Nachts nebenbei kellnert, ob ein Mittvierziger dank einer einzigen, in Jugendjahren den Eltern zuliebe getroffenen Entscheidung für einen soliden Lehrberuf sein ganzes Leben lang Autos repariert, ob ein rüstiger Rentner aufgrund seiner harten Lebensschule an bestimmten Urteilen den eigenen Kindern gegenüber festhält oder ob eine liebenswerte alte Dame infolge ihrer Erlebnisse als Nachkriegsvertriebene eine tiefe, ängstliche Scheu vor Menschen hat, die nicht ihre Sprache sprechen - fast für alle Handlungen, Meinungen und Einstellungen lassen sich Motive ermitteln, Ursachen finden, Anlässe benennen. Diese dienen der Rechtfertigung, der Selbstvergewisserung und der Erklärung; sie bewegen sich zwischen vordergründigen Beweggründen und abgründigen Hintergründen, sind rational ein- oder emotional durchgefärbt, biographisch oder situativ bestimmt, fußen auf wirtschaftlichen Argumenten, politischen Ideen oder auf pädagogischen Prämissen, beruhen auf banalen Stimmungen oder seriösen Lebensentscheidungen.

Die meisten aller guten Gründe werden deshalb als 'gut' empfunden, weil sie taugen, d.h. in beschränkten Begründungskontexten aufgrund ihrer partikularen Schlüssigkeit die Bedingungen des hinreichenden Kriteriums erfüllen. Längst schon sind die bekannten Qualitätsfragen moralischer (gut - böse) oder logischer (wahr - falsch) Art, deren Beantwortungen dann auch der Prüfung auf universale Plausibilität und Kommunikabilität standhalten müßten, zugunsten einer gewissen Echtheitsfrage zurückgestellt worden. Was tatsächlich zählt, ist die authentische Verbürgtheit von Begründungen - und damit vor allem die Kompetenz, sich selbst sowohl die eigenen Gründe und Hintergründe als auch die eigenen Begründungsschemata bewußt zu machen.

Gilt dies nicht auch für das Predigen? In der Tat gilt es, und zwar noch vor allen diesbezüglichen (Vorbereitungs-)Aktivitäten. Denn warum erklimmt eine Pfarrerin oder ein Vikar feierlich die Kanzel der gotischen Kirche, wieso stellt sich ein Pastor oder eine Laienpredigerin hinter das schlichte Rednerpult des Multifunktions-Gemeindezentrums? Um zu predigen, selbstverständlich, doch diese Replik ist keine Antwort, sondern verschärft nur die Frage: *Warum predigt jemand?* Der Begründungsmöglichkeiten sind reichlich gegeben.

> Da gibt es den routinierten Ein-Predigtstätten-Pfarrer, für den die Antwort auf der Hand liegt: Er tut's, weil er es eben für seine Arbeit und Pflicht hält - und außerdem am kommenden Sonntag an der Reihe ist. Da gibt es die sich fromm bekennende, ehemals in Kindergottesdiensthelferkreis und Gemeindejungschar aktive Christin, die die Studienzeit

als Übergangszeit voll wissenschaftlicher Anfechtung identifiziert hat und nun darauf brennt, das Evangelium zu verkünden, weil Gott es so will. Da gibt es den akademisch versierten Theologenkopf, den es drängt, seine wissenschaftlich präzisierte Auffassung von Wahrheit kundzutun. Da gibt es die moralisch hochbetroffene Motivierte, die endlich ihre Stunde gekommen weiß, die ethischen Konsequenzen des christlichen Glaubens - sei es 'Tempo 100' oder die 'atomwaffenfreie Zone' - einzufordern. Und dann gibt es solche, die - nun, die Kommunikationspsychologie spricht da recht harte Worte! - einfach bei einer Veranstaltung die zentrale Position innehaben und letztlich doch nur am meisten (von sich selbst) reden möchten.

Aufrichtige Predigerinnen und Prediger sollten sich nicht nur über ihre vordergründig artikulierten Gründe, sondern vor allem über deren Hintergründe Rechenschaft geben können. Nicht, weil die ersten Resultate oftmals für Überraschung sorgen, sondern damit die entscheidenden Ergebnisse dieses dann nicht tun, sprich: damit nicht die Predigthörer am Ende verzweifelt bemerken müssen, daß die Gestalt auf der Kanzel ja doch nur sich selbst und ihre Lieblingsthemen zum Gegenstand macht. Natürlich mag es sein, daß der eine oder die andere Gottesdienstbesucherin das im Vollzug der Predigt zum Ausdruck gekommene absolute Pflichtbewußtsein bzw. Berufsethos zu schätzen wissen, die im frühkindlichen Stadium steckengebliebene Religiosität bzw. das engagierte, aber gleichwohl höchst naive Betroffenheitspathos liebevoll anerkennen oder die selbstbezogene Gefühlsthematisierung und -auslebung milde mit Verständnis quittieren, weil ja immerhin "die Lieder schön ausgesucht" wurden. In der Regel freilich sorgen solche Wahrnehmungen dafür, daß sich (nicht nur) kritische Zeitgenossen zunehmend für Alternativen zu den harten Kirchenbänken interessieren; niemand ist heutzutage mehr gern Zaungast von ekklesiogenen oder sonstwie gearteten Zwangsneurosen. Folgerichtig empfiehlt es sich für Predigende, sich die begrenzte Besonderheit ihrer Persönlichkeit selbst vor Augen zu halten und bewußt davon Abstand zu nehmen, die eigene Grundhaltung unbewußt mit absolutem Verbindlichkeitscharakter zu versehen, sondern vielmehr den komplementären Möglichkeiten Raum zu gewähren - nicht zuletzt denjenigen Möglichkeiten, die mit der Gottesdienstgemeinde, dem Gottesdienst selbst und vor allem dem Predigttext geboten sind (s.u.).

Doch auch die Kehrseite dieser offensichtlich stark beschädigten Medaille hat ihre Bezeichnung, sie lautet eben: *Authentizität* (s.o.). Denn wenn man größeren Umfragen und Untersuchungen glauben darf, ist gerade auch die authentische Dimension der sich in der Predigt zum Ausruck bringenden Zeugenschaft erwünscht. Das sogenannte Echtheitskriterium findet immer deutlicher Anwendung auf die klerikalen Bürgen für Sinn und Wert, Tradition und Verheißung, Moral und Religion.[14] Aber auch dies Argument, nämlich das der eingeforderten Authentizität, führt zur gleichen Folgerung: Begründe, warum du predigst!

Dieser Begründungsnotstand soll in den folgenden Gedankengängen näher entfaltet - sowie in Anregungen bzw. Ansätze zur Klärung und Auflösung überführt werden.

---

[14] Vgl. E. LANGE, *Die Schwierigkeit, Pfarrer zu sein,* in: E. LANGE, *Predigen als Beruf. Aufsätze zu Homiletik, Liturgie und Pfarramt* (Hg. R. Schloz), München ²1987, 142-166, 158f.

1.2 Das Predigtgeschäft zwischen Beruf und Berufung

"Tust du das aus Beruf oder aus Berufung?" Diese Frage wird oft an praktizierende Theologen herangetragen, und ihr Sinn und Zweck ist recht offenkundig und weitreichend. Zunächst mag es ganz schlicht interessant sein, ob bei jener einstigen (Berufs-) Wahl zu Studienbeginn die Aussicht auf ein beruhigendes Beamtensalär und das allgemein diagnostizierte gesellschaftliche Ansehen des geistlichen Standes oder der wilde, jugendliche Eifer und die tiefe innere religiöse Überzeugung im Vordergrund gestanden bzw. den Ausschlag gegeben haben. Doch um weitaus grundsätzlicheres geht es, nämlich um das hintergründige Integral derjenigen einzelnen Deutungen, die die Predigenden ihrer eigenen Historie bzw. Genese von bestimmten *aktuellen* Standpunkten her zuschreiben. Insofern dürfte man etwa der Überlegung Raum geben, inwieweit sich - plakativ formuliert! - eher das großräumige Pfarrhaus mit Garten oder aber eher der nächtliche Seelsorgebesuch mit getröstetem Ausgang als maßgebliches Paradigma des eigenen Berufsverständnisses (bzw. des dadurch mitartikulierten Selbstverständnisses) auffassen läßt. Sowohl in als auch für Kirche und Gemeinde, gerade aber für den hier vorliegenden pastoralpraktischen Themenkomplex: *Predigen* haben solcherlei (natürlich nur selten explizit getroffenen) Entscheidungen schwerwiegende Folgen und Konsequenzen. Einen ersten Eindruck davon gewinnt man, wenn man sich (selbst) einer Reihe entsprechender Nachfragen aussetzt:

Begebe ich mich Sonntag für Sonntag (und einleuchtenderweise auch feiertags usw.) in die Kanzel, weil es zu meinem 'Job' gehört? Erledige ich die mir gestellte Aufgabe professionell, um alsbald routiniert zum weiteren Tages- und Wochengeschäft überzugehen? Oder werde ich mein Herzblut fließen lassen, meinen Glauben zur Sprache bringen, werde ich Zeugnis ablegen vom lebendigen Gotte, wie er schon in den heiligen Schriften Alten und Neuen Testaments (bezeugt wurde als einer, der zu den Menschen) spricht? Stehe ich in der Besoldungsliste der Institution Kirche oder in der Bekenntnistradition der Gemeinde Jesu Christi bzw. des wandernden Gottesvolkes? Bin ich im Auftrag des Herrn unterwegs oder im Dienste seiner Majestät, handle ich für Geld und gute Worte oder für einen Gotteslohn, wandle ich als Verteter oder als Stellvertreter?

Zugegeben: Diese konstruiert erscheinenden Alternativen wirken derart banal und trivial, daß man ihnen den Realitätsbezug schlichtweg abzusprechen geneigt ist. Aber genau das Gegenteil ist der Fall. Es ist nämlich faktische Realität, wenn der Gemeindevorstand im frommen schwäbischen Ländle seinem Pfarrer erklärt, daß hinter seiner ganzen professionellen Kanzelberedsamkeit und Geschäftigkeit offenbar zu wenig echtes Gottvertrauen steckt, oder wenn umgekehrt im westlichen Ruhrgebiet die Arbeiterpfarrerin angemahnt wird, nicht permanent ihre Gottseligkeit predigend zu thematisieren, sondern endlich ihrem sozialdiakonischen Dienstauftrag auch in der Verkündigungspraxis kritisch nachzukommen, sprich: ihrem Beruf und den daran gestellten Erwartungen gerecht zu werden.

Vielleicht erklärt sich aus diesen Sachverhalten und Vielfältigkeiten auch, warum die Kirchenordnungen, die ja bekanntlich Verbindlichkeits- und Entlastungscharakter haben wollen, zur (selbstbedeutsamen) Beantwortung und Lösung bestimmter Fragen und Probleme nur verhältnismäßig vage Hilfestellungen bieten. Deutlich legen sie ihre Betonung darauf, daß Gemeindepfarrer als Diener am Wort und als Hirten der Gemeinde den Auftrag haben, das Evangelium von Jesus Christus zu verkündigen, die Sakramente zu verwalten, den Dienst der Unterweisung und der Seelsorge auszuüben und (in Gemeinschaft mit dem Presbyterium) die Gemeinde zu leiten[15] - wobei dieser Auftrag mit der Ordination erteilt und übernommen wird und das Recht und die Pflicht der Pfarrerinnen und Pfarrer zur öffentlichen Verkündigung des Wortes Gottes begründet.[16] Aber was will damit gesagt sein? Scheinbar (s.u.) wird hier mit den Begriffen Beruf, Auftrag und Pflicht ein formaler Aspekt in den Vordergrund gestellt, der zunächst keinerlei Bezug zu derjenigen Grundstimmung der Betroffenen erkennen läßt, die etwa mit dem Terminus 'Berufung' angezeigt werden kann. Beinahe zögerlich, sicherlich aber höchst behutsam wird der Focus in denjenigen Passagen erweitert, die davon reden, daß die Anstellungsfähigkeit zum Pfarrer oder zur Pfarrerin nur Bewerberinnen und Bewerbern zuerkannt werden soll, die sich im Glauben an das Evangelium gebunden wissen.[17] Doch ganz gleich, welche Rangordnung von Anstellung und Glauben, von Beruf und Berufung, von Dienstpflicht und religiöser Überzeugung in **diesen** Kontexten aufgebaut sein könnte - fest steht, daß alle Predigerinnen und Prediger sich (und indirekt auch allen anderen Beteiligten) diesbezüglich selbst Rechenschaft darüber abgeben müssen, und zwar zuerst unter besonderer Berücksichtigung der Frage, wie sich das *im Glauben an das Evangelium gebunden wissen* für sie selber definiert bzw. wie es um die eigene *Berufung* bestellt ist.

Eine verhältnismäßig deutliche, wenngleich auch schlichte Begründung der eigenen Berufung wird häufig mit Hilfe biblischer Verse und theologischer Brocken erbracht. "Gehet hin in alle Welt, machet zu Jüngern alle Völker, taufet sie (...) und lehret sie (...)"[18], hatte bekanntlich schon der matthäische Christus seinen elf Jüngern als Missionsbefehl mit auf den Weg in die Welt gegeben. Aber läßt sich aus diesem Dictum bzw. aus anderen vergleichbaren, auch kompakt theologischen Zitaten und Denkfiguren schon eine Aufforderung zum eigenen Handeln, möglicherweise gar eine Art letztinstanzlicher Begründung dafür ableiten? Zumindest wird dies gelegentlich so behauptet. Nun, es kann hier nicht gelten, Richt- oder Machtworte darüber zu sprechen. Wohl aber kann die Aufforderung erfolgen, jede biblische Untermauerung des eigenen Berufungsbewußtseins einer kritischen Revision zu unterziehen - dahingehend etwa, daß auch die Anteile der eigenen religiösen Sozialisation namhaft gemacht werden bis hin zu einer sachgerechten Exegese derjenigen biographischen (oder biographisch bedingten) Vorfälle, die land-

---

[15] Vgl. *Kirchenordnung der Evangelischen Kirche von Westfalen*, Art. 19; in: LANDESKIRCHENAMT DER EVANGELISCHEN KIRCHE VON WESTFALEN (Hg.), *Das Recht in der Evangelischen Kirche von Westfalen*, Bielefeld, Stand Mai 1998.

[16] Vgl. *Kirchengesetz über die dienstrechtlichen Verhältnisse der Pfarrerinnen und Pfarrer in der Evangelischen Kirche der Union* (Pfarrdienstgesetz - PfDG), §3, Abs. 1; in: LANDESKIRCHENAMT DER EVANGELISCHEN KIRCHE VON WESTFALEN (Hg.), *Das Recht in der Evangelischen Kirche von Westfalen*, Bielefeld, Stand Mai 1998.

[17] Vgl. ebd. §12, Abs. 1.

[18] Vgl. Mt. 28,19f.

1.2 Das Predigtgeschäft zwischen Beruf und Berufung

läufig als Bekehrungserlebnisse bezeichnet werden. Nicht selten nämlich stehen solche religiös interpretierten Erlebnisse im Vorder(oder Hinter-)grund, wenn von der persönlichen Berufung explizit gesprochen wird. Das ist selbstverständlich kein Makel. Im Gegenteil: Die Auslegung eines bestimmten historisch-biographischen Augenblicks als christliches Bekehrungserlebnis mit Hilfe biblischer Motive verweist deutlich auf die dem Humanum eigene Kompetenz, Lebensläufe oder Situationen mit einer bestimmten religiösen Interpretation anzureichern, und zwar unter den Bedingungen eines bestimmten konkreten und implizit oder explizit bereitgestellten Interpretationshorizontes!

Freilich kann dies auch ein vorzugsweise ethischer Interpretationshorizont sein, man denke nur an die Immatrikulationswelle von TheologiestudentInnen in den Zeiten des sogenannten NATO-Doppelbeschlusses bzw. der aufblühenden Ökologie-und Friedensbewegungen. Auch diesbezüglich kann man sich berufen fühlen - etwa, wenn man sich gedrängt weiß, im Namen Gottes für Frieden, Gerechtigkeit und Bewahrung der Schöpfung zu predigen, in der Nachfolge Jesu die Unterdrückungsmechanismen in süd- bzw. mittelamerikanischen Republiken zu geißeln oder allgemein die Verweigerung gegenüber totalitären Strukturen der Weltwirtschaft zum Thema biblischer Erinnerung zu machen[19].

Natürlich kann die Religiosität und Seriosität der modellhaft angesprochenen Glaubens- und (moralischen) Zeitzeugen hier nicht zum Thema gemacht werden; ihre Sendung und Berufung soll ebenso außerhalb der Debatte stehen wie die Präzision und Begründung der betreffenden theologischen und ethischen Ausführungen. Gleichwohl gilt es für so manche Predigerin und so manchen Prediger, den vorläufigen Vorsprung dieser jedenfalls immanent schlüssigen *fremden* Begründungsmodelle mit ihrer *eigenen* reflektierten Begründung kritisch einzuholen. Und zwar im Blick auf eine (mindestens) doppelte Pointe. Doch dazu muß nun auf den 'Beruf' eingegangen werden.

Diesbezüglich ist bereits angedeutet worden, daß in den Kirchenordnungen mit der Betonung von Auftrag und Pflicht der (scheinbar) bloß formale Aspekt des Berufes in den Vordergrund gestellt wird. Aber das dürfte ein trügerischer erster Eindruck gewesen sein, wenn man bedenkt, welche besondere Funktion die Hervorhebung eines ganz speziellen Dienst-Begriffes erfüllt. Gemessen nämlich an all den Erwartungen, die von öffentlicher Seite her an Predigtinhalte, vor allem aber an die berufsausübenden Predigerinnen selber gestellt werden, garantiert die Bindung an den kirchlichen Ordinationsauftrag bzw. die damit explizierten Prinzipien, Grundlagen, Überlieferungen sowie (apostolischen) Autoritäten christlicher Bekenntnistradition und kirchlichen Amtverständnisses auch eine deutliche Entlastung. Gerade wenn das Berufsbild Pfarrerin bzw. Prediger von allzu groben Erwartungshaltungen vereinnamt und verschlungen zu werden sowie zu einer schlichten Dienstleistungsmaschinerie zu verkümmern droht - etwa weil der Prediger als Bürge für eine gewisse Tradition oder eine Praxis in Anspruch

---

[19] Vielleicht diesbezüglich programmatisch das kluge, ehrliche und sensible Buch von U. DUCHROW, *Alternativen zur kapitalistischen Weltwirtschaft. Biblische Erinnerung und politische Ansätze zur Überwindung einer lebensbedrohenden Ökonomie*, Gütersloh-Mainz 1994.

genommen wird, für die er etwa als selbstverstandener Zeuge biblischer Verheißung nicht zu stehen vermag[20] -, dann kann das vom kirchlich-christlichen Amtsverständnis her interpretierte eigene Berufsverständnis den nötigen, stützenden und eben entlastenden (s.o.) Gegenpol bilden. Außerdem ist der konkrete Prediger eben immer nur **ein** Prediger bzw. ein **Prediger**.[21] In der Bewußtwerdung der eigenen beschränkten Singularität darf er zur Ruhe kommen; die Behauptung, daß er quasi in seiner Person repräsentativ für 'Kirche' zu stehen kommt, muß relativiert werden von dem Argument der Vielfaltigkeit dieser Kirche selber. Denn erstens repräsentieren alle anderen PredigerInnen die Kirche ebenso, und zweitens ist Kirche eben nicht nur Predigt. In der Summe dieser Aussagen besteht die eine Pointe; sie resultiert sozusagen aus einer auf Entlastung abzielenden offenen Deutung des von kirchlicher Seite als gegeben vorausgesetzten Handlungsspielraumes, der den Predigerinnen als Arbeitsfeld zugewiesen wird. Die andere Pointe ist gewissermaßen in der Berufsausbildung versteckt, die bekanntlich sowohl auf umfassende theologische Sachkunde als auch auf die Kompetenz zu kritischen Reflexionen abzielt. Daraus läßt sich nun schließen, daß das Recht des eigenen individuellen Zuganges zur christlichen Religion und Kirche (Stichwort: Berufung) sowie die Freiheit des je persönlichen (Glaubens-)Profils in dem Maße gewährleistet bleiben, in dem sie innerhalb der kirchlich-berufsdefinierten Rahmenbedingungen zu ihrer reflektierten Selbstbegründung und kritisch verantworteten Selbstentfaltung gelangen können, ohne dabei die im amtlichen Berufsbegriff thematisierte dienende Dienstfunktion zu vernachlässigen. Hier lautet das entsprechende Merkwort Verpflichtung.

Es dürfte deutlich geworden sein, daß hier ein erweitertes Berufs- und Selbstverständnis avisiert wird, welches zwischen der professionellen, an Erwartungen ausgerichteten und zugleich von ihnen kritisch distanzierten Berufsausübung auf der Kanzel und dem Bewußtsein von 'Berufung' keine strikte Demarkationslinie zeichnet, sondern beide Momente ineinander verwoben sieht. Die trotzig-hartnäckige Rückfrage nun, worauf dieses Berufungsbewußtsein fußt und was sein Inhalt oder besser noch Gehalt ist, muß zurückgestellt, weil von jedem Prediger und jeder Predigerin individuell beantwortet werden. Ist es ein "Gefühl schlechthinniger Abhängigkeit", das sich zur Artikulation und Mitteilung bringen will? Ist es die entdeckte Bedeutung einer für lebensnotwendig erkannten Sinn- und Daseinsauslegung? Ist es der allmählich gefestigte Eindruck, daß das Gottesbewußtsein Jesu auch zur integralen Kraft des je eigenen Lebens werden kann? Ist es die Anerkennung einer immensen Kraft, die den Heiligen Schriften Alten und Neuen Testamentes innewohnt? Ist es die (Selbst-) Erfahrung bzw. die Gewißheit, ein von Gott gerechtfertigter Sünder und angenommener Mensch zu sein? Und schließlich: Ist es die Überzeugung, daß diese jemeinig anerkannte (Glaubens-)Haltung eine Geltung und Relevanz für andere Menschen, namentlich für die unterhalb der Kanzel versammelten, haben kann und muß? Oder ist es doch nur die überschätzende Hochachtung des eigenen Selbst und seiner Bedürfnisse, die hinter dem Sich-Berufen-glauben ruht und seine Entfaltungsmöglichkeit im PredigerInnenberuf gefunden hat?

---

[20] Vgl. E. LANGE, *Die Schwierigkeit, Pfarrer zu sein*, aaO. 158f.

[21] Selbstverständlich gilt dies ebenso für Predigerinnen.

1.3 Predigende und ihr Profil

Zu den Wissenschaften bzw. Wissenschaftsbereichen, die mit ihren Theorien, Untersuchungen und Resultaten selbst in jüngerer Zeit noch Aufsehen erregen konnten, gehören zweifellos Psychoanalyse und Tiefenpsychologie. Schon mehrfach haben sie auch für Verblüffungseffekte und Aufmerksamkeit seitens Theologie und Kirche gesorgt, nicht zuletzt bezüglich des Themenkomplexes: Predigen.

Bereits in den vierziger Jahren des zwanzigsten Jahrhunderts hatte Otto Haendler auf der Grundlage des C.G. Jung'schen Ansatzes auf die Bedeutung des Subjekts für das Werden der Predigt hingewiesen; ein Versuch freilich, der erst 30 Jahre später einer intensiven empirisch-analytischen Aufarbeitung unterzogen wurde. Deren wesentlicher Clou bestand nun in der abgesicherten Erkenntnis, daß Predigende, sofern sie mit ihren ganz persönlichen Tiefen und Abgründen in das eigene Predigen involviert sind, im Ergebnis dazu neigen, exakt diejenigen Befindlichkeiten weiterzugeben, nach denen sie sich selber sehnen[22]. Als problematisch muß diesbezüglich der besondere Ernstfall empfunden werden, in dem die eigenen Erwartungen, Vorstellungen und Gestimmtheiten all dasjenige zu überlagern drohen, wofür der Predigttext und -kontext zu stehen kommen könnte. Dann nämlich besteht die Gefahr, genau in den Sog jenes Zirkelschlusses - Vorgestimmtheit bedingt Text- und Kontextverständnis, bedingtes Text- und Kontextverständnis bestätigt Vorgestimmtheit - zu geraten, der für den Vollzug einer sinnvollen und horizonterweiternden Kommunikation hinderlich ist; die gleichwohl unbewußt vollzogene Selbstumkreisung führt zur ungehemmten Selbstthematisierung ebenso wie zu einer gewissen Gesetz(t)lichkeit.

Allmählich hat die zeitgenössische Pastoralpsychologie ausführlicher auf diese Tatbestände reagiert und entsprechende Instrumentarien wie auch Schemata entwickelt. Deutliche und nachhaltige Resultate präsentierte etwa Fritz Riemann mit seinen vorgenommenen Typologisierungen; er unterscheidet vier quasi typisierbare Grundhaltungen, die zwar in ihrer Summe die Vielfalt menschlicher Dispositionen aufzeigen, aber doch von Person zu Person unterschiedliche Akzentuierungen - eben hin auf eine von vier Grundformen der Predigerpersönlichkeit - erkennen lassen[23]. Riemann entfaltet seine These in den Charakterzeichnungen des schizoiden, des depressiven, des hysterischen und des zwanghaften Predigers. Letztgenannter etwa neigt "dazu, sich als Hüter der Tradition zu sehen. Die Überlieferung und sein Amt sind ihm verpflichtend, bedeuten Verantwortung. Die ihm als angemessen erscheinende Einstellung zu Amt und Funktion ist eine dienende. Im Bewußtsein seiner Verantwortung ist er bestrebt, Vorbild zu sein. Gemäß der damit verbundenen Strenge gegen sich selbst betont er auch in der Predigt den Forderungscharakter der Lehre, das >du sollst<. Daraus können leicht Überforderungen werden, wenn er die menschliche Natur zu wenig kennt oder beachtet. Seine Predigten sind durchdacht, thematisch klar und gründlich durchgeführt, wie er auch sonst in seiner

---

[22] Vgl. H.-C. PIPER, *Predigtanalysen (Kommunikation und Kommunikationsstörungen in der Predigt)*, Göttingen / Wien 1976, 127-129.

[23] F. RIEMANN, *Die Persönlichkeit des Predigers aus tiefenpsychologischer Sicht*, in: R. RIESS (Hg.), *Perspektiven der Pastoralpsychologie*, Göttingen 1974, 152-166.

Amtsführung verläßlich ist; Tiefe des Denkens und Glaubens sind seine Vorzüge. (...) Im positiven Sinne können wir hier (...) Pfarrer von großem Format finden, die das Amt auf sich nehmen unter Zurückstellung der eigenen Person, die daran zu überpersönlicher Größe und Würde wachsen können. Sie umweht oft ein Hauch großer menschlicher Reife; bei aller Strenge und Unbestechlichkeit zeigen sie doch eine Milde und ein menschliches Verständnis dem einzelnen gegenüber, so daß ihnen jene Mischung aus Respekt und liebender Verehrung entgegengebracht werden kann, wie einer echten Vaterpersönlichkeit. Sie eignen sich für hohe, verantwortliche Ämter und erfüllen für den Gläubigen die Sehnsucht nach einem überzeugenden Vorbild menschlicher Größe."[24]

Soweit also der (sicherlich über lange Zeit am häufigsten auftretende) Typus des zwanghaften Predigers. Ähnlich detailliert und präzise werden auch die anderen drei Persönlichkeitsgrundformen dargestellt; sie können (nun unter Verzicht auf längere Zitate) wie folgt skizziert werden: Komplementär zu dem *zwanghaften* ist der *hysterische* Predigertypus; er gilt als mitreißend, begeisternd und suggestiv, läßt eine farbige, bisweilen an Schauspielerei grenzende Persönlichkeit mit gewissem Geltungsbedürfnis erkennen, kann ein gutes Leitbild abgeben, aber auch zum Schwärmer und Verführer werden, tendiert zu einer bestimmten unverbindlichen Zweckmoral, aber gibt dabei auch manch kräftigenden Impuls. Von ihm unterscheidet sich der *depressive* Prediger mit seiner Fähigkeit und Bereitschaft zu starken Identifikationen und persönlichen Bindungen; er ist einfühlend, tröstend und mitleidend, neigt aber dazu, sein Pathos bis hin zu einer praktizierten Leidensideologie hin auszuleben. Anders wiederum der *schizoide* Predigertypus, dessen menschliche Unbezogenheit und Einfühlungsarmut mit ausgeprägter Erkenntniskraft und Unabhängigkeit einhergeht und kühne, neue, bisweilen aber auch überfordernde Konzepte freisetzt.

Doch was bedeuten solche aus der Neurosenlehre gewonnenen Erkenntnisse für das Predigen? Diese Frage ist von Axel Dennecke aufgenommen worden, der die Persönlichkeitsprofile unter Bezugnahme auf die Doppelstruktur umgangssprachlicher Kommunikation (sprachlich geäußerter Sachverhalt / sprachlich gegründete Beziehung) gewissermaßen auf ihre entsprechenden Kommunikationsprofile hin untersucht hat. Die zwanghafte Dimension erkennt er bei dem *verantwortungsvollen Prediger der Ordnung*, der auf der Inhaltsebene kommuniziert und dort nach Sicherheit sucht bzw. nach Objektivität strebt, während die hysterische Dimension dem *wandlungsfähigen Prediger der Freiheit* zugeordnet wird, der auf der Beziehungsebene Inhalt schafft, viel Interessantes bietet, Begeisterungsschübe freisetzt und mit seinen vielen neuen Einfällen wenig Verläßlichkeit bietet. Über Inhalte Beziehungen zu schaffen, ist der *distanzierte Prediger der Erkenntnis* (schizoide Dimension) bemüht, der keine objektive Wahrheit voraussetzt, sondern die nützliche Wahrheit sucht; seine Vielschichtigkeit und Tiefsinnigkeit kann auch als Verbohrtheit aufgefaßt werden und mit Kontaktverlusten einhergehen. Anders als bei dem *einfühlsamen Prediger der Liebe*, dem eine depressive Dimension attestiert werden muß; er dominiert auf der Gefühlsebene, wo freilich der Inhalt von der Beziehung verschlungen wird, weil die nahezu verbindlich bereitgestellte Geborgenheit den Hörer bindet, anstatt ihm eigene und neue Wege zu ermöglichen.

---

[24] Vgl. ebd. 160-162.

1.3 Predigende und ihr Profil

Natürlich können solcherlei Schemata einschließlich der daraus gewonnenen Schlußfolgerungen und therapeutischen Konsequenzen (Erkenne deine Prägung, lerne die sinnvollen Aspekte anderer 'Dimensionen' positiv aufzunehmen, erstelle dein eigenes Gegenprofil, dem du dich annäherst![25]) zunächst als allzu statisch und normierend aufgefaßt werden. Gleichwohl mag ein freier Umgang mit den Beschreibungen von Persönlichkeits- und Kommunikationsprofilen durchaus der eingangs für notwendig erklärten Selbstbewußtwerdung und -begründung von Predigerinnen und Predigern dienen; Riemann etwa erklärt, daß das Erkennen der je eigenen Persönlichkeitsstruktur mit ihren Chancen, Gefahren und (Rück-)Wirkungen auf die Gemeinde dazu beitragen kann, sich sowohl seiner eigenen Grenzen bewußt zu werden als auch davor zu warnen, die persönliche Einstellung als die allein gültige und einforderungswürdige zu bewerten.[26]

Konkret bedeutet dies ein Mehrfaches: Erstens müßten sich Prediger der Tatsache bewußter sein, daß ihre engagierten Versuche, Hörer mit Predigten zu bestimmten Haltungen oder Handlungen einzuladen, oftmals in einem Wertungsfeld begründet ist, das auf ihren je eigenen persönlichen Voraussetzungen und psychisch bedingten Grundeinstellungen fußt[27]. Zweitens sollten sie sich darüber Klarheit verschaffen, welche Vorverständnisse und Voreinstellungen sie an Texte und Gemeinde herantragen. Drittens haben sie kritisch zu reflektieren, inwieweit solche Vorverständnisse bzw. Voreinstellungen bestimmte einseitige Auswahlen, Eintönungen sowie Um- und Überinterpretationen[28], dann aber auch konkrete Verhaltensweisen wie das jeweilige sprachliche und gestisch-mimische Auftreten begünstigen - bzw. überhaupt begünstigen dürfen! Am Ende dieser Erwägungen aber stehen - viertens - auch genau die sogenannten theologischen Konzepte auf dem Prüfstein, die man bislang für unmißverständlich gehalten hat - sei es, weil sie in ihrer Grundtendenz dem eigenen Profil bzw. der eigenen Meinung entsprechen, sei es, weil sie als logische Konsequenz der eigenen religiösen Sozialisation bzw. theologischen Ausbildung erscheinen, sei es schlicht aufgrund der unumstrittenen Aura und Autorität ihrer Gewährsleute. Doch damit zu den beiden anschließenden Gedankengängen.

1.4 Der persönliche (Verstehens-)Horizont von Predigttexten: Lebenserfahrung und "eigene" Theologie

"Was dem einen sin Uhl ist, ist dem andern sin Nachtigall", weiß schon ein volkstümliches Sprichwort. Es besagt zweierlei: Zum einen erinnert es an die besonderen

---

[25] Vgl. O. FUCHS, *Sprechen in Gegensätzen. Meinung und Gegenmeinung in kirchlicher Rede*, München 1978; DERS., *Die lebendige Predigt*, München 1978.

[26] Vgl. F. RIEMANN, aaO. 166.

[27] Vgl. O. FUCHS, *Die lebendige Predigt*, aaO. 24.

[28] Vgl. R. RIESS, *Zur pastoralpsychologischen Problematik des Predigers*, zuletzt in: A. BEUTEL / V. DREHSEN / H.M. MÜLLER, *Homiletisches Lesebuch. Texte zur heutigen Predigtlehre*, Tübingen ²1989, 154-176, 169.

Vorlieben, die jeder Mensch im Laufe seines Lebens entwickelt, vor dem Hintergrund der persönlichen Biographie, der Sozialisation in Familie, Freundeskreis, Schule, Studium und Beruf, der Widerfahrnisse und Erfahrungen in Amt und Alltag. Das können schlichte Präferenzen sein, z.B. daß jemand lieber unauffällig schwarz gekleidet als in freche Farben gehüllt daherkommt, dem Hut eine Baseballkappe vorzieht oder vozugsweise Pommes Frites bestellt, wo andere Ragout Fin verspeisen. Das kann bedeuten, daß sich ein Mensch - aus welchen Gründen auch immer - lieber zu Wasser fortbewegt als mit dem Flugzeug oder daß der Besuch der Philharmonie liebend gern ausgelassen wird, wenn die Kinoplakate der Lichtspielhäuser locken oder die Discotheken und Tanzpaläste gute Unterhaltung und vielseitige Kontakte garantieren. Diese Beispiele können fortgesetzt werden bis hin zu der Diskussion amouröser Schwächen ("ob blond, ob braun"), politischer Sympathien (schwarz, rot oder grün?) und sonstiger Faibles. Zum zweiten aber weist das genannte Sprichwort auf die unterschiedlichen Deutungskompetenzen und -präferenzen verschiedener Menschen hin: "Für den einen ist es Duplo, für den anderen die längste Praline der Welt", heißt es prägnant in der Werbung für einen Schokoriegel; gemeint ist die Tatsache, daß derselbe Sachverhalt oder Gegenstand von verschiedenen Betrachtern eben auch unterschiedlich betrachtet und - folgerichtig! - mit unterschiedlichem Resultat be- bzw. ausgewertet und angeeignet wird. Auch hier ist der je persönliche Hintergrund (Biographie, Sozialisation in Familie, Freundeskreis, Schule, Studium und Beruf, Widerfahrnisse und Erfahrungen) entscheidend.

Beide Beobachtungen gelten trotz ihrer zunächst nahezu unmutbaren Trivialität uneingeschränkt auch für Theologinnen und Prediger. Natürlich dürfen theologische Grundentscheidungen nicht einfach kurzerhand als Vorlieben verharmlost werden. Was aber, wenn sie in der pastoralen Praxis lediglich als solche erscheinen? Nicht selten merkt man es Predigern an, daß sie ihre Studienzeit mit Fichte-Lektüren zugebracht haben oder in Dritte-Welt-Läden, daß sie ihre religiösen Erfahrungen in Taizée gesammelt haben oder in "Jesus lebt"-Konventen, daß sie ihren revolutionären Jesus in den 68'er Jahren kennenlernten oder ihr Dogma von der Schöpfungsbewahrung in der jüngsten Friedensdemonstration. Und häufig genug kann man dann beobachten, wie solche und andere Vorlieben den Predigttext derart vereinnahmen, daß in der Predigt selbst wieder nur eine Entfaltung dieser Vorlieben zutage tritt. Doch was an solchen real existierenden Zerrbildern rasch offenkundig werden kann, gilt bei näherem Hinsehen generell. De facto macht es nämlich wenig Unterschied, ob in einer Predigt zu Lukas 14, 25-33 - am 5. Sonntag nach Trinitatis, Leitmotiv: Nachfolge - das persönliche Standard-Faible "Vater-Sohn-Konflikte" traktiert wird oder das theologisch versierte und begründete Lieblingslehrstück von der Königsherrschaft Christi. Beides mag zwar mit bestimmten Assoziationen ("Haß auf den Vater", V. 26; "König" V. 31) begründet werden können, ist aber schlichtweg unsachgemäß, weil es weder den Sinngehalt des Textes noch des Sonntages angemessen aufnimmt.

Von theologischen Vorlieben bei Predigerinnen zu reden ist ohnehin nicht unbedingt verkehrt. Immerhin gilt es ja schon zu Studienzeiten, sich eine eigene theologische Position zu erarbeiten bzw. sich eine theologische Position zu eigen zu machen, indem man zu bestimmten Fragekomplexen bzw. Problemrichtungen Stellung bezieht. Solcher sind Legion: Wie verhält es sich etwa mit der Auferstehung? Ist sie wirkliches Ereignis

1.4 Der persönliche (Verstehens-)Horiziont von Predigttexten

in der Geschichte oder Aufrichtung des Kerygmas? Ist sie als Tatbestand oder als Verkündigungsgegenstand bedeutsam, und wofür? Für die Begründung des Glaubens, die Eröffnung einer neuen Zukunftsperspektive oder das Bewußtsein des Versöhntseins? Wo, wann und wie findet Gotteserkenntnis statt? Welche Bedeutung wird der Rede von Gottes Offenbarung beigemessen, und unter welchen Konditionen offenbart sich Gott? Haben die unterschiedlichen Ansätze natürlicher Theologie noch eine Berechtigung? Ist es ratsam, theologische Überlegungen christologisch oder trinitarisch einzuholen? Sollte das johanneische *logos sarx egeneto* zum Ausgangspunkt gemacht werden? Und um noch einen letzten, aber wahrlich nicht den einzig übrigen konfliktreichen Themenkomplex theologischen Denkens und Streitens zu benennen: Welche Ansicht vertritt man im Blick auf die sogenannte Rechtfertigungslehre? Welche Geltung hat der Glaube, welche Relevanz die guten Werke für das sich bewähren und bewährt haben vor Gott? Wie ist es um das religiöse Selbstbewußtsein bestellt, wie um die Erlösungsgewißheit, wie um die (auch je eigene!) Freiheit des Christenmenschen?

Manchmal sind Banalitäten, ganz unbedeutende Dinge, Äußerlichkeiten geradezu maßgeblich für die eigene theologische Urteilsbildung. Wer etwa vom fünften bis zum elften Semester einem Kirchengeschichtsprofessor zu Füßen saß, der sich trefflich darauf verstand, mit charismatischer Rede die Anliegen der Aufklärungstheologen plausibel zu machen, und diesen Professor jenem anderen im Pietismus überaus versierten Ordinarius vorzog, der stets nur mit bedächtiger Stimme über die Unterschiede zwischen Spener und Francke referieren konnte, wird möglicherweise bald die Entdeckung machen, daß er eigentlich viel eher die Ansichten Spaldings als die Auffassungen Zinzendorfs teilt - und im Ergebnis viel lieber von einer rationalistischen Betrachtung als von einem frommen Erweckungserlebnis zehrt. Ähnlich verhält es sich übrigens auch mit den übrigen Disziplinen, wo etwa der gelassen-heitere Vierzigjährige mit seinen Vorlesungen über die Schöpfungsgeschichte besucht und der Jesaia-sezierende Senior gemieden wird, wo man den junggebliebenen Systematiker mit seinen flotten Veranstaltungen zur neuen Weltwirtschaftsordnung oder zur Bioethik eher frequentiert als den greisen Dogmatiker mit seinen Vorträgen über die Zweinaturenlehre, wo der Neutestamentler mit der Vorliebe für den auch im jüdischen Sinne gerechten Jesus mehr Zulauf hat als der Fachkollege mit seiner Analyse des Zweiten Korintherbriefes unter besonderer Berücksichtigung hellenistischer Denkfiguren. Bisweilen führt es auch dazu, daß sich ein spätererer Prediger ganz als kritischer Exeget begreift, weil das einfach immer schon sein bevorzugter wissenschaftlicher Tummelplatz war, oder daß eine Predigerin noch lange Zeit nach ihrem Studium (unbewußt) dazu neigt, während der Verkündigung die Haltung und den Tonfall ihres Lieblingsdogmatikers einzunehmen und - ähnlich wie der große Meister einst - die systematisch-theologische Schlüssigkeit bestimmter Sachverhalte für ihre ahnungslose Gemeinde zu reproduzieren sucht. Theologische Vorlieben bauen sich auch über zwischenmenschliche Beziehungen auf!

Doch nicht nur unter der Studienzeit. Davon dürften vor allem diejenigen wissen, die schon vor der Berufswahl und Studienentscheidung, vielleicht auch aufgrund größerer Sympathien für ihren liebgewonnenen Gemeindepfarrer, zu einer gewissen Grundentscheidung gekommen sind, aber auch diejenigen, die zwar während des Studiums, aber losgelöst vom Studienbetrieb - oder erst nach abgeschlossenem Examen ihre Suche haben antreten müssen. Gedacht wird hier vor allem an solche Begegnungen und Erlebnisse, die ihrerseits einen Anstoß gegeben, etwas bewirkt, angeregt, verändert haben. Nicht im Duktus zeitgenössischer Betroffenheitsrhetorik ("das hat mich total mitgenommen, du"), sondern im Sinne von menschlichen Erfahrungen und Alltagswiderfahrnissen, die sowohl vor dem Hintergrund des bisher erlernten (nicht nur theologischen) Wissens als auch des bislang erlebten (nicht nur kirchlichen) Lebens eine neue Herausforderung für die eigene Wertefindung und Kontingenzbewältigung darstellten[29].

Ohnehin ist auf die Lebenserfahrung ein besonderes Augenmerk zu richten. Denn offensichtlich beeinflußt die Summe aller zu Erfahrungen ausgewerteten Erlebnisse und Widerfahrnisse die eigene theologische Urteilsbildung nicht unerheblich. Denn sofern man die Theologie als wissenschaftliche Reflexion und Darlegung der Gründe, Wege und Gegenstände des christlichen Glaubens auffaßt, dürfte eine persönliche theologische Position auch als kritische Entfaltung derjenigen Grundhaltung verstanden werden können, die als religiöse Lebens-, Welt- und Selbstdeutung vor dem Hintergrund des Christentums zu entstehen und zu stehen kommt. Die Bezugsobjekte und -prozesse dieser (christlich-)religiösen Deutungen sind in der Regel profan; es sind - wie bereits gesagt - Eindrücke und Ausdrücke weltlichen Lebens bzw. alltäglichen Daseins in Welt und Geschichte. Es zeigt sich nicht nur an den typischen Stellen - etwa dort, wo ein von frühkindlichen Vaterneurosen geplagter Theologe eine ausgeprägte Neigung zur theologischen Entfaltung der jesuanischen Elternschelte einschließlich der liebevollen Abba-Anrede Gottes entwickelt oder wo eine innerhalb strengster autoritärer Strukturen aufgewachsene Theologin einen Hang zur Befreiungstheologie bzw. zur Exodustradition erkennen läßt -, sondern erweist sich auch insgesamt als überaus schlüssig, daß theologische Urteilsbildung und lebensgeschichtliche Sinndeutung aufs engste zusammengehören!

Sei's d'rum. Wer vor die Aufgabe gestellt ist, eine Predigt vorzubereiten, dürfte sich jedenfalls sowohl auf eine gewisse eigene Lebenserfahrung als auch auf bestimmte eigene theologische Auffassungen stützen können. Aber was für Auffassungen sind es denn nun, oder direkter bzw. konkreter gefragt: Welche Aussagen über Gott, Welt und Mensch, über Vater, Sohn und Heiligen Geist, über Jesus, Christus, und Jesus Christus, über Leid, Tod und Ewigkeit, über Glaube, Liebe und Hoffnung, Kreuz, Auferstehung und Leben, Geist, Kirche und Gemeinde kann man selber aus dem Brustton der tiefen Überzeugung, mit Gewißheit und Sicherheit tätigen? Wo ruht der eigene Bekenntnisstandpunkt, und wie läßt er sich focussieren, auf welche Pointen hin präzisieren? Immerhin ist es doch - um es an einigen Beispielen zu verdeutlichen - von größter Notwendigkeit, sich Klarheit unter anderem darüber zu verschaffen,

- ob man sich selber als *von Gott zur Freiheit berufen* versteht oder als *zur guten Tat verpflichtet*, ob man als gerechtfertigter Sünder *simul iustus et peccator* die Kanzel

---

[29] Eine junge Kollegin verriet mir einmal, daß sie nach einem Besuch auf der Kinderkrebsstation ihr ganzes Studium "über den Haufen werfen" konnte, weil es ihr nicht zu den theologischen Erklärungen, aber auch nicht zu der Glaubenseinstellung verhalf, die sie gebraucht hätte, um diese Eindrücke aufzuarbeiten.

1.4 Der persönliche (Verstehens-)Horiziont von Predigttexten

besteigt oder als jemand, der sich die eigene mögliche (Gnaden-)Erwählung durch Leistungen zu bestätigen sucht,
- wie man die schwierige Frage nach der Gotteserkenntnis durch den Menschen bewertet,
- welche Unterscheidungen man zwischen Jesus und Christus vornimmt bzw. welche Zusammenhänge man erkennt, oder anders: welche Bedeutung man dem Leben, der Lehre und den Werken des irdischen Jesus beimißt und in welches Verhältnis man dies letztendlich zu dem von der Kirche geglaubten und als auferstandenen Christus setzt,
- ob und inwieweit man Christus als "der Weg, die Wahrheit und das Leben" begreift oder in freier Abwandlung des "in meines Vaters Haus sind viele Wohnungen" die unendlichen und unergründlichen Heilswege und Ratschlüsse Gottes zuläßt und
- wie man zu den Sinngehalten steht, die in den Redeweisen von *deus revelatus* und *deus absconditus* enthalten sind.

Wer sich auf solche Klärungen - wie gesagt: es konnten längst nicht alle Entscheidungsfragen aufgeführt und berücksichtigt werden - einläßt, wird rasch bemerken, daß das jeweilige (theologische) Selbstverständnis immer auch Auswirkungen auf die Predigt hat. Dies betrifft Form und Stil, Inhalt und Intention. Es betrifft die Art und Weise, Zuspruch oder Anspruch artikulieren zu wollen, es betrifft die Frage, mit welchem Vokabular, kirchlich, theologisch, pastoral oder weltlich, man das, was gesagt werden muß, auch sagen soll und kann, es betrifft die Gestik und Mimik (einladend oder abweisend, distanziert oder sympathisierend) - und es berührt sich indirekt mit dem eigenen *Persönlichkeitsprofil* (s.o.).

Wohl daher den Predigerinnen und Predigern, die über ihre eigene Lebensgeschichte ebenso Bescheid wissen wie über die Herkunft, die Begründung und die Schlüssigkeit ihrer eigenen Theologie als Deutungsintegral des betreffenden Lebens selbst. Und Heil dann denjenigen unter ihnen, die zusätzlich noch wissen, wozu, was und woraufhin sie predigen!

1.5 Wortverkündigung oder Lebenshilfe?

"Gott will, daß allen Menschen geholfen werde und sie zur Erkenntnis der Wahrheit kommen", hatte einst Paulus dem Timotheus unmißverständlich mitgeteilt (1. Tim. 2,4). Parallel-konsekutiv stehen die beiden Satzhälften zueinander, und ihr Sinn scheint literarisch und theologisch betrachtet zunächst eindeutig: Wahrheitserkenntnis, d.h. Gottes- bzw. Christuserkenntnis ist Hilfe, bedeutet Hilfe, macht Hilfe aus. Gleichwohl schließt diese ursprüngliche Intention eine Interpretation nicht aus, die auf den additiven Charakter aufmerksam macht, mit dem Hinweis auf vita contemplativa und vita activa die doppelte Ausrichtung der christlichen Religion betont und im Anschluß an die Jesuanische Praxis herausstellt, daß es zweifellos nicht nur um Wahrheitserkenntnis, Glaubensvermittlung und Wortverkündigung gehen kann, sondern auch um angewandte Lebenshilfe. Die pastoraltheologische Dimension kommt neben der sozialdiakonischen zu stehen, das Wort neben der Tat, die Gottes- neben der Nächstenliebe.

Bemerkenswert ist nun, daß die parallel-konsekutiven und additiven Interpretationen o.g. Doppelformel zunehmend von Auslegungen überschattet werden, die einen quasi alternativen Charakter hervorheben. Dies kann im gegenwärtigen Predigtgeschäft recht gut beobachtet werden. Mit Vehemenz fordern die einen ein, deutlicher das (biblische) Wort zu sagen, die Bekenntnistraditionen zu pflegen und den lebendigen Gott zur Sprache zu bringen (usw.), während die anderen ebenso deutlich auf die gesellschaftskritischen Impulse des Christentums aufmerksam machen und die Situation des zeitgenössischen (modernen) Menschen zugrunde legen und besprechen wollen. Diese Modelle, an denen zunächst per se nichts fehlerhaftes ausgemacht werden kann, sind mit einer dreifachen Problematik behaftet.

Das erste Problem bricht auf in der mangelhaften homiletischen Praxis; es wird dann offenbar, wenn sich Predigerinnen ausschließlich auf eine Reproduktion akademisch-akrobatischer Denkfiguren, theologischer Lehrmeinungen und biblischer Fragmente oder auf eine Präsentation moralisch-ethischer Axiomata(?), angeblich lebensdienlicher (Binsen-)weisheiten und scheinbar existenzklärender Kalendersprüche beschränken. Doch eine fromme, biblisch assoziierte und salbungsvoll vorgetragene Rede mit dem mehrfach wiederholten Spitzensatz "Gott ruft dich zur Umkehr" ist ebensowenig Wortverkündigung wie ein Kanzelreferat über die jüdischen Wurzeln der jesuanischen Frömmigkeit, und ein Appell zur Mülltrennung ist ebensowenig Lebenshilfe wie ein Vortrag, der letztlich nur an eine Paraphrase des zuletzt gesehenen Werbespots zu "Du darfst"[30] erinnert.

Das zweite Problem ist in seiner Zuspitzung bereits benannt (vgl. Pkt. 1.3); es besteht vordergründig in der steten Wiederholung des für bedeutsam Erkannten, hintergründig aber in der nahezu alternativ-exklusiven Hochschätzung der eigenen Vorgehensweise, nämlich entweder Wort, Gott, Christus, Schrift, Bekenntnis, Amt, Kirche, Geist, Offenbarung und Glaube zum Thema zu machen oder aber Welt, Mensch, Leben, Gesellschaft, Soziales, Politik und Erfahrung. Und damit geht indirekt das dritte Problem einher: das der mangelhaften Begründung, die im vielleicht schlimmsten Falle auch zu einer völligen Rat- und Hilflosigkeit führt. Das Resultat sind dann all diejenen sprung- und wechselhaften, unentschiedenen und aphoristischen Predigten, die mal von dieser, mal von jener Phrase Gebrauch machen und weder ein echtes Bedürfnis nach Wortverkündigung noch ein wirkliches Movens zur Lebenshilfe(-stellung) erkennen lassen.

Und genau dieses dritte Problem, das der mangelhaften Begründung, versteht sich verhältnismäßig gut zu tarnen - zumal der Tarnungsvorgang mit etablierten Begriffen und Gewährsleuten einhergeht. Da werden die Alternativen von *Sache* und *Situation* ebenso beschworen wie die Verhältnisbestimmungen von *Offenbarung* und *Erfahrung*, da werden die Stärken und Schwächen natürlicher Theologie ebenso erneuert wie die Bedeutung der Rede von Gottes (Selbst-)Offenbarung in Sohn, Schrift und Predigt, da

---

[30] In diesem Werbespot geht eine junge Frau langsam an einer Fensterscheibe vorbei und betrachtet ihre sich spiegelnden langen Beine. Dabei erklingt aus dem "Off" der von einer Frauenstimme gesungene Hoffnungsvers "Ich will so bleiben wie ich bin", und er wird von einer anderen Stimme singend beantwortet "Du darfst". Es geht um eine Palette von Produkten, die wenig Fett enthalten und langanhaltende Schlankheit und Gesundheit versprechen.

1.5 Wortverkündigung oder Lebenshilfe?

wird das drei- bis vierfache reformatorische *solus* ebenso bemüht wie die Identifikationsversuche von *Religion* und *Sinn,* da wird das Individuum gescholten und gelobt, das Subjekt gefeiert und verdammt, da wird die (Post-)Moderne ausgespielt gegen die Tradition, die Aufklärung gegen die Reformation, die gegenwärtige Gesellschaft gegen das biblische Weltbild, die pluralistische Neuzeit gegen die überschaubare orientalische Antike - und immer, immer wieder wird da erinnert an Karl Barth und Ernst Lange, zwei (gleichwohl bedauernswerterweise) längst verstorbene Theologen. Vor dem Hintergrund der bisherigen Erörterungen kann es nur als Idealfall bezeichnet werden, wenn Prediger die angedeuteten theoretischen Diskurse wirklich verfolgen und sich aufgrund reiflich-gründlicher Beschäftigung und Auseinandersetzung mit Theorien und Modellen für eigene Konzepte entscheiden, anstatt nur die Diskussions-Highlights oberflächlich zu rezipieren und bestimmte Bonmots zur Rechtfertigung einer längst vorfindlichen Überzeugung eklektisch in Anspruch zu nehmen. Um es mit einem Beispiel zu sagen: Es gilt nicht allein zu wissen, für welche homiletischen bzw. theologischen Klischees die Namen Ernst Lange und Karl Barth mißbräuchlich zu stehen kommen können, sondern (a) worin ihr Ansatz vom Grundgedanken her besteht und (b) inwieweit er heute zu Recht, Geltung und Grenzen kommen darf und muß.

Die Predigtauffassung von Karl Barth ist die am häufigsten in Gebrauch genommene, wenn es um die Priorität der Wortverkündigung geht. Barth hatte bekanntlich die Predigt identifiziert als "Gottes Wort, von ihm selbst unter Inanspruchnahme des Dienstes der in freier Rede stattfindenden, Menschen der Gegenwart angehenden Erklärung eines biblischen Textes durch einen in der ihrem Auftrag gehorsamen Kirche dazu Berufenen"; sie ist "der der Kirche befohlene Versuch, dem Worte Gottes selbst durch einen dazu Berufenen so zu dienen, daß ein biblischer Text Menschen der Gegenwart als gerade sie angehend in freier Rede erklärt wird als Ankündigung dessen, was sie von Gott selbst zu hören haben."[31] Entscheidend war, daß das den Menschen Angehende eben nicht von dessen Erwartungshaltung her aufgebaut wurde. Zwar wußte Barth, daß die Aufmachung des (Prediger-)Amtes, vordergründig betrachtet, seinen Sinn und Zweck von den betroffenen Menschen her erhält: "Unsere Existenz als Theologen ist doch nur zu verstehen auf Grund der Existenznot der anderen Menschen. Zum Aufbau ihrer Existenz mit allem, was dazu gehört, benötigen sie uns nicht. Das besorgen sie ohne unsere Ratschläge, und zwar besser als wir gewöhnlich denken. Jenseits ihrer Existenz aber und jenseits aller Fragen, die damit verknüpft sind, kennen sie ein großes Was? Wozu? Woher? Wohin? (...)"[32]. Aber dieser Erwartungshaltung wird eine schroffe Absage erteilt; als Dorf- oder Stadtweise, die der entscheidenden Frage nach Wahrheit mit einer Aufklärung über Sittlichkeit und Mitmenschlichkeit oder mit barmherziger Liebestätigkeit und Lebenshilfe begegnet, sind Geistliche überflüssig und lächerlich. Denn im eigentlichen Sinne hat der Mensch keine Frage, die ihm von seinesgleichen anders beantwortet werden kann, als daß sie ihn wieder zu sich selber zurücklenkt. Der Mensch ist die Frage

---

[31] K. BARTH, *Homiletik. Wesen und Vorbereitung der Predigt,* Zürich 1966, 30.

[32] K. BARTH, *Das Wort Gottes als Aufgabe der Theologie,* in: J. MOLTMANN (Hg.), *Anfänge der Dialektischen Theologie,* Bd.1, München 1977, 197-218, 200.

selbst, die nach sich selber, ihrer Auflösung, ihrer Erlösung schreit; diese muß von außen bzw. von oben kommen. Dort aber steht allem gegenüber Gott selbst, eben als die vorauslaufend antwortende Auf- und Erlösung des Menschen; Gott selbst, der die Antwort ist und gibt, indem er sich selbst gibt. Er muß sich selber reden - Menschen können dies nicht. Oder eben nur insofern, als daß sie sich von dem selbstredenden, selbstgebenden und selbst Antwort seienden und gebenden Gott anreden und in Anspruch nehmen lassen.

Das menschliche Wort kann, so Barth, bestenfalls Hülle und irdenes Gefäß des Wortes Gottes werden[33], das sich eben nur selbst offenbaren kann in Christus, Schrift und Predigt; demzufolge ist Wortverkündigung - also Predigt! - ein schlichtes Wiederholen des den Menschen in der Schrift gegebenen Zeugnisses. Hinter all diesen Überlegungen ruht ein ungeheures theologisches Theoriekonstrukt, das umfangreiche biblische, historische und dogmatische Kenntnis (Zwei-Naturen-Lehre, Trinitäslehre, Ekklesiologie), aber auch systematische Spitzfindigkeit ("Der dritte Weg ist der dialektische."[34]) voraussetzt; im Ergebnis steht eine systematisch-theologische Predigtdefinition mit der Pointe, daß "von Gott nur Gott selber reden kann."[35] Entspricht dies dem exegetischen Befund, etwa den biblisch bezeugten Erfahrungen, die Menschen mit Gott haben machen und sprachlich artikulieren dürfen? Und entspricht dies der jesuanischen Praxis, den umfangreichen Aktivitäten der Apostel und dem viel umfassenderen Auftrag und Selbstverständnis der Kirche Jesu Christi?

Barth hat sich diesen Anfragen offensichtlich auch selbst gestellt. In seinen späteren Lebensjahren nämlich präzisiert er die Predigt als selbständige (Um- und Neu-)Formung des biblischen Zeugnisses, selbständig vollzogene Aussage und Erklärung des Evangeliums und selbständig gewagter evangelischer Anruf[36]; weiter betont er nun: "Die Predigt hat aus der Bibel, nicht über sie zu reden. (...) Die Predigt reflektiert nicht, räsonniert nicht, disputiert nicht, doziert nicht. Sie verkündigt, ruft, lädt ein, gebietet. (...) Und daß sie sich (...) nicht verleiten lasse, zu einem Exposé und Lehrvortrag der psychologischen, soziologischen, ethischen, politischen Wissenschaft und Überzeugung des Predigers (...) zu werden! (...) Sie spricht dann explizit von dem, was Jeden angeht. Sie ruft jeden zur Entscheidung für seinen Glauben (...). Sie richtet dann (...) ein positiv bedeutsames Zeichen in seinem Leben auf - dasselbe positive Zeichen aber auch in der Gemeinde, der sie damit ihren Auftrag neu zum Bewußtsein bringt, und wieder dasselbe inmitten der aus der Ferne oder aus der Nähe mithörenden Welt."[37] Nun nämlich geht es nicht mehr nur um das "Wort an sich", sondern um den Christen in der Welt, genauer gesagt "darum, daß die Gemeinde sich (...) ausdrücklich an das ihr aufgetragene Zeugnis

---

[33] Vgl. ebd. 218.

[34] Ebd. 212.

[35] Ebd. 217.

[36] K. BARTH, *Die kirchliche Dogmatik*. Vierter Band: *Die Lehre von der Versöhnung*, Dritter Teil, Zürich 1959, 996.

[37] Ebd. 996f.

erinnern läßt, sich seines Inhalts aufs neue vergewissert, in seinem Reflex Jesus Christus selbst aufs neue zu sich reden, sich aufs neue zu seinem Dienst in der Welt aufrufen läßt."[38]

Und genau die um den Begriff des "Zeugen" bzw. "Zeugnisses" kreisende Denkfigur finden wir auch bei dem Theologen wieder, dessen Ansatz man mit gewissem Recht für den Nachweis einer 'empirischen Wende' in Anspruch nimmt und gegen Karl Barth - besser wäre: gegen dessen frühe systematisch-theologische Predigtdefinition - auszuspielen pflegt: Ernst Lange. Tatsächlich hatte dieser betont, daß die von der sogenannten Dialektischen Theologie im Anschluß an den frühen Barth aufgestellte These von einer *Unmöglichkeit der Rede von Gott* die Predigttheorie und -praxis nicht nur maßgeblich beeinflußt, sondern ihr auch erheblich geschadet habe. Als gefährliche Isolierung und quasi sakramentale Überhöhung, als problematisch und autoritär hat er den Verkündigungsbegriff empfunden, weil der es doch versäumt hat, den viel breiter angelegten religiösen Kommunikationsprozeß, den Wirkungszusammenhang von kirchlicher und allgemeiner Erziehung sowie die Verflechtung von bürgerlichem Leben und kirchlicher (Amts-)Praxis anzuerkennen. Die Absolutsetzung des "Gott selbst redet" habe "das Problem verantwortlicher, das heißt um wirksame Kommunikation bemühter menschlicher Rede auf der Kanzel bereits relativiert, bevor es als selbständiges Problem formuliert werden" konnte[39].

Vor dem Hintergrund dieser (und anderer) Erwägungen legt Lange nun eine doppelte Definition der Predigt vor; er formuliert:

"1. Predigt ist formal gesehen ein Auftrag zur Kommunikation. Sie ist Mitteilung an den Hörer, die auf sein Einverständnis und seine Einwilligung zielt. Sind Einverständnis und Einwilligung dabei als Akte persönlicher Entscheidung letztlich unverfügbar, so setzen sie doch allemal Verständigung voraus. Für das Gelingen solcher Verständigung sind die Kommunizierenden voll verantwortlich. Verständlichkeit der Predigt ist daher unabdingbares Kriterium ihrer Auftragsgemäßheit. Das bestimmt die Vorbereitung der Predigt in all ihren Phasen.

2. Inhaltlich gesehen ist Predigt bezeugende Interpretation der biblischen Überlieferung. Dem Hörer soll verständlich bezeugt werden, wie ihn das in der Bibel bezeugte Geschehen in seiner gegenwärtigen Situation angeht und trifft, zum Glauben befreit und zum Gehorsam ermutigt. Er selbst soll durch die Predigt davon Zeuge werden, wie Jesus Christus gegenwärtig >>Herr der Situation<< ist, d.h., wie der Glaube an Christus des Hörers Situation erhellt, klärt, verändert und mit Verheißung erfüllt. Wo es gelingt, die biblische Überlieferung mit der gegenwärtigen Situation des Hörers zu >>versprechen<<, ist dem Predigtauftrag genüge getan."[40]

Lange scheint zumindest mit seiner zweiten These keinen unmittelbaren Widerspruch zu den späten Auffassungen Barths aufzustellen; beide tragen dem Zeugnischarakter der

---

[38] Ebd. 995.

[39] Vgl. insgesamt E. LANGE, *Zur Theorie und Praxis der Predigtarbeit*, in: DERS., *Predigen als Beruf*, aaO. 9-51, 12f.

[40] Ebd. 49.

Bibel Rechnung, verstehen die Tätigkeit des Predigers als selbständige bzw. selbständig gewagte (Zeugnis-)Handlung und betonen den Entscheidungsruf für den Glauben sowie das, was "den Hörer angeht". Ein gewichtiger Unterschied freilich besteht zwischen den jeweiligen Begründungen des letztendlichen Gelingens bzw. in der Beurteilung der Machbarkeit solchen Gelingens. Denn selbst wenn der 'späte' Barth zaghaft ansagen konnte, daß es zur Ausübung des Predigtdienstes geeignete Sprecher braucht,[41] bewegt sich diese Formulierung doch streng innerhalb der einmal gesetzten Klammern: Die mächtigen Ermöglichungsgründe der Gemeinde und ihrer Predigern, ihre Freiheiten und Fähigkeiten, sind nicht als Elemente allgemeinen Weltseins einsichtig zu machen, sondern vielmehr von ihrem Geheimnisgrund, von Gott, Christus und dem Heiligen Geist her zu begreifen.[42] Für Ernst Lange hingegen gehört es zur unabdingbaren Voraussetzung einer erfolgversprechenden Predigtarbeit, gerade die Umstände des allgemeinen Weltseins näher in den Blick zu nehmen. Das Gelingen der Verständigung wird nicht einer verborgenen Wirksamkeit von Vater, Sohn und Heiligem Geiste zugerechnet, sondern liegt voll im Verantwortungsbereich der Kommunizierenden selber (s.o. These 1).

Insofern ist auch das abzulegende Zeugnis für Lange niemals geheimnisumwittert oder generell, abstrakt oder absolut. Sein Inhalt bzw. Gehalt kann nicht allein mit Hilfe einer schlichten Was-Frage auf den Punkt hin ermittelt werden, sondern muß sich an der konkreten Situation und der gegenwärtigen Herausforderung, am Verständigungsnotstand der Kirche und an der jeweils besonderen Hörerschar bemessen lassen: "Es genügt nicht, biblische Texte zu interpretieren und dann mehr oder weniger unkontrolliert und ungezielt zu applizieren. (...) Predigtvorbereitung ist der methodische Versuch, zu einer verständlichen Aussage darüber zu kommen, wie die gegenwärtige Situation die Rückfrage nach der Überlieferung auslöst, wie umgekehrt die Überlieferung diese gegenwärtige Situation erhellt, klärt und verheißungsvoll macht (...)."[43]

Es ist unschwer zu erkennen, daß Lange das etablierte Predigtverständnis deutlich zu erweitern sucht. Mit radikalem Ernst stellt er den vorgefundenen Verkündigungsbegriff vor den Horizont des Problem- und Wirkungszusammenhanges: *Kommunikation des Evangeliums* und macht darauf aufmerksam, daß es sich bei der Predigt nicht allein um die zugestandenermaßen unentbehrliche Sonntagsrede einschließlich aller verwandten Kommunikationsformen handelt, sondern geradezu - insbesondere angesichts der Konzepte *Kirche für die Welt* und *Gemeinde für andere* - um die wesentliche bzw. wesensimmanente Form kirchlicher Selbstäußerung und Selbstentäußerung, nämlich den ständigen *Dienst am Wort* in Gemeinde und Welt. Genau deswegen müssen Gemeinde und Welt auch begriffen, muß die *homiletische Situation* ergründet werden. Freilich ist es eine (weltlich-alltägliche) Situation der Widerstände, begründet und begünstigt von persönlichen und Zeitgeschicken, Stimmungen und Spannungen, Erwartungen, Befürchtungen, gewachsenen Vorverständnissen und Vorurteilen, bestehend aus dem "Ensemble der Enttäuschungen, der Ängste, der versäumten Entscheidungen, der

---

[41] K. BARTH, *Die kirchliche Dogmatik* IV/3, aaO. 997.

[42] Vgl. ebd. 860f.

[43] LANGE, aaO. 49f.

vertanen Gelegenheiten der Liebe, der Einsprüche verletzter Gewissen", verkörpernd "die Resignation des Glaubens angesichts der Verheißungslosigkeit des alltäglichen Daseins in ihren verschiedenen Gestalten als Zweifel, Skepsis, Zynismus, Quietismus, Trägheit, Stumpfheit, Verzweiflung".[44] Aus diesem Sachverhalt bzw. aus den eigenen Resultaten konkreter Erkundungen der jeweiligen homiletischen Situation gibt es für Prediger, sofern sie sich zur verständlichen Bezeugung der Relevanz christlicher Überlieferung herausgefordert wissen wollen, nur die Konsequenz eines Perspektivenwechsels hin zu der doppelten Frage: "Was macht die Überlieferung des Glaubens jetzt und hier für diese Menschen irrelevant, was macht ihre Relevanz zumindest zweifelhaft?"[45] und "Wo werde ich als Anwalt meiner Hörer Zeuge des Relevantwerdens der Überlieferung in ihrer Bewegung von Situation zu Situation?"[46] Angemessene Antworten vermag nur derjenige zu leisten, der aufgrund der Erkenntnis verlorengegangener kirchlicher Zuständigkeit für das gesellschaftliche Leben, verlorengegangener Deutungskompetenz kirchlicher Amtsträger eine "Haltung vorbehaltloser Partizipation, vorbehaltloser Teilhabe am Geschick des Hörers"[47] einnimmt, aber dennoch den eigenen Zeugenstand nicht verläßt.

Und was bedeutet dann Predigen? Ernst Lange notiert: "Predigen heißt: Ich rede mit dem Hörer über sein Leben. Ich rede mit ihm über seine Erfahrungen und Anschauungen, seine Hoffnungen und Enttäuschungen, seine Erfolge und sein Versagen, seine Aufgaben und sein Schicksal. Ich rede mit ihm über seine Welt und seine Verantwortung in dieser Welt, über die Bedrohungen und die Chancen seines Daseins. Er, der Hörer, ist mein Thema, nichts anderes; freilich: er, der Hörer vor Gott. Aber das fügt nichts hinzu zur Wirklichkeit seines Lebens, die mein Thema ist, es deckt vielmehr die eigentliche Wahrheit dieser Wirklichkeit auf."[48]

Man braucht nicht lange zu suchen, ob und warum dieses Predigtverständnis mit *Lebenshilfe* assoziiert werden kann. Die deutliche Einforderung von lebensdienlicher und existenzklärender Situationserhellung ist unübersehbar, und zwischen den Zeilen darf ruhig auch gelesen werden, daß dies kein Prozess ist, der sich unbedingt nur auf (gottesdienstliche) Sprechhandlungen beschränkt. Das Selbstverständnis des Predigers als Zeuge darf sich in Wort und Tat artikulieren, in pastoraler Verkündigung ebenso wie in sozialdiakonischer Aktivität. Aber ist dies wirklich ein strenger Gegenpol zu den Barthschen Erwägungen und Entfaltungen? Wo und worin unterscheidet sich Barths Verständnis vom Fragen stellenden und in Frage gestellten Menschen, dessen beantwortende Auf- und Erlösung in Gott selber geschieht, von den Auffassungen Langes, daß (erst) das vor Gott gestellt werdende Leben und Fragen des Menschen zu einer eigentlichen Wahrheit kommt? Können Wortverkündigung und Situationsklärung bzw. Selbsthilfe wirklich krass gegeneinander ausgespielt werden? Ist nicht viel eher eine neue und

---

[44] Vgl. insgesamt E. LANGE, aaO. 24f.

[45] Ebd. 30.

[46] Ebd. 33.

[47] Ebd. 30.

[48] E. LANGE, *Zur Aufgabe christlicher Rede*, in: DERS., *Predigen als Beruf*, aaO. 52-67, 58.

weiterführende Inbezugsetzung erforderlich, eine neue Entfaltung des eingangs genannten paulinischen Votums (Gott will, daß allen Menschen geholfen werde und sie zur Erkenntnis der Wahrheit kommen)?

Diese und andere Fragen müssen sich PredigerInnen nun (spätestens jedoch nach der Lektüre von Station 4) selbst stellen und beantworten können. Dies sollte geschehen auf der Grundlage möglichst eigener Quellen- und Lebensstudien, und zwar im Modus bzw. vor dem Hintergrund einer kritischen Selbstreflexion.

1.6 Literatur zur Weiterarbeit und Vertiefung
(zusätzlich zu den im Text sowie im Literaturverzeichnis aufgeführten Werken)

allgemein:
D. RÖSSLER, *Das Problem der Homiletik* (1966), zuletzt in: A. BEUTEL / V. DREHSEN / H.M. MÜLLER (Hg.), *Homiletisches Lesebuch. Texte zur heutigen Predigtlehre*, Tübingen ²1989, 23-38.
V. DREHSEN, *Das öffentliche Schweigen christlicher Rede. Die Grenzen des Gottesdienstes und die theologische Vorbildung des Pfarrers*, in: A. BEUTEL / V. DREHSEN / H.M. MÜLLER, *Homiletisches Lesebuch*, aaO. 261-286.
I. KARLE, *Was heißt Professionalität im Pfarrberuf?*, in: Deutsches Pfarrerblatt 1/99 (1999), 5-9.
Y. SPIEGEL, Art.: *Pfarrer*, in: G. OTTO (Hg.), *Praktisch theologisches Handbuch*, Stuttgart ²1975, 459-475

ad 1.1:
D. STOLLBERG, *Von der Glaubwürdigkeit des Predigers*, PTh 68, 1979, 9-21

ad 1.2:
K.-W. DAHM, *Beruf: Pfarrer. Empirische Aspekte zur Funktion von Kirche und Religion in unserer Gesellschaft*, 1971
DERS., *Art. Pfarrer, Pfarramt*, in: EKL 3, Göttingen ³1992, Sp. 1158.
E. LANGE, *Der Pfarrer in der Gemeinde heute*, in: DERS, *Predigen als Beruf*, aaO. 96-141
E. LANGE, *Glaube und Anfechtung im Alltag eines Gemeindepfarrers*, in: DERS., *Predigen als Beruf*, aaO. 167-191
E. STAMMLER, *Beobachtungen zur gesellschaftlichen Rolle des Predigers*, in: PREDIGTSTUDIEN VI/1, 1971, 9ff

ad 1.3:
M. JOSUTTIS, *Der Prediger in der Predigt. Plädoyer für das Ich auf der Kanzel* (1974), zuletzt in: F. WINTZER (Hg.), *Predigt. Texte zum Verständnis und zur Praxis der Predigt in der Neuzeit*, München 1989, 221-234
E.-R. KIESOW, *Plädoyer für den Prediger und die Predigerin* (1986), zuletzt in: F. WINTZER (Hg.), *Predigt*, aaO. 255-266

F. RIEMANN, *Grundformen der Angst. Eine tiefenpsychologische Studie*, München ³¹1999

ad 1.4:

E. HERMS, *Was heißt >>theologische Kompetenz<<?* (1978), zuletzt in: A. BEUTEL / V. DREHSEN / H.M. MÜLLER (Hg.), *Homiletisches Lesebuch*, aaO. 189-202

ad 1.5:

K. BARTH, *Menschenwort und Gotteswort in der christlichen Predigt* (1925), zuletzt in: F. WINTZER (Hg.), *Predigt,* aaO. 95-116
M. DOERNE, *Das Liebeswerk der Predigt. Ein Beitrag zur Predigtlehre* (1964), zuletzt in: F. WINTZER (Hg.), *Predigt*, aaO. 162-173
E. LANGE, *Was nützt uns der Gottesdienst*, in: DERS., *Predigen als Beruf*, aaO. 83-95
F. NIEBERGALL, *Predigt als Gemeineerziehung und Hilfe zur Lebensbewältigung* (1921), zuletzt in: F. WINTZER (Hg.), *Predigt*, aaO. 88-91
E. THURNEYSEN, *Predigt als Zeugnis von Gott* (1921), zuletzt in: F. WINTZER (Hg.), *Predigt,* aaO. 117-121

1.7 Leitfragen als Hilfestellung: Selbstverortung und -rechenschaft

(Der folgende Fragenkatalog erhebt keinen Anspruch auf Vollständigkeit, sondern möchte als Anregung aufgefaßt werden)

Name[49]

Alter, Geschlecht, Familienbeziehung(en), gesellschaftlicher "Status" bzw. Standort[50]

Freizeitgestaltung / Hobbies
(bevorzugte Lektüre; Fernsehverhalten; Kinovorlieben; Musikgeschmack etc.)

---

[49] Ob man es glauben möchte oder nicht: Der eigene Name bzw. der gewählte Name sagt nicht nur manches über die Person aus, sondern mitunter auch über die jeweilige Klientel. Das kann der Doktortitel als Bestandteil des Namens sein, aber auch die Beibehaltung des "Mädchennamens" oder die Wahl eines Doppelnamens. Zweifellos entspricht dieser Namenswahl bzw. dem Insistieren auf eine bestimmte (Namens-)Anrede ein bestimmtes Selbstverständnis. Der Autor weiß aus mehreren Gesprächen, daß die sogenannten "Bindestrichdamen und -herren", also etwa Frau Pfarrerin Schüssler-Ottendorf oder Herr Pastor Rübenfels-Dietenheim, allein aufgrund ihrer Namenswahl mit gewissen Sympathien bzw. Antipathien bevorurteilt werden.

[50] Die Bedeutsamkeit dieser Aspekte ist nicht zu unterschätzen. Der Autor hat in Erfahrung gebracht, daß eine unverheiratete Vikarin (Typ "große Schwester") durchaus ein anderes Gottesdienstklientel vorfindet als ihr mittelalterlicher Mentor (Typ "gemütlicher Familienvater") in der gleichen Gemeinde oder ihr Vikarskollege (Typ "Schwiegersohn") im Nachbarbezirk. Die LeserInnen dürften weitere Beispiele (etwa: Typ "emanzipierte Vierzigjährige", Typ "liebevoller Großvater", Typ "zielstrebiger Mittdreißiger" usw.) kennen oder erahnen.

Die Predigenden, oder: Wer? und Warum?

Freizeitgestaltung und Hobbies (s.o.) der Familie

Freizeitgestaltung und Hobbies der selbstgewählten Bezugsgruppen (Clique, Freundeskreis etc.)

Ich komme am besten mit Menschen klar, die ... (Alter, Geschlecht, Sozialisation, Milieu, Neigungen, Freizeitverhalten, Vorlieben, Gemüt etc.)

Ich habe größere Schwierigkeiten mit Menschen, die ... (s.o.)

Mit mir kommen am ehesten Menschen klar, die ... (s.o.)

Mit mir haben v.a. Menschen Schwierigkeiten, die ... (s.o.)

Ich würde mich selbst bezeichnen als ... (liberal? konservativ? evangelikal? emotional? rational? autoritär? cholerisch? pragmatisch? reflektiert? nachtragend? großzügig? offenherzig? weitsichtig? engstirnig? etc.)

Menschen, die mich kennen, neigen dazu, mich zu bezeichnen als ... (s.o.)

Menschen, die mich nicht so gut kennen, bezeichnen mich auf ihre ersten Eindrücke hin oftmals als ... (s.o.)

Welchen Situationen gehe ich gerne aus dem Weg?

In welchen Situationen geht man mir aus dem Weg?

Welche Konflikte scheue ich, welche nicht?

Welche theologischen Entwürfe habe ich bislang kennengelernt?

Welchen stehe ich kritisch, welchen offen gegenüber?

Welche Überzeugungen habe ich mir zu eigen gemacht?

Gibt es "biographische Eckdaten" oder "Schlüsselerlebnisse" in meinem Leben?

Welche Charaktereigenschaft, welche Überzeugung, welcher Aspekt meines Denkens und Personseins steht mir im Wege bei meiner Amtsausübung?

Welche Charaktereigenschaften, welche Überzeugungen, welche Aspekte meines Denkens und Personseins kommen mir bei meiner Amtsausübung positiv entgegen und zugute?

Zweite Station

Die Kirche und ihr Gottesdienst

DIE KIRCHE UND IHR GOTTESDIENST,
oder: Wann?, Wo? und Weshalb?

2.1 Perikopentext und -kontext, Lesereihen und Kirchenjahr

"Schöne Ansprache, Herr Pfarrer, aber sagen sie mal --- war das denn der Predigttext für diesen Sonntag? Ich schau nämlich immer schon vorher ins Losungsbüchlein, welche Bibelstelle an der Reihe ist, und dann les ich mir die zu Hause durch. Und wissen Sie, in unserer alten Familienbibel stand was ganz anderes als das, was sie vorgelesen haben....". Sicherlich begegnet man in Amt und Würden nicht alle Tage solchen fleißig vorarbeitenden Gottesdienstbesuchern - und findet höchst selten konkrete Anforderungen derart freundlich formuliert, aber zugleich auch durchaus unmißverständlich eindeutig artikuliert vor. Doch gut vorbereitete Predigerinnen dürften dieser Situation gelassen begegnen können. Vorausgesetzt freilich ist (u.a.) ein kritisch reflektierter Gebrauch des sogenannten Perikopenbuches, oder anders: ein verantwortlicher Umgang mit den zuvor auf Sinn, Recht und Grenzen hin betrachteten kirchlichen Vor- und Maßgaben zur gottesdienstlichen Predigt:

Da ist zuallererst der bekanntlich mit jeder zu haltenden Predigt im Regelfall einhergehende vorzutragende Bibeltext; er ist ihr Bestandteil bzw. ihre Voraussetzung, sie bezieht sich auf ihn. Dieser Text ist eine sogenannte *Perikope*[51], worunter wir einen aus dem unmittelbaren Sinnzusammenhang des jeweiligen biblischen Buches herausgenommenen Abschnitt zu verstehen haben, der in einer allgemein so bezeichneten Perikopenordnung bzw. einem Perikopenbuch steht, für einen konkreten Gottesdiensttag bzw. Predigtanlaß vorgesehen ist, in einem völlig neuen und anderen (als dem innerbiblischen) Kontext[52] erscheint - und in der jeweils gängigen und vertrauten Bibelübersetzung vorliegt.

Dieser Sachverhalt beruht im Kern auf alten bzw. altkirchlichen Traditionen, ist aber in seiner Konkretion zugleich das Resultat einer Geschichte von Revisionen, an deren vorläufigem Ende gegenwärtig sechs sogenannte Predigttext- oder auch Lesereihen (I-VI) bzw. ein sechsjähriger Turnus stehen[53]: Reihe I besteht aus Evangelien-, Reihe II aus Episteltexten - wobei unter *Epistel*, anders als es der strengen Vokabelsinn vermuten läßt, Abschnitte aus dem neutestamentlichen Briefkorpus, aus der Apostelgeschichte und der Offenbarung des Johannes zu verstehen sind. Die Reihen III und V stellen ein Angebot von Abschnitten aus den vier Evangelien dar, enthalten jedoch, etwas häufiger als

---

[51] Zum Perikopenbegriff und -problem vgl. P.C. BLOTH, *Die Perikopen*, in: H.C. SCHMIDT-LAUBER / K.H. BIERITZ (Hg.), *Handbuch der Liturgik. Liturgiewissenschaft in Theologie und Praxis der Kirche*, Göttingen 1995, 715-727.

[52] Vgl. E. HAUSCHILDT (Hg.), *Text und Kontext in Theologie und Kirche*, Hannover 1989.

[53] Vgl. K.H. BIERITZ, *Das Kirchenjahr. Feste, Gedenk- und Feiertage in Geschichte und Gegenwart*, München ³1991 (Überarb. Aufl. 1998), bes. 67f.

alle vier Wochen, auch Textabschnitte aus dem Alten Testament (ohne Psalter); die Reihen IV und VI sind wiederum *Epistelreihen* im o.g. Sinne und enthalten ebenfals, im genannten Rhythmus von etwa vier Wochen, alttestamentliche Texte. Jedem Kirchenjahr (s.u.) entspricht nun in fortlaufender Folge eine Reihe; die Wiederholung setzt nach einer Zeitspanne von sechs Jahren ein. Für jeden Sonn- und Feier- bzw. Predigttag werden also die sechs Perikopen der sechs Reihen aufgeführt, hinzu kommen noch Abschnitte aus dem (bei den alttestamentlichen Textsammlungen der Reihen III-VI) nichtberücksichtigten Psalter, angeboten in der Psalmentextreihe *Ps*, sowie die sogenannten Marginaltexte *M*, die zwar für den betreffenden Tag als geeignet erscheinen, aber ebenfalls nicht in die Predigtreihen I-VI aufgenommen worden sind.

Eine doppelte Funktion kommt den in der Reihe I zusammengestellten Texten zu; sie dienen nicht nur der Grundlage der Predigten, die in dem mit *Reihe I* bezeichneten Zeitraum gehalten werden sollen, sondern stellen in jedem Jahr, also auch in den Zeiten der Reihen II-VI, die Evangeliumslesung dar. Dieses (sogenannte) Tagesevangelium bestimmt das Grundmotiv des jeweils betreffenden Tages und empfiehlt mit gewisser Verbindlichkeit als *rector des Sonntages*[54] den generellen theologisch-thematischen Focus. Neben dieser allgemein üblichen gottesdienstlichen Evangeliumslesung kennen manche Kirchen auch noch eine weitere; bei einem neutestamentlichen Predigttext ist dies die alttestamentliche Lesung, bei einem alttestamentlichen Predigttext die Epistellesung. Beide Alternativen sind im Perikopenbuch besonders gekennzeichnet bzw. ausgewiesen; sie stehen in erkennbarem Zusammenhang mit dem motivbestimmenden Evangelium. (Um nur ein Beispiel zu nennen: Der zweite Sonntag nach Ostern ist als Sonntag *Miserikordias Domini* von Joh. 10, 11-16 [27-30] her zu verstehen; die alttestamentliche Lesung ist Hes. 34, 1-2 [3-9] 10-16.31, die Epistel ist 1. Petr. 2, 21b-25, und der gottesdienstliche Eingangspsalm ist folgerichtig der dreiundzwanzigste; s.u.!)

Aus diesem gleichwohl historisch gewachsenen Tatbestand ergibt sich der genannte Sachverhalt, daß der biblische Predigttext den Gottesdienstfeiernden gerade nicht in demjenigen Zusammenhang vorkommt, in dem er Bibellesern begegnet, sondern mit dem Perikopenbuch in einen neuen, doppelten Kontext gestellt wird: Zum einen ist da der Querschnitt derjenigen Texte, die für einen bestimmten Tag - unter dem motivbestimmenden Evangelium, s.o. - dargeboten werden; zum anderen aber steht jede Perikope auch in der Kontinuität des Kirchenjahres, oder besser: im Kontext derjenigen Texte, die innerhalb derselben Reihe im (Kirchen-)Jahreslauf für die zurück- und vorausliegenden Predigttermine vorgeschlagen sind.[55]

Doch damit zum *Kirchenjahr*[56]; es beginnt mit dem ersten Advent und endet mit dem Ewigkeitssonntag. Grobgegliedert besteht es aus zwei Teilen. Die erste Hälfte, sozusagen die *Kirchenjahreszeit des Herrn*, umfaßt Advent, Weihnachten, Epiphanias, Passion

---

[54] Vgl. ebd. 68f.

[55] Zur besseren Übersicht vgl. die tabellarische Übersicht in Anlage I.

[56] Vgl. ebd. 37f, bes. 48f. Eine gute Darstellung von Begriff und Problemzusammenhängen i.Ü. bei K.H. BIERITZ, *Das Kirchenjahr*, in: H.C. SCHMIDT-LAUBER / K.H. BIERITZ (Hg.), *Handbuch der Liturgik*, aaO. 453-489.

(einschließlich Gründonnerstag und Karfreitag), Ostern und Pfingsten. Mit dem Pfingstzyklus beginnt indirekt schon die *Kirchenjahreszeit der Kirche (und der Heiligen)*, die offiziell mit dem Trinitatissonntag einsetzt, sich über die gesamte Trinitatiszeit einschließlich aller besonderen kirchlichen Feiertage - etwa dem Reformationstag oder Buß- und Bettag, aber auch dem Michaelistag oder dem sog. Aposteltagen nebst Allerheiligen - bis hin zum Ewigkeitssonntag erstreckt. Und dieser geht wiederum als Thematisierung der Wiederkunft Christi am Ende aller Zeit nahtlos in die adventliche Bußzeit des neuen Kirchenjahres über. Das Kirchenjahr ist also nicht mit dem Kalenderjahr identisch. Nur mit zwei Gottesdienstterminen wird der weltlichen Zeitrechnung im Perikopenbuch Rechnung getragen: Der Altjahrsabend (Sylvester) ist ebenso wie der Neujahrstag explizit in den Perikopenreihen aufgeführt; beide finden sich logischerweise im Weihnachtszyklus zwischen Advent- und Epiphaniaszeit, bieten aber eine erstaunliche und nahezu thematisch-uneinheitliche Vielfalt an Predigttexten - von Lukas 12, 35-40 (Kommen des Menschensohnes) über Röm 8, 31f (Gewißheit des Christenmenschen) bis zu Lk 4, 16-21 (Gnadenjahr des Herrn) und Jos 1,1-9 (Verheißung und Zusage). Eine Nähe zum 'weltlichen' Kalender weist i.Ü. u.a. auch der Erntedanktag auf.

Das Kirchenjahr hat eine deutliche innere Logik; es zeichnet den Lebens- und Leidensweg Jesu Christi bis hin zu seiner Auferstehung und Erhöhung ebenso nach wie die Verfaßtheit der erweckten und geistgegründeten Kirche (Gemeinschaft der Heiligen!) zwischen Freude und Erwartung, Verheißung und Hoffnung, Trauer und Anfechtung, Tod und Ewigkeit. Diese Wege und Stationen gilt es durch das Kirchenjahr hindurch predigend zu verdeutlichen. Damit kann ein, wenn nicht gar der entscheidende Beitrag zur Identität von Kirche und Gemeinde, zur Begründung und Stabilisierung des christlichen Selbstverständnisses und -verhältnisses, aber auch des individuellen religiösen Selbstbewußtseins (v.a. als Bewußtsein des Geheiligt- bzw. Gerechtfertigtseins) und des konfessionellen Wissens und Bekennen-Könnens geleistet werden. An mindestens 52 Sonn- und Feiertagen wird Gelegenheit gegeben, die Bedeutung von Leben, Lehren und Werken Jesu, aber auch vom Wirken, Glauben und Hoffen der sich zu diesem Jesus als dem Christus bekennenden Kirche für die christlich-kirchlich-konfessionelle Identität darzulegen und zur Anwendung zu bringen. Und dies ist der maßgebliche Kontext der jeweiligen Predigtperikope! Es ist nicht der historisch-biblische Kontext, nicht der liturgisch-homiletische Kontext, nicht der gemeindlich-gesellschaftliche Kontext allein, sondern ein im Vollzug des Gottesdienstes, des Predigens und Predigtanwendens sowie im Anschluß an die biblisch bezeugten Sinnhaftigkeiten und öffentlich gesprochen und gelebten (Gewißheits-) Bekenntnisse immer wieder neu herzustellender Kontext, kurz: es ist der stets unabgeschlossene Prozeß der Selbstvergegenwärtigung von Kirche einerseits und Christenmensch andererseits.

Leuchtet es vor dem Hintergrund dieser Überlegungen ein, warum es Sinn macht, bezüglich der während der Gottesdienstfeier zu verlesenen Texte den im Perikopenbuch vorgeschlagenen Übersetzungen dahingehend zu folgen, daß sie dem geschriebenen Wortlaut nach vorgetragen werden? Das entscheidende Argument ist ein im o.g. Sinne kirchliches; es stellt die unsichtbare Verbundenheit aller Gemeinden zu einer Kirche, sowohl gegenwärtig-aktuell (querschnittlich) als auch historisch-traditionell (längsschnittlich) in den Vordergrund: So wie sich jede Gottesdienstgemeinde mit dem gesprochenen Credo (hoffentlich) bewußt in die Phalanx der glaubensbekennenden Zeugen einst und jetzt einreiht, so stellen sich alle Gottesdienstfeiernden an einem bestimmten, konkreten Sonntag vor bzw. unter das Bibelwort, das (zwar konfessionell und mitunter auch landeskirchlich begrenzt, aber doch nahezu) allenorts in gleicher Gestalt verlesen wird (Querschnitt) und in dem vertrauten Wortlaut der vorgeschlagenen Übersetzung sicherlich auch schon Generationen zuvor (Längsschnitt) gebräuchlich war bzw. verlesen wurde. So wird das Eingebundensein aller Gemeinden in eine Kirche artikuliert, ohne das jeweilige Eigenrecht, die jeweilige Besonderheit - oder gar die jeweilig invuduelle Gestimmtheit einzelner Gemeindeglieder bzw. Gottesdienstbesucherinnen - in Abrede zu stellen. Denn diese bleiben bewahrt, nicht nur in der besonderen Predigt, sondern auch in der Berücksichtigung der lokalen und individuellen Traditionen.

2.2 Radius: Gottesdienst und Gottesdienstgemeinde.
Proprium und Ordinarium, Liturgie und Varianten, Gebräuche und Lokaltraditionen

Jeder Gottesdienst hat gleichbleibende und wechselnde Elemente bzw. *feste* und *bewegliche Stücke*; die ersteren beschreibt man mit dem Terminus *Ordinarium*, die letzteren mit dem Begriff *Proprium*. Alle Predigenden haben sich vor - oder besser: im Rahmen ihrer Vorbereitung zu veranschaulichen, was dieser Tatbestand nicht nur allgemein ausdrückt, sondern gerade auch in Konsequenz für ihre jeweilige Predigt bedeuten kann. Das Ordinarium, das Gerüst mit seinen gleichbleibenden Elementen, ist sowohl traditionell (selbstverständlich auch hier unter Beachtung der entsprechenden Revisionen!) begründet als auch dem Motiv einer - wenngleich sich aus Gemeinden zusammensetzenden - einheitlichen und einen Gottesdienst feiernden Kirche unterstellt (s.o.). Formal betrachtet ist der in einer bestimmten Agende vorgelegte liturgische Ablauf des Gottesdienstes selbst schon ein gleichbleibendes Etwas, das in der Abfolge der liturgischen Blöcke (Eröffnung und Anrufung / Verkündigung und Bekenntnis / Abendmahl / Sendung und Segen) bzw. der liturgischen Stücke (u.a. Votum / Gruß / Psalm alt. Bibelvotum / Ehr sei dem Vater / Rüst- bzw. Bußgebet, Offene Schuld bzw. Sündenbekenntnis / Kyrie / Gnadenzusage / Gloria in excelsis / Lesungen (Halleluja) / Credo / Predigt / Sanctus / Vater Unser / Einsetzungsworte / Agnus Dei / Austeilung / Dankgebet / Sendungswort / Segen) doch eine gewisse Verbindlichkeit erkennen läßt.[57] Und während einige dieser Stücke auch in ihrem Wortlaut das ganze Jahr hindurch gleichbleiben (Kyrie, Gloria, Sanctus, Credo, Vater Unser u.a.m.), erfolgt die inhaltliche Ausprägung anderer Stücke vom jeweiligen Kirchenjahrestag her, d.h. durch die unterschiedlichen Motive des

---

[57] Vgl. B.W. KÖBER, *Die Elemente des Gottesdienstes (Wort Gottes, Gebet, Lied, Segen)*, in: H.C. SCHMIDT-LAUBER / K.H. BIERITZ (Hg.), *Handbuch der Liturgik*, aaO. 689-714.

2.2 Radius: Gottesdienst und Gottesdienstgemeinde. Proprium und Ordinarium...

jeweiligen Tagesevangeliums (s.o.)[58]. Dies heißt zugleich, daß sie nicht von denjenigen Nuancen abhängig gemacht werden sollten, die Predigende bei ihrer jeweiligen Predigt in den Vordergrund stellen möchten.

Maßgeblich für die Predigtvorbereitung wird demnach die Frage nach dem Proprium des Predigttermins: Welches Motiv, welches Thema steht an diesem Tag im Vordergrund, welches Gesicht, welches Profil hat dieser Tag?

> Geht es um den kommenden Herrn (1. Adventsonntag), die Verklärung Jesu (Letzter Sonntag nach Epiphanias) oder um die Versuchung (Invokavit), um das Singen der auserwählten Gemeinde (Kantate), das Leben aus der Taufe (6. Sonntag nach Trinitatis) oder das wandernde Gottesvolk (10. Sonntag nach Trinitatis), um die Rechtfertigung aus Glauben (31. Oktober) oder um das dankbare Lob des Schöpfers (Erntedanktag)?

Und wie kann sich der Sinngehalt, der in diesem liturgisch-homiletischen (bzw. gottesdienstlich-kirchlichen) Kontext aufleuchtet, mit dem Sinngehalt der Perikope innerhalb ihres historisch-biblischen Kontextes verbinden und unter besonderer Berücksichtigung des (gesellschaftlich-) gemeindlichen Kontextes auf eine sach- und situationsgerechte, kommunikable und relevante Verkündigung hinbringen lassen, die gleichsam ihren neuen Kontext der Selbstvergewisserung von Kirche und Christenmensch mitschaffen hilft?

Vor einer Beantwortung der letztgenannten Frage ist freilich das Augenmerk auf die jeweils avisierte Gottesdienstgemeinde zu richten, insbesondere auf ihre liturgischen Gepflogenheiten, ihre kultisch-rituellen Sitten und Gebräuche, kurz: auf ihre Gottesdienstvariante. Feiert diese konkrete Gemeinde ihren Gottesdienst nach lutherischer oder reformierter Tradition, in Anlehnung an den sogenannten lateinischen Mess-Typ oder den oberdeutschen Predigtgottesdienst[59], entsprechend dem agendarischen Modell der *Grundform I* oder der *Grundform II*, vielleicht sogar in einer *offenen Form*[60]? Wird die Liturgie gesungen, gesprochen oder teils gesungen, teils gesprochen? Kennt die Gemeinde das Graduallied, also das unter dem Proprium stehende Lied des Sonntags? Wieviele Schriftlesungen gibt es außer der Evangeliums- und der Predigttextlesung, und welche sind es? Schließt sich an jede Lesung eine Kurzauslegung an - was möglicherweise auf Kosten der eigentlichen Predigt(länge) geht? Führen die Predigenden auch

---

[58] Zur besseren Anschaulichkeit vgl. *Evangelisches Gottesdienstbuch. Agende für die Evangelische Kirche der Union und für die Vereinigte Evangelisch-Lutherische Kirche Deutschlands*, Herausgegeben von der Kirchenleitung der Vereinigten Evangelisch-Lutherischen Kirche Deutschlands und im Auftrag des Rates von der Kirchenkanzlei der Evangelischen Kirche der Union, Berlin - Bielefeld - Hannover 1999.

[59] Vgl. E. WINKLER, *Der Predigtgottesdienst*, in: H.C. SCHMIDT-LAUBER / K.H. BIERITZ (Hg.), *Handbuch der Liturgik*, aaO. 1995, 248-270.

[60] Denn dies hat doch deutliches Gewicht bei der späteren Konzeption der Predigt, sowohl was deren Gesamtgewichtung innerhalb des jeweiligen Gottesdienstes - als auch was schlicht ihre Länge betrifft. Ein Wortgottesdienst mit angehängtem Abendmahl macht einfach andere Überlegungen erforderlich als etwa eine gottesdienstliche Eucharistiefeier mit Abendmahlsvermahnung und integrierter Bibelbetrachtung bzw. Textkurzauslegung.

durch die komplette Liturgie, oder ist es üblich, liturgische Helfer oder Lektorinnen einzusetzen? Versteht die Gemeinde das anfängliche Orgelspiel, das Eingangslied oder das *Im Namen des Vaters* als Gottesdienstbeginn, und welches Gottesdienstverständnis ist damit verbunden? Wann wird die Gemeinde begrüßt, an welcher Stelle wird abgekündigt - letzteres etwa im Anschluß an die Predigt? Singt man das erste Lied im Gedenken an die zuvor verlesenen Verstorbenen der vergangenen Woche[61], oder werden diese in die Fürbitten (oder gar in die Ansprache bzw. den Ansprachenschluß: Abkündigung, s.o.) namentlich aufgenommen? Wie verhält sich die Gemeinde während der Eingangsliturgie? Wann erhebt sie sich (Introitus, Offene Schuld, Credo, Evangeliumslesung, Fürbitten, Vater Unser), wer singt das Kyrie (Liturgin, Chor, oder Gemeinde? Im Wechsel oder im ganzen Stück?), wer das Gloria? Reagieren Gottesdienstbesucher auf die Predigt noch während des Vortrags, etwa durch Zurufe oder bestimmte Gestiken und Mimiken[62], vielleicht weil sie sich als herausgeforderte Zeugen begreifen[63]? Welches Abendmahlsverständnis ist erkennbar, und wie artikuliert es sich im Verhalten der Partizipierenden? Steht der Gemeinschaftsgedanke im Vordergrund, will man geschlossen vor den Altar treten, um entweder aus verschiedenen Bechern zu trinken oder aus einem Kelch, den man sich gegenseitig reicht, oder möchte die Sündenvergebung empfangen werden aus geistlicher Hand? Gibt es bevorzugtes Liedgut, also Lieblingslieder der Gemeinde, traditionelle Lieder von Gruppen und Kreisen, Melodien mit Lokalkolorit?[64]

Dieser Fragenkatalog ist beliebig zu ergänzen und mit eigenen Beobachtungen zu komplettieren; seine konkrete Beantwortung dürfte freilich die o.g. Thesen entschieden verifizieren, daß bei allem Eingebundensein einer gottesdienstfeiernden Gemeinde in eine *einen einzigen Gottesdienst feiernde eine Kirche* die Besonderheit eben dieser konkreten Gottesdienstgemeinde gewährleistet bleibt. Selbstverständlich sind nach einer erfassenden Beschreibung dieser Besonderheit weder die grundsätzlichen und aktuellen Bedürfnisse versammelter Gemeindeglieder geklärt noch die soziale oder religiöse Großwetterlage in einem gewissen Stadtteil, geschweige denn die Gestimmtheit der Menschen allgemein, einzeln und besonders. Hier geht es lediglich, anders als in der später folgenden Gegenwartsserkundung, um die unbedingt erforderliche Darlegung, Vergegenwärtigung und Reflexion der jeweiligen gottesdienstlichen Grund- bzw. Rahmenvoraussetzungen einer konkreten Predigt. Und wenn dieser Vorgang abgeschlossen ist, kann auf den Text zugegangen werden.

---

[61] So noch 1992 erlebt in der Ev. Kirchengemeinde Eichlinghofen in Dortmund.

[62] So mehrfach erlebt im 2. Pfarrbezirk der Ev. Kirchengemeinde Oespel-Kley.

[63] U.a. im württembergischen Raum miterlebt.

[64] Kommt das sogenannte Frauenhilfslied "Stern auf den ich schaue" (EG 407) besonders häufig vor oder etwa die zweite Strophe von "Für dich sei ganz mein Herz und Leben" (landeskirchlicher Liederteil), bekannt als "Ich bete an die Macht der Liebe" aus dem *Großen Zapfenstreich*? Wie verhält es sich mit den alten und neuen Favoriten "Großer Gott wir loben dich" (EG 331) und "Lobet den Herren" (EG 316 u. 317), "Geh aus mein Herz und such Freud" (EG 503), "Danke für diesen guten Morgen" (EG 334) und "Herr deine Liebe ist wie Gras und Ufer" (landeskirchlicher Liederteil)?

2.3 Als Überleitung: Assoziative Textlektüre.
Sinn, Recht und Grenzen spontaner Ideen und Einfälle

"Zu beinah jedem Predigttext fällt mir eine Episode aus Saint-Exupérys kleinem Prinzen ein. Der kleine Prinz ist sozusagen meine Perikopenreihe VII!" Dieses Bekenntnis stammt aus dem Munde einer als Predigerin bei ihren HörerInnen allgemein für gut befundenen Pfarrerin. Und allen, die Arges dabei denken, gerade auch fachlich versierten Kritikern, die schlimme Entgleisungen befürchten, würde bei einer prüfenden Inspektion ihres homiletischen Treibens rasch auffallen, daß die tatsächlichen Predigten dieser Dame ausgesprochen wenig kleine Prinzen enthalten, sondern sich explizit und immer wieder auf den Predigttext beziehen - dafür aber ein erstaunliches Maß an theologischer, hermeneutischer und gegenwarts- bzw. menschenkundlicher Kompetenz erkennen lassen. Denn tatsächlich hatte die kluge Dienerin des Wortes einfach nur bemerkt, daß die Sinngehalte der biblischen Texte auch in den Stories anderer Medien präsentiert und bewegt werden und von daher offensichtlich nach wie vor von größerer Relevanz (geblieben) sind. Wer diesen Erkenntnisgewinn teilen und bei der Predigtvorbereitung ein gutes Stück vorankommen möchte, sollte den Weg der assoziativen Textlektüre einschlagen. Doch was ist darunter zu verstehen?

Die assoziative Textlektüre ist das (zumindest im Rahmen der jeweiligen Predigtvorbereitung) erste Lesen des im Perikopenbuch zum Vorschlag gebrachten deutschen Predigttextes unter bewußter Vergegenwärtigung aller sich dabei einstellenden Gedanken, oder genauer: eine die Perikope Wort für Wort, Satz für Satz, Gedanken für Gedanken abschreitende unwissenschaftliche Lektüre, die jeder Idee, jedem Einfall, jeder Assoziation Raum gibt und alles entsprechend notiert. Ein solches Verfahren ist von dreifachem Nutzen: Erstens wäre es möglich, daß die Predigthörer bei dem Vortrag des Predigttextes zu gleichen oder ähnlichen Ideen, Einfällen oder Assoziationen gelangen, zweitens mag das notierte Konvolut an Gedankensplittern die eine oder andere gute Predigtidee oder zumindest Einstiegsmöglichkeit enthalten, und drittens leistet der schriftlich fixierte Befund so manche Hilfestellung bei der im vorausgegangenen Kapitel eingeforderten kritischen Überprüfung der eigenen Voraussetzungen und Vorlieben. Wer etwa nach einem gewissen Zeitraum auf der Grundlage seiner Notizen feststellen muß, daß sich selbst bei den unterschiedlichsten Predigttexten immer die gleichen bzw. ähnliche und vergleichbare Assoziationen[65] - sei es, was deren Inhalte, sei es, was deren

---

[65] Dies erinnert den Verfasser an eine von ihm vor Jahren geleitete Arbeitsgruppe *Film und Religion*. Erstaunlich war seinerzeit vor allem, daß sich bei zahlreichen Beteiligten zu beinah jedem Film jeweils dieselben persönlichen Bemerkungen einstellten. So wußte eine Teilnehmerin sowohl nach der Liebesromanze "Brücken am Fluß" als auch nach dem Action-Thriller "Terminator" , schließlich auch nach der Komödie "Und täglich grüßt das Murmeltier" - die Filme gezeigt im vier-Wochen-Rhythmus! - zu erklären, daß sie daran gedacht habe, daß man der großen Liebe offenbar nur einmal im Leben begegnen wird, während eine andere Teilnehmerin - ebenfalls als Reaktion auf die drei genannten Filme - preisgab, sich noch einmal sowohl ihr eigenes Sterben als auch die dazu passenden Lebensweisheiten des Vaters vor Augen gemalt zu haben. Einem weiteren Teilnehmer fiel zu allen drei Filmen ein, daß die Amerikanisierung der Gesellschaft erstaunlich weit

Die Kirche und ihr Gottesdienst, oder: Wann?, Wo? und Weshalb?

Duktus betrifft - einstellen, sollte zunächst der Frage nachgehen, ob nicht im Ergebnis auch immer dasselbe gepredigt wurde - und dann ernste Konsequenzen ziehen. Dies betrifft sowohl diejenigen, denen stets dieselben dogmatischen Lehrstücke, dieselben biblischen Motive, dieselben frommen Brocken oder auch nur dieselben profanen Phrasen und Bonmots in den Sinn kommen als auch diejenigen, deren Einfälle samt und sonders etwa offenbarungstheologisch, gesellschaftskritisch oder feministisch-emanzipatorisch focussiert sind[66].

Mehrere Arten von Assoziationen sind nun denkbar. Da gibt es die Wortassoziationen, also die Gedanken, die bei einem bestimmten Wort durch den Sinn gehen. Es kann ein anderer Terminus sein oder ein kompletter Bibelvers, eine Weltweisheit oder ein Filmzitat, eine Beobachtung aus dem Gemeindealltag oder eine Erfahrungspointe aus dem gewöhnlichen Leben. Ähnliches ist dann auch für die Satzassoziationen zu sagen, also für all diejenigen Einfälle, die aufleuten, wenn ein ganzer Vers betrachtet wird; auch hier ist die genannte Beispielkette aufzulisten. Und schließlich sind da die Ideen, die sich im Hinterkopf sammeln und verdichten im Anschluß an die vollständig gelesene Perikope. Das mögen Psalmlieder oder moderne Schlager, jesuanische Gleichnisse, paulinische Denkakrobatiken oder existenzphilosophische Highlights, Prophetenworte oder zeitgenössische Politikerreden, alttestamentliche Königserzählungen oder Heldenlegenden aus ganz anderen Stories sein, das mögen Märchen (s.o. Episoden aus "Der kleine Prinz") sein oder Fragmente jener sinnhaften Gedichte, die man zur Schulzeit hat lernen müssen, das mag ein Leserbrief sein aus der Frauenzeitschrift, die beim letzten Arztbesuch durchgeblättert wurde oder die jüngsten Gespräche, die mit der sechzigjährigen Wiwe vor dem Supermarkt und mit dem frechen Konfirmanden auf dem Gemeindebolzplatz stattgefunden haben, das mag das Lebensresümee sein, das der alte Sterbende am Krankenbett seiner Seelsorgerin ans Herz legen wollte oder die schon verdrängt geglaubte Lieblingsstelle in jenem Bildungsroman, den man einst den Großeltern zuliebe studiert hat, das mögen die unvergessenen Eindrücke der letzten langen Filmnacht im Kino oder die Erinnerungen an die überwältigende Kulisse des Fußballpokalendspiels von 1989 sein.

Soweit also die inhaltlich bestimmten Assoziationen. Mitunter ist die Sinnverwandtschaft zwischen ihnen und der jeweiligen Perikope unverkennbar. Sollte der Grund dafür in der Tatsache liegen, daß sich zahlreiche wesentliche Sinngehalte der jüdisch-christlichen Überlieferung aufgrund kultur- und ideengeschichtlicher Transformationsprozesse in die profanen Geschichten und Texte unserer Zeit eingeprägt haben, oder ist es nur die produktive Kraft des zur Erinnerung, zu Gedankenflügen und zu parallelisierenden Assoziationen befähigten Bewußtseins, das stets nach Texten, Worten und Geschichten ringen muß, um sich selbst und das ewig wiederkehrende Bewegtsein artikulieren? Diese Frage kann weder hier noch eindeutig beantwortet werden, aber ihre

---

fortgeschritten sei, und ein vierter stellte in auffälliger Wiederholung lediglich fest, daß es ohnehin an der Zeit sei, die Bibel in den Schulen zur Pflichtlektüre zu machen!

[66] Hierbei handelt es sich selbstverständlich um Beispiele, die vom Verfasser lediglich beobachtet worden sind. Eine Bewertung ist nicht impliziert!

2.3 Als Überleitung: Assoziative Textlektüre

Beantwortung trägt ohnehin für den besprochenen Arbeitsschritt nichts aus. Außerdem ist es durchaus denkbar, daß sich nicht nur sinnkonforme Ideen und Einfälle einstellen, sondern daß auch geradezu sinnverfremdende oder -verfälschende Assoziationen freigesetzt werden, die die jeweils vorliegende Perikope kritisch beleuchten, in ihrer immanenten Logik brechen sowie letztendlich ihre Botschaft bzw. ihren Sinngehalt teilweise oder ganz in Frage stellen.

Doch wie verhält es sich mit jenen Einfällen und Ideen, die nicht als Resultat einer vorbehaltlosen, unmittelbar frei und ungebunden inhaltlich-sinngehaltlich assoziierenden Gedankenkettenbildung identifiziert werden dürfen, weil sie von vornherein von einem gewissen Deutungshorizont eingeengt waren? Denn streng genommen sind dies keine wirklichen Einfälle und Ideen mehr, sondern bloße als Assoziation vergegenwärtigte Reproduktionen etablierter und typischer Auslegungsmethoden, Lehrgegenstände und Deutungsintegrale, die nur zu demjenigen Deutungsduktus führen können, der schon in der (o.g.) Vorliebe enthalten war! Im Klartext: Wer bei einer assoziativen Textlektüre von Johannes 7, 37-39 lediglich zu den Einfällen *Schriftoffenbarung* (V.38: "...wie die Schrift sagt..."), *Taufe* (V.38: "Ströme lebendigen Wassers"), und *Pfingsten* (V.39: "Geist") gelangt und nicht einmal ansatzweise assoziativ auf den hohen metaphorischen Gehalt dieser Perikope reagiert, geschweige denn bei Vers 38 an das Grimm'sche Märchen vom Wasser des Lebens[67] oder bei Vers 37[68] an den höchsten Tag des typisch-westfälischen Gemeindefestes mit dem obligatorischen freien (Bier-)Ausschank der letzten Aufräumstunde denkt[69], der reproduziert lediglich Theologoumena und dogmatische Lehrmeinungen - und wird insofern von seinem eigenen theologischen (ekklesiologischen, pneumatologischen, trinitarischen usw.) Deutungsduktus überrannt, anstatt das reale (Gemeinde-)Leben im Auge zu behalten und die Chance einer Predigtidee bzw. eines Predigteinstieges (s.u.) wahrzunehmen. Wer dann aber wenigstens die offenkundig stark eingeschränkte Assoziationskraft und Deutungskompetenz anerkennt, ist zumindest auf besseren Wegen als jemand, der dies nicht einmal registriert.

Freilich ist mit dieser assoziativen Textlektüre ohnehin nicht das letzte Wort gesprochen bzw. der finale Weg zur Predigt beschritten. Denn die entstandenen Einfälle und Ideen bleiben im Ergebnis eben Einfälle und Ideen, nichts weiter. Sie stehen faktisch nur für die Predigenden, kaum - oder bestenfalls eingeschränkt - für die Hörergemeinde, keineswegs aber für den Text selber. Dieser ist nun mit präzisen Methoden und Instrumentarien zu befragen bzw. zu untersuchen, und es könnte sich durchaus herausstellen,

---

[67] In jeder guten Märchensammlung zu finden, vgl. etwa *Die schönsten Märchen der Gebrüder Grimm*, Gütersloh o.J., 206-210. Darin enthalten übrigens auch - man denke diesbezüglich an V. 39, Stichwort "Geist" - jenes Märchen vom Geist im Glas, der bedrohlich und heilsbringend zugleich einem armen Holzhackersohn erscheint und dessen Leben wieder zurechtbringt (ebd. 211-214)!

[68] Lautend: Am letzten Tag des Festes, der der höchste war, trat Jesus auf und rief: Wen da dürstet, der komme zu mir und trinke!

[69] Angesprochen sind hier selbstverständlich vor allem Predigende aus dem Ruhrgebiet; in anderen Regionen dürften andere Brauchtümer anzutreffen - und infolgedessen auch abweichende Assoziationen möglich sein.

daß keine Assoziation unter dem Strich brauchbar und angemessen bleibt. Für die Predigenden haben sie gleichwohl den o.g. dreifachen Nutzen erfüllen - und somit einen entscheidenden Beitrag zur Predigtvorbereitung leisten können, die nun mit der wissenschaftlichen Texterkundung ihren Fortgang nimmt!

2.4 Literatur zur Weiterarbeit und Vertiefung
(zusätzlich zu den im Text sowie im Literaturverzeichnis aufgeführten Werken)

allgemein:
H.-C. SCHMIDT-LAUBER / M. SEITZ (Hg.), *Der Gottesdienst. Grundlagen und Predigthilfen zu den liturgischen Stücken*, Stuttgart 1992
H.C. SCHMIDT-LAUBER / K.H. BIERITZ (Hg.), *Handbuch der Liturgik. Liturgiewissenschaft in Theologie und Praxis der Kirche*, Göttingen 1995

ad 2.1:
K.H. BIERITZ, *Ein Haus in der Zeit. Kirchenjahr und weltliches Jahr,* ZGDP 9 (1991), 119-132
P. CORNEHL, *Christen feiern Feste. Integrale Festzeitpraxis als volkskirchliche Gottesdienststrategie*, in: Pth 70 (1981), 218-233
DERS., *Der Sinn der Feste und Feiertage*, in: WPKG 74 (1985) 410-425
H.M. DOBER, *Erfahrbare Kirche: dimensionierte Zeit und symbolische Ordnung im Kirchenjahr*, in: ZThK 89 (1992), 222-248
K.P. JÖRNS, *Ein Kirchenjahr für Weltbürger*, in: BthZ 10 (1993), 197-210

ad 2.2 (z.T. auch zu 4.2 u. 4.3):
K.H. BIERITZ, *Lesungen*, in: H.C. SCHMIDT-LAUBER / M. SEITZ (Hg.), *Der Gottesdienst*, aaO. 106-116
K.-F. DAIBER / H.W. DANNOWSKI / W. LUKATIS / L. ULRICH, *Gemeinden erleben ihre Gottesdienste. Erfahrungsberichte*, Gütersloh 1978
C. GRETHLEIN, *Abriß der Liturgik*, Gütersloh ²1991
G. LÄMMERMANN, *Der Pfarrer - elementarer Repräsentant von Subjektivität? Zum Widerspruch von Individuum und Institution*, in: ZEE 35 (1991), 21-31
R. ROOSEN, *Die Kirchengemeinde - Sozialsystem im Wandel*, Berlin/New York 1997
M. SEITZ, *Gottesdienst und Frömmigkeit*, in: H.C. SCHMIDT-LAUBER / K.H. BIERITZ (Hg.), *Handbuch der Liturgik*, aaO. 596-612
DERS. / H.-J. GRESCHAT / F. WINTZER, *Frömmigkeit*, in: TRE XI, 671-688
J. STALMANN, *Tagesordnungspunkt Gottesdienst*, Hannover ⁴1989
J. ZIEMER, *Gottesdienst und Gemeindeaufbau*, in: H.C. SCHMIDT-LAUBER / K.H. BIERITZ (Hg.), *Handbuch der Liturgik*, aaO. 613-625

ad 2.3:

H.M. ELSTER, *Büchmann. Geflügelte Worte*, Stuttgart ²1964

R. KOERRENZ / J. REMY (Hg.), *Mit Liedern predigen. Theorie und Praxis der Liedpredigt*, Rheinbach 1994

H. SCHRÖER, *Moderne deutsche Literatur in Predigt und Religionsunterricht*, Heidelberg 1972

(fernerhin: Märchen und Sagen, Belletristik, Zeitungen, Zeitschriften, Liederhefte usw.)

2.5 Leitfragen als Hilfestellung: Von der Erfassung des kirchlichen "Kontextes" zu ersten Einfällen

(Der folgende Fragenkatalog erhebt keinen Anspruch auf Vollständigkeit, sondern möchte als Anregung aufgefaßt werden)

Wie lautet die mir gestellte Aufgabe? (Etwa: Erstellen sie eine Predigt für den kommenden Sonntagsgottesdienst in ihrer Gemeinde!)

Was geht aus dieser Aufgabenstellung hervor?

Welcher Sonntag ist der "kommende Sonntag"? (Z.B. der 16. Sonntag nach Trinitatis!)

Welche Stellung hat dieser Sonntag im Kirchenjahr? (hier: Kirchenjahreszeit der Kirche, auf den Ewigkeitssonntag zugehend.)

In welcher Predigtreihe befinden wir uns? (etwa: Predigtreihe III)

Welchen Predigttext sieht das Perikopenbuch vor? (hier: Klagelieder 3, 22-26. 31-32)

Welche Evangeliumslesung ist für diesen Tag vorgesehen? (hier: Johannes 11, 1 [2] 3. 17-27 [41-45])

Unter welchem Leitmotiv steht dieser Sonntag folglich? (Auferweckung des Lazarus / Jesus Christus als Herr über Leben und Tod, als "Auferstehung und Leben" / Vertrauen und "ewiges Leben")

Kommt dies Motiv in der zweiten Lesung noch einmal vor? (hier: ja; zweite Lesung = Epistellesung 2. Timotheus 1, 7-10: "dem Tod die Macht genommen"; "Geist der Kraft")

Ist in "meiner" Gemeinde (siehe Aufgabenstellung) überhaupt eine zweite Lesung neben der Evangeliumslesung üblich?

Ist das Singen des Gradualliedes (hier: "O Tod, wo ist dein Stachel nun", EG 113) üblich? Wird auch in diesem Lied etwa von dem Leitmotiv des Evangeliums erkennbar? (hier: ja!)

Was ist überhaupt "üblich" in dieser **Gottesdienst**gemeinde?[70] Ein bestimmtes, stets wiederkehrendes Lied? Ein bestimmter, für die Gemeinde typisch gewordener Segensgruß?

In welcher Übersetzung liegt der Predigttext vor? Ist diese Übersetzung gebräuchlich, vertraut, akzeptiert?

Wenn ich den Predigttext in seiner gebräuchlichsten Fassung zum ersten Mal lese - was kommt mir in den Sinn (und könnte vielleicht auch den HörerInnen in den Sinn kommen)?

Bei welchen Worten, Sätzen, Gedanken fällt mir "anderes" ein aus Theologie und Leben, aus Märchenwelt und Schlagertexten, aus Zeitgeschehen und Zeitungsmeldung, aus Gemeindealltag und Kirchengesangbuch, aus Begegnungen, Berufserfahrungen und eigener Geschichte?

An welche (anderen) biblischen und auch nichtbiblischen Geschichten denke ich spontan, an welche Gestalten, Figuren, Heroen, an welche antiken Sagen, frommen Legenden oder Großstadtmythen?

---

[70] Die Frage nach der Gottesdienst**gemeinde** muß unter anderer Focussierung an anderer Stelle fortgeführt und diskutiert werden; s.u. Pkt. 4.5.

DRITTE STATION

DER TEXT

DER TEXT,
oder: Womit? und Worüber?

3.1 Prinzipiell: Wenn Texte "reden" könnten ...

"Herr, gib uns Mut zum Hören auf das, was du uns sagst..." - mit diesem Vers beginnt ein mittlerweile recht bekannt gewordenes Kirchenlied. Kurt Rommel hatte 1964 Text und Melodie verfaßt, und mit der letzten großen Gesangbuchrevision fand dieses Stück Aufnahme in so manchen landeskirchlichen Liedteil des Evangelischen Gesangbuches. Sicherlich geschah dies aufgrund der gottesdienstlichen Gängigkeit und Gebräuchlichkeit, die sich aus der melodischen Gefälligkeit einerseits, andererseits aber wohl auch aus der Unterstellung ergab, daß sich hinter diesem Lied mehr Sinn und Bedeutung verbirgt als auf den ersten Blick erkennbar. Nun können die vorliegenden Erörterungen nicht dazu genutzt werden, generell über den Gehalt und die Botschaft (bzw. auch den Un-Sinn) des gesamten Liedtextes zu befinden; ebensowenig gilt es hier, inhaltliche Detailfragen - z.B. was "Mut zum Hören" überhaupt bedeuten will - zu klären oder die im Hintergrund stehenden dogmatischen Topoi zu ergründen - etwa bezüglich der vielfältigen Möglichlichkeiten Gottes, dem Menschen etwas zu sagen bzw. überhaupt zu reden. Doch gerade dieser Sachverhalt ist jetzt von besonderem Belang. Denn immerhin scheint die zitierte Anfangszeile von derselben theologisch etablierten Denkfigur Gebrauch zu machen, die auch im Hintergrund zahlreicher Predigtvorbereitungen steht - oder sich zumindest im Predigtverlauf als mitunter recht unreflektierte handelsübliche Redewendung bzw. als rhetorische Frage artikuliert:

"Was sagt uns nun der Text?" , oder: "Was will uns Gott mit diesem Bibelwort sagen?" Häufig, allzuhäufig begegnet man in der pastoral-homiletischen Praxis solchen Formulierungen. Strenggenommen freilich können diese nur dann etwas für sich haben, wenn man sich auf die Seite derjenigen Theologen stellt, die sich (möglicherweise unter Berufung auf 2. Tim 3,16) die präreformatorisch-vorausgeklärerische Lehre von einer unmittelbaren bzw. auch einer mittelbaren Schriftinspiration[71] unkritisch zu eigen gemacht haben oder die von Karl Barth doxologisch-lobpreisend vorgetragene theopneustische Interpretation der Real- und Verbalinspiration im Sinne einer fundamentalistischen Wahrheit quasi realistisch-ontologisch mißverstehen. Doch gerade der gern als Gewährsmann für die Identität[72] von Schrift und Gotteswort - bzw. für die These, daß der Text bzw. Gott durch den Text spricht - herangezogene Theologe hat seine Äußerung, daß "Gottes Wort (...) Gott selbst (ist) in der Heiligen Schrift", entsprechend entfaltet;

---

[71] Vgl. G. LANCZKOWSKI, Art. *Inspiration, I. Religionsgeschichtlich*, RGG III/3, 773-775; O. WEBER, *Art. Inspiration, II. Inspiration der hl. Schrift, dogmengeschichtlich*, ebd. 775-779; W. PHILIPP, Art. *Inspiration, III. Inspiration der hl. Schrift, dogmatisch*, ebd. 779-782.

[72] An dieser Stelle wäre eine genaue Analyse der Barth'schen Unterscheidung von *analogia entis* und *analogia fidei* angebracht!

immerhin heißt es: "Die Schrift ist heilig und Gottes Wort, indem sie der Kirche durch den Heiligen Geist *zum Zeugnis* von Gottes Offenbarung wurde und werden wird."[73] Nur als Bezeugung (und Lobpreis!) des Menschen, der in der Bibel die Antwort auf seine Frage nach Gott und Gottes Offenbarung gefunden hat, ist die Heilige Schrift mit Gottes Wort identisch[74]; sie bleibt als Zeugnis von Gottes Offenbarung zugleich ein an die Kompetenz und Verantwortung von Auslegern verwiesenes sowie generell an den kirchlichen Kommunikations- und Bekenntniskontext gebundenes menschliches Dokument[75] - und damit geradezu ein Medium![76]

Aber was sind *Medien* - vom Sinn- und Verwendungszusammenhang des Begriffes innerhalb des allgemeinen Sprachgebrauches einmal abgesehen? Es sind, so haben uns Kommunikations-, Kunst- und Medienwissenschaften[77] eindrücklich vor Augen gehalten, künstliche Gebilde bzw. *Foren*, die innerhalb bestimmbarer Kulturen entwickelt bzw. vom Menschen erarbeitet wurden - und die Hinter- bzw. Ermöglichungsgründe kultureller Operationen dahingehend ausmachen, daß sie handelnden und deutenden Subjekten als Vermittlungsinstanz oder als (Selbst-)Erschließungshilfe dienen. Im Rahmen einer solchen weiten Definition hat sich gezeigt, daß und inwieweit sich menschliche Begegnungen (Kommunikation und Interaktion) verschiedener Zeitepochen in, mit und unter den je zeittypischen Medien (*Sprache, Buch, Bild, Tanz, Ritus, Kult, Religion* usw.) ereignet haben[78] - wobei der Terminus: *Medium* für einen Komplex an Zeichen, Regeln und Symbolen steht, der nicht ausschließlich nur auf Inhalte, Vollzüge und Bedeutungen der damit jeweils vollzogenen kulturellen Interaktionen verweist, sondern auch ganze Sinngefüge, Vorstellungswelten und Denkgebäude präsentiert bzw. reflektiert: Alle Zeiten und Kulturen sind historisch wie auch gegenwärtig in und über ihre jeweilige mediale Konstituiertheit erfaßbar und beschreibbar.[79]

---

[73] K. BARTH, *Die kirchliche Dogmatik I/2 (Die Lehre vom Wort Gottes)*, Zürich ⁸1990, 505 (Kursiv-Hervorhebung v. Verfasser).

[74] Vgl. ebd. 511.

[75] Vgl. ebd. 512f.

[76] Ebd. 512 u.ö.

[77] Vgl. insgesamt die "Betrachtung zur medialen Konstituiertheit von Gesellschaft und Kultur" durch B. BRINKMANN-SCHAEFFER, *Kino statt Kirche? Zur Erforschung der sinngewährenden und religionsbildenden Kraft populärer zeitgenössischer Filme*, Rheinbach-Merzbach 1999, 32-35.

[78] Vgl. die entsprechenden Nachweise im Rahmen der Theoriebildung von M. MCLUHAN, *Die magischen Kanäle. Understanding Media*, (Amerik. 1964), Düsseldorf / Wien 1968.

[79] Vgl. ebd; fernerhin besonders die kulturhermeneutischen und kultursoziologischen Arbeiten, die sich um ein Verstehen kultureller Systeme bemüht haben: H.G. SOEFFNER, *Auslegung des Alltags - Der Alltag der Auslegung. Zur wissenssoziologischen Konzeption einer sozialwissenschaftlichen Hermeneutik*, Frankfurt 1989; R. HITZLER, *Sinnwelten: ein Beitrag zum Vestehen von Kultur*, Opladen 1988; A. SCHÜTZ / TH. LUCKMANN, *Strukturen der Lebenswelt 1+2*; Frankfurt 1979/1984

Vereinfacht gesagt darf ein Medium nicht länger nur als Träger einer konkreten und beabsichtigten Botschaft verstanden sein.[80] Und was für die Kunst schon gezeigt wurde, nämlich daß die Urheberintentionen zwar im Werk zum Vorschein kommen können, nicht aber in der Sinnerschließung des Rezipienten auftauchen müssen, gilt auch für alle anderen Medien: "Sobald das Werk abgeschlossen ist, führt es sozusagen ein Eigenleben und kann eine von der ihm in den Mund gelegten Aussage völlig verschiedene Botschaft übermitteln", betonte bereits Oscar Wilde[81]; er wird gegenwärtig in den semiotischen Arbeiten von Umberto Eco[82] zitiert und mit überaus guten Argumenten von ästhetischen Theorien unterstützt, die darauf aufmerksam machen, daß es Rezeptionsweisen gibt, bei der nicht so sehr die Beschaffenheit der Objekte, sondern vielmehr die evozierten Empfindungen und Erlebnisse der Subjekte von Bedeutung sind[83].

Dies betrifft in allen Belangen auch die Heilige Schrift bzw. den konkreten Bibel- oder Predigttext. Sicherlich werden hier Bezeugungen und Zeugnisse artikuliert. Und sicherlich ist das entscheidende Thema dieser Bezeugungen und Zeugnisse der (drei- einige) Gott, der als Vater, Sohn und Heiliger Geist zu den Menschen spricht, ihre Geschichte, ihre Handlungen, ihre Gesinnungen beeinflußt bzw. beeinflussen will und dabei bedingt kontinuierlich (gebrochen-ungebrochen, verborgen-offenbar etc.) wirkt. Aber zugleich sind doch diese Bezeugungen und Zeugnisse von der Art, daß sie nicht als objektive Wahrheit unverrückbar zum Stehen kommen, sondern erst mit ihrer sub- jektiven Aneignung zur bedeutsamen Wahrheit werden. Es ist eine Aneignung, die im Kontext eines Handelns und Kommunizierens geschieht, das eindeutig bzw. vorrangig kirchlich-christliche Züge trägt, weil es wiederum von demjenigen Kulturrahmen mitge- prägt ist, für den das Medium: Bibel steht. Als Komplex von historisch gewachsenen Zeichen, Regeln und Symbolen sowie als Ensemble verschiedener zeitbedingter Vorstel- lungen, Wertesysteme und Denkbewegungen ist sie zugleich die Summe von Bezeu- gungen historischer Augenblicke und (Glaubens-)Erfahrungen, denen sowohl einst als auch im Verlauf ihrer ideengeschichtlichen Weiterentwicklung bzw. ihrer z.T. über zweitausend Jahre währenden Transformationsgeschichte grundsätzliche Bedeutsamkeit und Wahrhaftigkeit beigemessen wurden. Bis zum gegenwärtigen Zeitpunkt.

Doch berechtigt dieser Sachverhalt noch zu der Behauptung, daß "der Text redet" oder gar Gott durch ihn? Zumindest kommt diese Behauptung einer argen Verkürzung gleich und gibt, mehr als daß sie große Worte gelassen ausspricht, Anlaß zu Mißver- ständnissen und Fehlinterpretationen! Fakt ist und bleibt, daß Texte nicht reden können, ebensowenig wie Denkmäler, Urkunden oder Kunstwerke. Fakt aber ist auch, (erstens) daß Texte, Denkmäler, Urkunden und Kunstwerke Zeugnisse darstellen, (zweitens) daß

---

[80] Vgl. hierzu die zusammenfassenden Ausführungen von W. FAULSTICH, *Medientheorien. Einführung und Überblick*, Göttingen 1991.

[81] Zit. nach: F. KERMODE, *The Romantic Image*, London: Routledge, 1961, 46 (ebd. engl. Zit.).

[82] Vgl. U. ECO, *Zwischen Autor und Text*, in: DERS., *Zwischen Autor und Text. Interpretationen und Überinterpretationen.* Mit Einwürfen von Richard Rorty u.a., München 1996, 75-91, 91.

[83] Mehr dazu bei CH. TAYLOR, *Quellen des Selbst. Die Entstehung der neuzeitlichen Identität*, Frankfurt 1996, bes. 650f.

man sich mit Hilfe wissenschaftlicher Methoden den jeweiligen *Urheberintentionen* annähern kann, (drittens) daß die Beschäftigung mit einem Text (usw.) bei den Rezipierenden gewisse Erschließungsprozesse freisetzen kann, die wiederum von dem jeweiligen erfahrungs-, geschichts- und kulturbedingten individuellen Interpretations- und Deutungshorizont mitbedingt werden, und (viertens) daß sich sowohl an Texte als auch an ermittelte Urheberintentionen sowie an individuelle (Selbst-)Erschließungs- resultate Kommunikationen anschließen können, die ihrerseits zu neuen oder veränderten Selbsterschließungen, Einstellungen und Handlungen führen.

Eine solche Differenzierung tut Not. Sie stellt nicht die Möglichkeiten göttlicher Offenbarung, göttlichen Handelns und göttlichen Sprechens in Abrede, sondern wirkt lediglich unnötigen Fundamentalisierungen, Verabsolutierungen und Dogmatisierungen entgegen. Immerhin wird dort, wo man der doppelten Frage nach dem Sinngehalt der Urheberintentionen von Texten sowie der Transformationsgeschichte dieser Sinngehalte bis hin zu ihrer aktuellen Bedeutsamkeit und Relevanz nachgeht, auch den persönlichen Glaubenszeugnissen gegenwärtiger Religionsmenschen, den kommunikativen Anschluß- möglichkeiten gegenwärtiger Christenversammlungen und den freien Bekenntnissen gegenwärtiger Kirchen (Gemeinschaft der Heiligen!) Rechnung getragen - und damit nicht nur denjenigen, die den "Mut zum Hören" (und zum Bezeugen) haben, sondern gerade auch dem theologisch unverzichtbaren Satz vom *machtvollen Handeln Gottes in seiner dritten Person*, das bis in die Gegenwart hinein anhält.

Natürlich können alle der hier nur ansatzweise vorgetragenen, aber dennoch erfor- derlichen Differenzierungs- und Reflexionsleistungen nur dann erbracht werden, wenn ein gewisser theologischer Bildungsstandard erreicht ist. Dieser Sachlage muß durchaus Rechnung getragen werden; es möchte daher nicht zu sehr befremden, wenn man im folgenden Lessing zitiert oder die Anliegen *Biblischer Theologie* umrissen findet. Doch zunächst zum Thema: Urheberintentionen sowie zu den dafür zuständigen theologisch- wissenschaftlichen Disziplinen, Methoden und Arbeitsanweisungen.

3.2 Die klassische Exegese und ihr Nutzen

Die Frage nach dem oder den Urhebern eines Textes sowie ihren jeweiligen Intentionen und Motiven ist, wie aus den vorauslaufenden Überlegungen hervorgeht, für eine gedie- gene Auseinandersetzung mit einer Bibelperikope ebenso unverzichtbar wie für die Pre- digtvorbereitung selbst. Doch diese Frage ist eingebunden in einen komplexen Ermitt- lungskatalog, und sie kann ohne dessen fleißige Bearbeitung nicht hinreichend beantwortet werden. Schließlich dürften die entsprechenden Fragestellungen samt und sonders von Belang sein: Was war ursprünglich gemeint? Welche Aussagen wollten ge- troffen, welche Bezeugungen erbracht, welche Handlungsanweisungen gegeben, welche Anschauungen vorgetragen werden? In welchen zeit-, geistes- und ideengeschichtlichen Zusammenhängen stehen Text(e) und Autor(en)? Von welchen Begriffen, Metaphern, Grammatiken wird Gebrauch gemacht, und in welchem Gebrauch standen etwa ver- gleichbare Texte? Welcher Stil ist erkennbar? Gab es vielleicht Vorläufer des vorfind- lichen Textes in seiner Endgestalt, wurden bei seiner Verfassung Quellen benutzt? Läßt sich eine Theologie ablesen, sowohl aus der herausgeschnittenen Perikope als auch aus ihrem Kontext? Und was ist der Kontext überhaupt - ein Kapitel oder ein ganzes biblisches Buch, eine Sinnsequenz oder ein inhaltlich abgrenzbarer Abschnitt, ein Autor oder ein Thema, die Bibel selber?

Dieser Ermittlungskatalog, mit den genannten Fragen gleichwohl nicht völlig zureichend erfaßt, wird von den sogenannten exegetischen Disziplinen der theologischen Wissenschaft bereitgestellt; sie liefern die Methoden wie auch das Instrumentarium, und sie haben im Laufe ihrer eigenen Geschichte unzählige wichtige und bedeutsame Resul-tate bzw. Erkenntnisse vorgetragen.

Die 'klassische' Exegese, deren Wege bei der Predigtvorbereitung zu beschreiten sind, beginnt für gewöhnlich mit der *Textkritik*. Diese nämlich bemüht sich der Sachlage Herr zu werden, daß die biblischen Bücher zunächst nur in einer sehr großen Zahl von Handschriften - unterschiedlichen Alters, unterschiedlichen Zustandes, unterschiedlicher Qualität und unterschiedlicher Vollständigkeit - überliefert sind. Textkritisches Arbeiten ist folgerichtig das Unterfangen, diese Handschriften umfassend zur Kenntnis zu nehmen, zu ordnen und zu bewerten - mit dem Ziel, den *Urtext* möglichst wiederherzustellen. Zur annähernden Erreichung dieses Zieles gilt es, nach den ältesten handschriftlichen Überlieferungen und der vermutlich besten Textgestalt zu forschen sowie die Textgeschichte zu rekonstruieren.[84]

Sodann ist literarkritisch zu operieren - wobei mit dem Terminus *Literarkritik* eine Reihe von Mißverständnissen verbunden sein können. Zunächst nämlich verstand sich diese Arbeit als ein Versuch, den von Redaktionsprozessen unkenntlich gewordenen Entstehungszeiten und Verfasserverhältnissen auf die Spur zu kommen; solches geschah, indem man unter Beachtung fehlender Gedankenverbindungen, Doppelungen, (sachlich-logischer) Widersprüche und bestimmter voneinander abweichender Sprachgebräuche innerhalb eines Buches bzw. Buchsegmentes mit präzisen Seziermethoden gewisse Quellen herausarbeitete und voneinander schied, Primär- bzw. Prototexte rekonstruierte und unterschiedliche Redaktionsarbeiten identifizierte - um sich sodann bezüglich dieser Quellen, Prototexte und Redaktionsstufen auf bestimmte Verfasser und Entstehungszeiten festzulegen. Diese mittlerweile trotz ihrer hervorragenden Resultate von ihren Denkvoraussetzungen als allzu neuzeitlich entlarvte bzw. eingestufte Methode ist v.a. von den Erkenntnissen der sogenannten formgeschichtlich arbeitenden Exegeten relativiert worden. Angemahnt wurde dabei, daß nicht der moderne Gedanke der literarischen Originalität in die alt- und neutestamentlichen Schriften eingetragen werden darf, sondern vielmehr die orientalischen und hellenistischen Erzähltraditionen und Sprachspiele, die Besonderheiten mündlicher Überlieferungen sowie die Produktions-, Werde- und Sammelgeschichten solcher Traditionsstücke vor dem Hintergrund ihrer jeweils zeit- und kulturbedingten Rahmenbedingungen religiösen Denkens und Sprechens zu berücksichtigen sind. Aus vorrangig praktischen Gründen, die v.a. auch bei der Predigtvorbe-

---

[84] Alles hier und im folgenden Vorgetragene findet sich selbstverständlich ungleich ausführlicher in exegetischen Arbeitsbüchern; vgl. H. CONZELMANN / A. LINDEMANN, *Arbeitsbuch zum Neuen Testament*, Tübingen [11]1995; K. KOCH, *Was ist Formgeschichte. Methoden der Bibelexegese*, Neukirchen [5]1989.

reitung geltend gemacht werden müssen, ist freilich auf literarkritische Arbeit nicht ganz zu verzichten. Denn nach wie vor gilt es, sich bei der Exegese eines bestimmten Abschnittes um dessen Stellung innerhalb des Aufrisses des gesamten Buches zu bemühen. In welchem größeren Block, in welcher Sinneinheit, in welchem Kontext steht die Perikope? Sind die 'Ränder' der Perikope literarkritisch vertretbar, oder muß möglicherweise ein - aus welchen Gründen auch immer - nicht berücksichtigter Vers des unmittelbaren Text-Kontextes hinzugenommen werden? Besteht der Abschnitt eventuell aus mehreren, aufgrund fehlender Gedankenverbindungen voneinander deutlich abzusetzenden Unterabschnitten, die vielleicht im Widerspruch zueinander stehen oder als Doppelung erkennbar werden?

Steht also nun der Text seinem textkritisch erfaßten Wortlaut und seinem literarkritisch erarbeiteten Umfang nach fest, darf er in die deutsche Sprache übertragen werden (sofern dies nicht schon während der text- und literarkritischen Arbeiten geschehen ist). Eine gute *Übersetzung* ist freilich nur unter der Bedingung möglich, daß die einstige Bedeutung der Vokabeln bzw. der ursprüngliche Sinn der Worte ebenso bekannt sind wie die damaligen Sprach- und Denkformen; im Hintergrund mitbedacht werden sollten stets deren jeweilige Hintergründe, v.a. die kulturelle, politische, religiöse und soziale Lebensformen jener Zeit. Hier spielt sich zum ersten Mal die Relevanz der Erforschung von alt- bzw. neutestamentlicher Zeitgeschichte, der vergleichenden Quellenstudien sowie der historischen, geographischen und soziologisch-soziokulturellen Erkundungen ein.

Und mehr noch: Längst schon haben sich nicht nur die modernen Sprachwissenschaften von der Auffassung verabschiedet, daß eine Sprache schon mit der Aneignung von Lexikon und Grammatik beherrscht werden kann; gerade auch in den exegetischen Disziplinen der Theologie ist eine bloß grammatisch-lexikographische Sichtweise zunehmend von der Einsicht verdrängt worden, daß sich die biblischen Sprachen nicht in einer Zusammensetzung einzelner Vokabeln zu grammatisch korrekten Sätzen erschöpfen, sondern sich in (feststehenden, aber auch gewissem Wandel unterworfenen) Gattungen und Formeln ausprägt, die einerseits Trägerinnen von Überlieferungen sind, andererseits eine bestimmte Funktion innerhalb von Lebensbereichen und Institutionen (*Sitz im Leben*) innehatten. Insofern bedarf es einer Kenntnis sowohl der gebräuchlichsten Gattungen und Formeln einerseits als auch der Formenregeln von Gattungen und Formeln sowie der betreffenden *Sitze im Leben* andererseits. Dabei wird man unter einer Gattung das "überindividuelle Gepräge selbständiger sprachlicher Einheiten" verstehen dürfen, unter einer Formel hingegen "jene geprägten Wortverbindungen, die zwar eine sinnvolle Einheit ergeben, aber meist nur aus einem Satz bestehen und einer (größeren) Gattung zugeordnet werden" - bei selbstverständlich fließenden Übergängen.[85]

Am besten beginnt man mit einer *Analyse der kleinen Einheiten*, oder besser: derjenigen kleinsten interpretierbaren Einheiten, die an sich einen logischen Zusammenhang, eine Geschlossenheit (sei es inhaltlicher, sei es formaler Art, s.u.) erkennen lassen: Ist eine Gliederung auszumachen, ein sinnvoller Anfang, ein sinnvolles Ende? Wie ist die Gliederung zu beschreiben, wie wird der Anfang ein- und das Ende ausgeleitet? Gehen vielleicht zwei oder gar noch mehr Einheiten ineinander über, und wie sind

---

[85] Vgl. K. KOCH, aaO. 6f.

diese Übergänge gefügt und bewerkstelligt? Und über den Text hinausgehend: Gibt es (a) im unmittelbaren Kontext des jeweiligen Buches, des betreffenden Testaments bzw. auch der gesamten Bibel, (b) in der Literatur der gleichen Epoche und (c) in früheren oder späteren Werken vergleichbare Muster des Textgefüges? Ist dies der Fall, dürfte die Vermutung begründet sein, daß man es mit einer *Gattung* zu tun hat. Freilich kann eine solche Bestimmung nach formalen oder inhaltlichen Kriterien erfolgen sowie in ihrer methodischen Durchführung auf eher aesthetische wie auch auf eher soziologische Analysen zurückgreifen. Um es zu verdeutlichen: Formal läßt sich eine Gattung etwa als Legende oder Novelle bestimmen, inhaltlich als Wundergeschichte oder Streitgespräch; eine aesthetisch ausgerichtete Beschreibung differenziert etwa zwischen Poesie und Prosa, während eine soziologische Beobachtungen herausstellende Arbeitsweise im wesentlichen nach einer Beantwortung der Frage nach dem jeweiligen Sitz im Leben strebt und die Funktion einer bestimmten Gattung einschließlich der religiösen, sozialen und politischen Rahmenbedingungen ihrer Inanspruchnahme und Nutzung darzulegen sich bemüht.

Mit der Suche nach den kleinsten interpretierbaren Einheiten ist vor allem der Hypothese Bedeutung beigemessen, daß sich während des Überlieferungsprozesses eher Material anlagert - und daß man sich folgerichtig mit der Ermittlung der kleinsten Einheit dem Ausgangspunkt der Tradition, sei es schon in schriftlicher oder noch in mündlicher Form, annähert. Auf der Grundlage so verstandener Ermittlungen lassen sich dann auch nicht nur Ergänzungen und Einschübe erkennen, sondern auch redaktionelle Ausar--beitungen und Rahmenkonstruktionen rekonstruieren.

Von da aus ist es nur ein kleiner Schritt zur *redaktionsgeschichtlichen Fragestellung*, die in erster Linie nach den Gesichtspunkten der redaktionellen Arbeit, vor allem aber auch nach den besonderen Interessen der Sammler, Tradenten und Redaktoren fragt. Denn was vielfach gern als 'sekundäre' Überarbeitung abgescholten wird, ist in Wirklichkeit doch unübersehbares Indiz für das Bestreben, einerseits einen plausiblen Denk- und Interpretationsrahmen für das Konvolut verschiedenster Überlieferungen, andererseits einen Bekenntniszusammenhang für die unterschiedlichsten Glaubens- und Erfahrungszeugnisse zu schaffen. Es geht also sowohl um die ersten Ansätze einer Theorie- bzw. Theologiebildung als auch um die Anfänge einer *Wirkungs- und Transformationsgeschichte*, die zwar mit der Kanonisierung formal abgeschlossen scheint, aber in den akademischen, katechetischen und homiletischen Auslegungstraditionen ihre Fortschreibung erfährt.

Bevor nun der Text unter Focussierung auf die kleinsten Einheiten einerseits, andererseits im Blick auf seine "Endgestalt" interpretiert wird, muß noch ein Augenmerk auf den "Stil" gerichtet werden. Indirekt hat dies freilich auch mit der *Gattungskritik der formgeschichtlichen Methode* zu tun; *Stilkritik* nämlich fragt, z.T. immer noch im Anschluß an die seit hellenistischer Zeit mit der Gattungslehre verbundene Lehre von den "Redeblumen"[86], nach Redefiguren wie etwa Alliteration, Wortspiel, Kunstwiederholung, Litotes oder Metapher. Und natürlich sind gewisse Redefiguren oder Stilmittel für bestimmte literarische Formen bzw. ganze Gattungsgruppen bezeichnend; ein nicht

---

[86] Vgl. K. KOCH, aaO. 18f.

geringer Anteil der von traditioneller Stilistik beschriebenen Materialien können geradezu als Gattungsmerkmale identifiziert werden. Gleichwohl sollte trotz dieser erwiesenen Sachlage nicht außer acht gelassen werden, daß nicht alle Stilmittel, Redefiguren, Ausdrucksweisen und Sprachkonstruktionen (usw.) gattungstypisch bestimmt werden können, sondern sich auch Autoren, Werken und Epochen zurechnen lassen. Es dürfte nicht unberechtigt sein, bei der Analyse eines Textes neben der Frage nach dem *Gattungsstil* zumindest auch die nach *Personalstil*, *Werkstil* und *Epochenstil* in Erwägung zu ziehen; dies betrifft etwa so eigene Persönlichkeiten wie Jesaja oder Paulus, so individuelle[87] dichterische Arbeiten wie das Hohelied oder das lukanische Gesamtwerk, so historische Epochen wie die nachexilische Zeit oder die der Urgemeinden bzw. auch allgemeiner die Zeit der babylonischen Vorherrschaft im palästinensischen Raum oder des Hellenismus in römisch besetzten Regionen. Es wird ersichtlich, von welchem Umfang nun die Anforderungen an den exegetischen Arbeitsschritt der Stildiskussion sind: Sie haben sowohl den Stil des jeweils vorliegenden Textabschnittes im Sinne ihrer gattungs- und formkritischen Bestimmbarkeit zu beschreiben als auch die möglicherweise vorkommenden stilistischen Besonderheiten der Urheber sowie die zeittypischen Stilmittel aufzudecken und zu benennen. Im Rahmen der hier besprochenen Teilstation der Predigtvorbereitung ergeben sich also eine ganze Reihe von Fragen: Stellt der vorliegende Text einen Augenzeugenbericht dar oder eine Fiktion, ist er eine Wundererzählung mit den typischen Merkmalen, eine Legende, ein Mythos, ein Propheten- oder ein Herrenwort, ein Lehrgespräch, ein Gleichnis, ein Lied, ein paränetischer Briefabschnitt, ein Tugendkatalog, eine Haustafel, ein Paränese? Sind in diesem Abschnitt autoren- oder gattungstypische Wortspiele inhaltlicher (etwa: Witz) oder formaler (etwa: Stabreim) Art enthalten? Wird vielleicht von dereinst gängigen Metaphern, Sprichworten, Redewendungen Gebrauch gemacht, und was besagen sie dann sowohl in ihrem ursprünglichen als auch in ihrem neuen Kontext?

Mit der Summe aller genannten Fragen ist längst schon der Pfad zur abschließenden Interpretation begangen. Anders gesagt: Wer die Anweisungen der einzelnen Arbeitsgänge, die gleichwohl miteinander verwoben sind und ineinander übergehen, strikt befolgt hat, hat bereits die entscheidende Interpretationsarbeit geleistet und steht vor bedeutenden Resultaten, die es nur zusammenzufassen und zu pointieren gilt. In der Tat dürfte (bzw. müßte) nun - auch und gerade im Blick auf die zu fertigende Predigt - klar sein,

- unter welchen Bedingungen eine bestimmte Perikope bzw. eine bestimmte als Text vorfindliche Überlieferungseinheit verfaßt, tradiert und bearbeitet wurde,
- welche von zahlreichen Faktoren zweifellos bedingten Urheberintentionen (zusätzlich: Überlieferungsintentionen und Redaktionsintentionen!) aufgedeckt werden können und

---

[87] Diese zugesprochene "Individualität" ist selbstverständlich höchst relativ, ein Urteil, das v.a. mit der wissenschaftlich hinreichend begründeten Bewertung der jeweiligen Exegeten steht und fällt.

3.2 Die "klassische" Exegese und ihr Nutzen

- in welchen Kontexten sowohl Perikope als auch Intentionen und Beweggründe (a) zustande gekommen sind, (b) nunmehr in ihrer schriftlich-textuellen Verfaßtheit eingefügt und gleichwohl begrenzt sind sowie (c) theologisch zu stehen kommen.

Letzteres ist in einem mindestens dreifachen Sinne gemeint bzw. mit einer dreifachen Zielvorstellung behaftet. Der erste Sinn und Zweck wurde bereits mehrfach genannt, er bezieht sich auf die Notwendigkeit der Wahrnehmung historischer, sozialer, literarischer und religiöser Rahmenbedingungen, und zwar unter strenger Vermeidung des immer noch beliebten, aber exegetisch-wissenschaftlich nur höchst mühsam zu betreibenden Strebens nach einer Klärung der religiösen Gestimmtheit bzw. seelischen Verfaßtheit von Urhebern. Das zweite Ziel wäre mit einer Beantwortung der Frage erreicht, ob der als Predigtperikope aus seinen Zusammenhängen herausgeschnittene Text wirklich mit einer exegetisch begründbaren geschlossenen Sinneinheit identisch ist, oder nicht vielmehr ergänzt oder auch verkürzt werden sollte . Der dritte Vorsatz schließlich ist mit einer Rekonstruktion der theologisch faßbaren Einzelpointen unter besonderer Berücksichtigung des größeren theologischen (Verfasser-)Rahmens verwirklicht.

Abschließend auf den Punkt gebracht: In drei Kontexten gilt es den Text zu erforschen, und zwar im Kontext *Literatur bzw. Gattung und Geschichte,* im Kontext *Bibel bzw. biblisches Buch* und im Kontext *Theologie bzw. Glaubenszeugnis.* Aber steht am Ende der exegetischen Forschungen ein für die Predigt brauchbares Resümee? Sind nicht sämtliche Erträge der hier dargelegten Arbeitsschritte, d.h. alle biblischen, exegetisch-kritischen und theologischen Befunde mit dem Schleier vergangener Geschichte überzogen? Schließlich müssen doch - bei aller Professionalität in der Forschung, bei aller Modernität der Methodik - die Resultate auf ihr historisches Untersuchungsobjekt bezogen bzw. an ihr analysiertes historisches Medium gebunden bleiben. Und zwischen diesem Medium und der Gegenwart liegen Zeiten und Welten.

Doch was wäre nun, wenn nicht allein die Methoden, sondern auch die Fragen modernisiert werden? Besteht dann nicht die Gefahr der Enthistorisierung, der Versubjektivierung - und der Tendenz, mit der Frage schon das erwünschte Resultat vorwegzunehmen? Dieser komplexen Problemstellung sollen nun die beiden folgenden Gedankengänge gewidmet sein, die - zunächst vielleicht irritierend - besonders von historischem Material Gebrauch machen.

3.3 "Garstige Gräben", "Zirkelschlüsse" und andere Schwierigkeiten

"Zufällige Geschichtswahrheiten können der Beweis von notwendigen Vernunftswahrheiten nie werden", erklärte der große deutsche Schriftsteller Gotthold Ephraim Lessing vor mittlerweile über 200 Jahren in "Über den Beweis des Geistes und der Kraft"[88], einer seiner wichtigsten theologischen Schriften. Und damit hatte er nicht nur

---

[88] G.E. LESSING, *Über den Beweis des Geistes und der Kraft,* in: H.G. GÖPFERT (Hg.), *Gotthold Ephraim Lessing. Werke,* Darmstadt 1996 (München 1979), Bd. 8, 9-14.

sämliche damals geltenden geschichtlichen Beweise[89] aus den Angeln gehoben, sondern - zunächst zwar nur indirekt, aber dafür bis zum gegenwärtigen Zeitpunkt bedeutsam - auf die Geltungsgrenzen der binnenwissenschaftlich durchaus sinnvoll und schlüssig bleibenden Erträge historisch-kritischer Forschung hingewiesen.

Philosophiegeschichtlich betrachtet hatte er freilich nur die von Leibniz aufgestellte berühmte Unterscheidung zwischen *Vernunftwahrheiten* (vérités de raison) und *Tatsachenwahrheiten* (vérités de fait) in Anspruch genommen, um sie als Differenzierung zwischen jenen dem Denken stets unmittelbar evidenten Wahrheitseinsichten einerseits und den als Wahrheiten verbürgten, einmalig empirisch sichergestellten Erkenntnissen andererseits auf den Zusammenhang von kirchlicher Überlieferung und (allgemeiner) religiöser Erfahrung zu übetragen. Für Leibniz war die Wahrheit historischer Tatsachen insofern zufällig gewesen, als sich jederzeit das Gegenteil herausstellen und denken ließe, während die der Vernunft evidenten Wahrheiten insofern notwendig sind, als daß sich quasi *in sich* bzw. *per se* vernünftig widerspruchsfrei sind. Lessing nun fand in dieser Scheidung einen Begründungsansatz, um sämtlichen nachrichtlich überlieferten und historisch-kritisch rekonstruierbaren Geschichtstatsachen die Beweiskraft für die gegenwärtige Geltung, mehr noch: für die innere Wahrheit des Christentums abzusprechen; er erläutert: "Denn was heißt es, einen historischen Satz für wahr halten? eine historische Wahrheit glauben? Heißt es im geringsten etwas anderes, als diesen Satz, diese Wahrheit gelten lassen? nichts darwieder einzuwenden haben? sich gefallen lassen, daß ein andrer einen anderen historischen Satz darauf bauet, eine andere historische Wahrheit daraus folgert? sich selbst vorbehalten, andere historische Dinge darnach zu schätzen? Heißt es im geringsten etwas anderes, etwas mehr?"[90]

Der Historizität der Überlieferungen bzw. der darin zur Darstellung gebrachten Tatsachen und Sachverhalte selber war also keine Absage erteilt worden. Denn Lessing, der sich jeder persönlichen Stellungnahme enthielt, wollte sie niemals leugnen[91], sondern vielmehr und mit Nachdruck die Frage nach ihrer gegenwärtigen Bedeutsamkeit und Beweiskraft stellen: "Wenn (...) nun alle historische Gewißheit viel zu schwach ist, (...) wie ist mir denn zuzumuten, daß ich die nämlichen unbegreiflichen Wahrheiten, welche Leute vor 16-1800 Jahren auf die kräftigste Veranlassung glaubten, auf eine unendlich mindere Veranlassung ebenso kräftig glauben soll? Oder ist ohne Ausnahme, was ich bei glaubwürdigen Geschichtschreibern lese, für mich ebenso gewiß, als was ich selbst erfahre?"[92] Diese maßgebliche Behauptung, hinter die es kein Zurück mehr gab, beruhte im wesentlichen auf der Erkenntnis, daß zum einen bloße Nachrichten nicht zu Glaubensgegenständen werden können und zum anderen bloße Zeugnisse keinerlei Be-

---

[89] I.e. der sogenannte alttestamentliche Schriftbeweis und der sog. Wunderbeweis.

[90] G.E. LESSING, *Über den Beweis des Geistes und der Kraft*, aaO. 12.

[91] Vgl. ebd. 11-14.

[92] Ebd. 11.

weiskraft an sich haben.⁹³ Selbst die bislang zur Sicherstellung irrtumsfreier historischer Wahrheiten herangezogene Inspirationslehre mußte sich seiner harschen und klugen Kritik beugen, denn schließlich besagt sie doch lediglich, daß es "historisch gewiß (ist), daß diese Geschichtschreiber inspiriert waren und nicht irren konnten."⁹⁴ Wenn also für Lessing im Ergebnis feststand, daß Nachrichten von erfüllten Weissagungen keine Weissagungen, Nachrichten von Wundern keine Wunder (usw) sind, warum sollten sie dann bis in die Gegenwart hinein uneingeschränkt und ungebrochen wirken können durch "ein Medium (...) , das ihnen alle Kraft benimmt"⁹⁵? Denn unmittelbar wirkt doch nur das vor den eigenen Augen Geschehene, das persönlich Erfahrene, das eigen Erlebte, Wahrgenommene und (vernünftig) Erkannte.⁹⁶ Und damit war die Differenz zwischen der medial vermittelten und wissenschaftlich rekonstruierbaren Darstellung von Glaubensgründen, -gegenständen, -wegen und -zeugnissen einerseits und der je aktuellen religiösen Gewißheit bzw. Glaubensüberzeugung andererseits nicht nur von historischer, sondern von grundsätzlicher Art: "Aber nun mit jener historischen Wahrheit in eine ganz andre Klasse von Wahrheiten herüberspringen und von mir verlangen, daß ich alle meine metaphysischen und moralischen Begriffe danach umbilden soll (...); wenn das keine μεταβασισ εισ αλλο γενοσ ist (...). Das, das ist der garstige breite Graben, über den ich nicht kommen kann, sooft und ernstlich ich auch den Sprung versucht habe."⁹⁷

Das Problem, das Lessing hier so pointiert benannt hatte und im Grunde einer Kardinalfrage der gesamten deutschen protestantischen Aufklärungstheologie entsprach⁹⁸, besteht bis heute: "Wie wird die glaubhafte (historische) Wahrheit zur erlebten (gegenwärtigen) Gewißheit?" Er selbst ist die überraschende Antwort nicht schuldig geblieben; sie war verblüffend, weil sie einerseits aus einer Verlagerung der Fragestellung bestand, andererseits ausgerechnet auf einen "apokryphischen" Text fußte bzw. auf dessen Sinngehalt hinauslief. Es waren die bei Hieronymus gefundene Legende vom "Testament Johannis" bzw. die dort dem altgewordenen Lieblingsjünger Jesu unterstellten Worte "Kinderchen, liebet euch!" gewesen, von denen Lessing in den Bann gezogen worden war; er nannte diese (fiktiven) testamentarischen Worte einschließlich ihrer nachfolgenden Begründung ("Darum, weil es der Herr befohlen. Weil das allein, das allein, wenn es geschieht, genug, hinlänglich genug ist") schlichtweg göttlich.⁹⁹ Denn nicht länger an den Quellen und Wurzeln, sprich: an den ursprünglichen Aussagegehalten bzw.

---

[93] Vgl. ebd. 10.

[94] Ebd. 13.

[95] Ebd. 10.

[96] Vgl. ebd. 11f.

[97] Ebd. 13.

[98] Vgl. F.T. BRINKMANN, *Glaubhafte Wahrheit - erlebte Gewißheit. Zur Bedeutung der Erfahrung in der deutschen protestantischen Aufklärungstheologie* (Arbeiten zur Theologiegeschichte Bd. 2), Rheinbach-Merzbach 1994.

[99] Vgl. G.E. LESSING, *Das Testament Johannis*, in: H.G. GÖPFERT (Hg.), *Gotthold Ephraim Lessing. Werke*, Darmstadt 1996 (München 1979), Bd. 8, 15-20, 17.

Intentionen der Historien und Überlieferungen wollte er die Göttlichkeit und Wahrheit des Christentums bemessen, sondern an deren Wirkmächtigkeit, an jeweils gegenwärtig auffindbaren Resultaten. Und diese hatte er erkennen wollen. Gerade unter Berücksichtigung der von ihm erbrachten Beobachtung, daß "die Menge" bereits aufmerksam genug gemacht, der "gesunde Menschenverstand" hinreichend angeregt und die Früchte angemessen gereift waren, sollte die Debatte um Wahr- oder Falschheit bestimmter Ursächlichkeiten um die Frage nach deren gewachsener und gegenwärtig greifbarer Bedeutung und Bedeutsamkeit ergänzt werden.[100] Vor dem Hintergrund dieser Überlegun-gen wollte Lessing sogar einer unhistorischen bzw. "falschen Sage" die Wahrheitsdien-lichkeit zubilligen, sofern sie von Bedeutsamkeit ist und zu großen, nützlichen und guten Resultaten führt; entscheidend ist nicht, welche Sätze das Christentum seinerzeit begründet haben, sondern welche Sätze seiner würdig sind![101] "Denn ein anders sind die Glaubenslehren der christlichen Religion und ein andres das Praktische, welches sie auf diese Glaubenslehren will gegründet wissen."[102], erklärte er, und stellte damit deutlich heraus, daß das von historisch-dogmatischen Glaubenslehrsätzen und -streitigkeiten innerlich zerrissene Christentum praktisch-lebenspraktisch werden, d.h. den nach Erfahr-barkeit bedeutsamer Worte bzw. Spürbarkeit bedeutsamer Taten sich sehnenden Menschen zugängig bleiben muß, um "wahr" zu sein.

Aber wollte Lessing damit nicht doch die Historie zugunsten bestimmter allgemeingültiger christlicher Prinzipien preisgeben? Und berechtigt seine durchaus schlüssige und triftige Argumentation den Austausch biblischer Bezeugungen gegen moderne Fiktionen, denen auf den ersten Blick größere Plausibilität, Wirkmächtigkeit und Bedeutsamkeit auch im christlichen Sinne attestiert werden kann? Beide Fragen müssen entschieden verneint - bzw. zumindest relativiert werden. Denn viel zu sehr hat derselbe Lessing, der bei seiner (teleologischen) Wesensbestimmung des Christentums die Wirkungs- und Transformationsgeschichte focussierte, die generellen Wesensmerkmale und -momente christlicher Religion auf deren historische Ursprünge bzw. auf den Religionsstifter bezogen - etwa, indem er nur das als wahre christliche Liebe bezeichnen wollte, was auf (genuin) christliche Glaubenslehren gegründet wird.[103] Im Ergebnis führte ihn dies zu der mehrfachen Pointe, daß Christus der erste zuverlässige und praktische Lehrer blieb, dessen Lehren zunächst von den Jüngern fortgepflanzt und fortgeschrieben, sodann aber allmählich, auch modifiziert, angepaßt und bisweilen transformiert, in das (religiöse) Bewußtsein der gesamten Menschheit eingetragen wurden.[104]

---

[100] Vgl. G.E. LESSING, *Über den Beweis des Geistes und der Kraft,* aaO. 14.

[101] Vgl. G.E. LESSING, *Das Testament Johannis,* aaO. 17.

[102] Ebd. 19.

[103] Vgl. ebd.

[104] Vgl. G.E. LESSING, *Die Erziehung des Menschengeschlechts,* in: H.G. GÖPFERT (Hg.), *Gotthold Ephraim Lessing. Werke,* Darmstadt 1996 (München 1979), Bd. 8, 489-510, 502f.

3.3 "Garstige Gräben", "Zirkelschlüsse" und andere Schrierigkeiten

Doch was läßt sich nun von Lessing für die Predigtvorbereitung lernen? Man lernt erstens, sofern man es nicht schon längst weiß, daß die Predigt keine reine (pseudoakademische) Informationsveranstaltung zu Ursprungsintentionen, Vorstellungsgenesen und eben historischen Events sein darf, sondern jene (katechetische) erfahrungsbezogene Anschlußkommunikation sein muß, die dem Christentum weiterhin ermöglicht, lebenspraktisch zu werden bzw. zu bleiben. Und man lernt dementsprechend zweitens, nach der historisch-kritischen Exegese einer Perikope sowohl der Wirksamkeitsgeschichte als auch des Bedeutungswandels der darin zum Ausdruck kommenden christlicher Ideen und Vorstellungen ansichtig zu werden und nicht eher zu ruhen, bis diejenige Bedeutsamkeit des betreffenden Textes sichergestellt ist, die auch gegenwärtig noch zur Gewißheit zu führen und anzuleiten vermag.

Freilich können sich in alle Arbeitsschritte einer solchen Vorgehensweise unverzeihliche Fehler einschleichen. Denn in der Tat sind sämtliche Fragen - sowohl diejenigen der klassischen Exegese (s.o.) als auch die nach der Wirkungsgeschichte bestimmter biblischer Vorstellungen im Zusammenhang allgemeiner Geistes- und Kulturgeschichte, schließlich auch die nach der gegenwärtig bedeutsamen Essenz eines Textes bzw. nach der zeitgemäßen und christentumsgemäßen Transformationsgestalt einer Aussage - niemals unabhängig von den persönlichen (sozio-kulturell, geistesgeschichtlich usw. beeinflußten) Vorentscheidungen desjenigen, der bestimmte Resultate finden *will;* ganz abgesehen davon, daß sich die entsprechenden Kriterien oftmals individuellen (und abermals gleichwohl von gewissen konkreten Umständen geprägten) Grundeinstellungen verdanken. Nicht umsonst finden sich etwa in exegetischen Arbeitsbüchern Hinweise darauf, daß man sich "vor der eigentlichen Exegese (...) Klarheit über die eigene Fragestellung verschaffen"[105] muß, und nicht ohne Grund ist deutlich darauf hingewiesen worden, daß es sich "bei aller (...) Arbeit um einen Zirkel handelt"[106]. Heißt es also, daß "wer suchet, der findet" - um von einem mittlerweile in den allgemeinen Sprachgebrauch abgewanderten biblischen Zitat, gleichwohl sinnabgewandelt, Gebrauch zu machen? Immerhin steht nicht nur der Sachverhalt zur Debatte, daß sich eine Interpretation von überlieferten Texten nicht ohne Einsatz des gegenwärtigen Interesses an der Sache der Texte leisten läßt, sondern auch die bisweilen vorgebrachte Unterstellung völliger Subjektivität und Beliebigkeit. Wie ist damit umzugehen, welche Konsequenzen sind zu ziehen? Oder ist damit schon umgegangen worden, und sind vielleicht schon Konsequenzen gezogen, die lediglich in die (Theorie einer) Predigtvorbereitung umgesetzt

---

[105] Vgl. etwa H. CONZELMANN / A. LINDEMANN, *Arbeitsbuch zum Neuen Testament*, aaO. 43f.

[106] R. BULTMANN, *Die Geschichte der synoptischen Tradition*, Göttingen ⁹1979, 5. Bultmann hatte diese Äußerung zunächst auf die formgeschichtliche bzw. generell historische Arbeit bezogen; er schrieb dazu: "Aus den Formen der literarischen Überlieferung soll auf die Motive des Gemeinschaftslebens zurückgeschlossen werden, und aus dem Gemeinschaftsleben heraus sollen die Formen verständlich gemacht werden. Es gibt keine Methode, um den notwendigen Wechsel und die gegenseitige Beziehung beider Betrachtungen zu regulieren oder auch vorzuschreiben, von wo aus der erste Ansatz gemacht werden soll." Dies läßt sich natürlich auf alle Arbeit mit und an Texten übertragen. Irgendwo muß der Anfang gemacht bzw. eine Vorentscheidung getroffen werden. Und dieser Anfang ist - von persönlichen Vorlieben nicht unabhängig!

werden müssen? Diese Vermutung wird sich zumindest anteilig für diejenigen bestätigen, die sich mit den Anliegen, Programmen und Methoden einer "Biblischen Theologie" bzw. einer (biblisch-)theologischen Hermeneutik befaßt haben. Doch damit zum nächsten Absatz.

3.4 Theologische Texthermeneutik

Die Exegese hat sich jeglicher Vereinnahmung zu erwehren - mit diesem Anliegen war Johann Philipp Gabler im 18. Jahrhundert für eine grundsätzliche Trennung von biblischer und dogmatischer Theologie eingetreten.[107] Seine Ausführungen hatten sich v.a. gegen das gängige scholastische Verfahren gerichtet, der Bibel lediglich passende Aussagen ("dicta probantia") zu entnehmen, um ein bereits bestehendes Lehrgebäude schriftgemäß zu stabilisieren. Aus der *scriptura normata* sollte wieder eine *scriptura normans* werden; darum galt es, für eine normative historisch-individuelle Biblische Theologie einzutreten, die von der Dogmatik grundsätzlich getrennt sein mußte. Die theologische Wissenschaft konnte dieser überzeugenden Argumentation, die immerhin auch der reformatorischen Forderung - *sola scriptura* als *fons et iudex* - entsprach, weitestgehend folgen. Sie hat dies getan - und damit ein anfänglich unvorhersehbares, im Ergebnis freilich nicht unerhebliches Problem heraufbeschworen. Denn schon bald war die Einheit der Bibel bzw. der Testamente fragwürdig geworden, unter historisch-kritischem Zugriff wurde ganze Arbeit geleistet. Wissenschaftlich erzwungen wurde nämlich die Einsicht, daß in der Heiligen Schrift "nicht eine einheitliche Lehre entwickelt, sondern verschiedene theologische Entwürfe vorgelegt werden"[108]. An die Stelle des theologischen Systems traten nun pluriforme Theologien der biblischen Schriften und Traditionen; jetzt gab es etwa die Theologie einer Spruchweisheit, eines Gleichnisses oder eines winzigen Logions, aber auch einer Rahmengeschichte, einer Redaktion, eines Buches oder eines Verfassers. Und obwohl der einmal eingeschlagene Weg nicht mehr rückgängig zu machen war, mußte man sich doch - angesichts der Pluralität von Theologien, aber auch der mittlerweile sichergestellten Fragmentarizität des ehemals Ganzen - fragen, worin ihr Zusammenhalt neubegründet bzw. wiedergewonnen werden kann. Paradigmatisch für diese Sehnsucht war und ist bis zum gegenwärtigen Zeitpunkt die Suche nach dem *Kanon im Kanon*, dem *Kristallisationskern* und der *Mitte der Schrift*, eine Suche, die sich z.Zt. paradoxerweise ausgerechnet im Ringen um *Biblische Theologie* (bzw. um eine gesamtbiblische theologische Hermeneutik) widerspiegelt.

---

[107] J.P. GABLER, *Von der rechten Unterscheidung der biblischen und dogmatischen Theologie und der rechten Bestimmung ihrer beider Ziele* (= *Oration de iusto discrimine theologiae biblicae et dogmaticae regundisque utriusque finibus*, 1787; deutsche Übersetzung v. O. MERK); in: G. STRECKER, *Das Problem der Theologie des Neuen Testaments* (WdF 367), Darmstadt 1975, 32-44.

[108] E. LOHSE, *Die Einheit des Neuen Testaments als theologisches Problem*, EvTh 35 (1975), 139-154, 148f.

3.4 Theologische Texthermeneutik

Aber wie versteht sich 'Biblische Theologie' gegenwärtig? Einen bedeutenden Klärungsversuch hat G. Ebeling unternommen und zwischen der (a) in der Bibel enthaltenen Theologie als Menge und Fülle, der (b) Theologie der Bibel selbst als Fazit und Pointe und der (c) bibel- bzw. schriftgemäßen Theologie unterschieden[109] - um diese Klärung sogleich in ein Programm zu überführen: Aufgabe ist es, den historischen Begriff mit dem Normbegriff zu verknüpfen, d.h. auf der Basis historisch-kritischer Forschung im Kontakt mit der systematischen Theologie dem reformatorischen Verständnis von Theologie angemessen über das Verständnis der Bibel im Ganzen Rechenschaft zu geben .[110] Dieses Programm ist sukzessiv erweitert - und vor allem auch von den Anregungen der philosophischen Hermeneutik[111] bereichert worden. Denn immerhin mußte ein hermeneutischer Schlüssel gefunden werden, der sowohl wissenschaftlich hinreichend abgesichert als auch jedweden (Subjektivitäts-)Vorwürfen gegenüber resistent war; schließlich galt es nicht allein zu zeigen, "in welcher Hinsicht die biblischen Texte als geschichtliche Zeugnisse der Vergangenheit für die Gegenwart von entscheidender Bedeutung sind"[112]bzw. "die theologische Intention der einzelnen Schriften (...) aus ihrer historischen Situation zu erfassen und zugleich den für das biblische Zeugnis wesenhaften (...) Zusammenhang der Testamente zu bedenken"[113] ist, sondern insgesamt die "descriptive method" mit der "confessional method" bzw. die akademische Lehrtradition mit der katechetischen Bekenntnistradition zu versöhnen[114]. Dieses Vorhaben wurde einerseits mit der Wiederentdeckung der (Bedeutung von) religiöser bzw. Glaubenserfahrung, andererseits mit der Betonung des Zeugnischarakters der biblischen Texte als *Theologie auf dem Wege* in Angriff genommen. Die Resultate waren divergent, bisweilen fragmentarisch, in ihrer Summe und ihrem Nutzen jedoch meist überzeugend; sie kamen v.a. als traditionsgeschichtlicher Ansatz und als quasi anthropologisch-existentialer Ansatz zum Stehen:

Die Vertreter des traditionsgeschichtlichen Ansatzes waren im wesentlichen mit der Überzeugung aufgetreten, (erstens) daß Menschen, die ihre gelebte Geschichte unter einer *neues Sein eröffnenden* Selbstoffenbarung Gottes erfahren durften, diese Eröffnungserfahrung zunächst schlicht artikuliert und weitergegeben haben, (zweitens) daß

---

[109] Vgl. G. EBELING, *Was heißt "Biblische Theologie"?*, WuG I, Tübingen ³1967, 69-89, 82. Diese Differenzierung kann i.Ü. auch an Teilen der Bibel - also z.B. für die "Matthäische Theologie" oder die "Alttestamentliche Theologie" - vorgenommen werden.

[110] Vgl. ebd. 88-89.

[111] Etwa H.G. GADAMER, *Wahrheit und Methode. Grundzüge einer philosophischen Hermeneutik*, Tübingen ⁴1975. Dabei haben sich insbesondere der Nachweis von Wahrheiten, die den Kontrollbereich wissenschaftlicher Methodik übersteigen (vgl. XXVII), die Forderung nach Verknüpfung begriffsgeschichtlicher Fragestellungen mit der sachlichen Exposition ihres Themas (vgl. XXXI) sowie die Hervorhebung von Sprache als "Medium, in dem sich das Verstehen selber vollzieht" (336), als hilf- und folgenreich erwiesen.

[112] F. LANG, *Christuszeugnis und biblische Theologie*, EvTh 29 (1969), 523-534, 526.

[113] Ebd. 533f.

[114] Vgl. B.S. CHILDS, *Biblical Theology in Crisis*, Philadelphia 1970.

diese kurzen Artikulationen im Gange ihrer zunächst mündlichen, dann schriftlichen Überlieferungen zu längeren Geschichten angewachsen sind - wobei wirklich nur dasjenige überliefert wurde, was Bedeutung hatte und dem Gebrauch im Leben diente -, und (drittens) daß auf diese Weise im Laufe der Geschichte Sprüche, Sagen (usw.) je und je erneuert, ergänzt und aktualisiert wurden. Als "Entfaltung der Wahrheit mit dahinterliegendem offenbarungsgeschichtlichen Fortschreiten"[115] war dies verstanden worden, entsprechend hieß es: "Die Geschichte der Traditionsbildung ist in gewisser Weise eine Geschichte des die Offenbarung erfahrenden Bewußtseins, an dem sich eine ungeheure Aufweitung des Wirklichkeitsfeldes vollzieht"[116]. Und obwohl man keinen Zweifel daran geäußert hatte, daß die Kanonisierung der biblischen Bücher einen deutlichen Abschluß der Traditionsprozesse darstellt, wurde die Kontinuität und Fortsetzung der unvollständig gebliebenen Traditionen sowohl zwischen den kanonischen Testamenten als auch über den Gesamtkanon hinaus behauptet. Es blieb freilich offen, ob sich diese Behauptung nicht allein wieder einer theologischen Grundentscheidung (Offenbarungsgeschichte!) verdankte. Sie konnte sich zumindest unter Berufung auf die kommunikativen Anschlußmöglichkeiten der Kirche, die Bekenntnisgeschichte des Christentums sowie auf die empirisch nachvollziehbare Wirksamkeit und Bedeutsamkeit bestimmter Traditionen begründen lassen!

Von theologischen Grundsatzentscheidungen ganz Abstand zu nehmen scheint hingegen jener Ansatz, der hier als anthropologisch-existential bezeichnet wird, weil er von "Transformationen allgemein menschlicher Denkvoraussetzungen und (...) Lösungen allgemein menschlicher Grundprobleme"[117] ausgehen will. Denn nicht die bloße "Abfolge der Traditionen und Bekenntnisse gibt das Kontinuum dieses Prozesses ab, sondern das Durchhalten dieser Grundfrage"[118], heißt es hier, und weiter: "die im biblischen Über-lieferungsprozeß verhandelten Grundprobleme (sind) auch die Grundprobleme unseres heutigen Menschseins"[119]. Und gerade weil die neuzeitliche Wirklichkeitserfassung allein an der zu verifizierenden Erfahrung orientiert ist, kann "Überlieferung (...) nur dann an-geeignet werden, wenn sie im Horizont gegenwärtiger Erfahrung faßbar wird"[120]. Das Integral biblischer Theologie muß demnach ein Beitrag zur Wirklichkeitserfassung sein, muß einen Ansatzpunkt bieten, mit dem Welterfahrung nicht nur

---

[115] Vgl. H. GESE, *Das biblische Schriftverständnis*, in: DERS., *Zur biblischen Theologie*, Tübingen ²1983, 9-30, 16.

[116] H. GESE, *Erwägungen zur Einheit der biblischen Theologie*, in: DERS., *Vom Sinai zum Zion*, München 1974, 11-30, 23.

[117] H.H. SCHMID, *Unterwegs zu einer neuen Biblischen Theologie?*, in: K. HAACKER u.a. (Hg.), *Biblische Theologie heute. Biblisch-theologische Studien Bd. 1*, Neukirchen-Vluyn 1977, 75-95, 79.

[118] Ebd. 90.

[119] Ebd. 94.

[120] U. LUCK, *Welterfahrung und Glaube als Grundproblem biblischer Theologie* (TEH 191), München 1976, 8.

3.4 Theologische Texthermeneutik

als "Differenzerfahrung zwischen Lebenserwartung und Lebenserfolg"[121], sondern - im Sinne von Röm 8,38f - als Glaubenserfahrung gemacht werden kann, muß "ursprüngliche Lebenserwartung und widrige Welterfahrung"[122] im Glauben umgreifen helfen.

Beide Ansätze, sowohl der traditionsgeschichtliche als auch der anthropologisch-existentiale, hatten sich auf maßgebliche Vorarbeiten alt- und neutestamentlicher Forschungen beziehen können. Deutlich erkennbar waren Anleihen gemacht worden, etwa bei R. Bultmann und seiner Thematisierung eines sich gesamtbiblisch durchhaltenden Daseinsverständnisses[123] oder bei G.v. Rad, der die Einheit von Altem und Neuem Testament mit traditions-, verheißungs-, überlieferungs- sowie heilsgeschichtlichen Argumenten hat sicherstellen wollen[124] und dabei u.a. den Nachweis von "charakteristischen Existenzverständnissen"[125] und "Strukturanalogien"[126] erbrachte. Doch neben diesen Anleihen aus alt- und neutestamentlicher Wissenschaft waren auch Fragen und Impulse der systematischen Theologie aufgenommen worden. Darunter zu zählen ist (a) die Kritik von B.S. Childs an einer falschen Alternative von rein darstellender und glaubensbezogener Theologie, die es versäumt hat, politische, ethische und soziale Fragen bzw. Kontexte in ihren Horizont zu integrieren und die (Entwicklungen der) Glaubenszeugnisse im Zusammenhang der allgemeinen Bewegungen und Äußerungen des menschlichen Geistes zu interpretieren[127], (b) die Anregung, biblische Theologie als "kirchliche Wissenschaft" aus der Perspektive der Glaubensgemeinschaft zu entwickeln[128] und (c) die Forderung, auch die Auslegungs- und Wirkungsgeschichte von Texten, Motiven und Vorstellungen in den methodischen Kanon aufzunehmen.

Als ein vorläufiges Summar oder Fazit der Debatte um gesamtbiblische theologische Hermeneutik dürfte nun die Feststellung zu stehen kommen, daß Biblische Theologie v.a. als eine Geschichte von Zeugnissen und Deutungen aufgefaßt werden muß, wobei sich diese Zeugnisse und Deutungen in einem Raum bewegen, der von der Stunde ihrer ersten Aktualität bis hin zu ihrer letzten Neuinterpretation bzw. Transformation reicht. Mit diesem Urteil ist keine theologische Grundentscheidung gefällt, keine Gotteslehre formuliert und keine Vorgabe hinsichtlich erwünschter Resultate der historisch-kritischen Exegese gemacht, sondern lediglich die Bedeutung derjenigen Deutungs- und Umdeutungs-,

---

[121] Ebd. 35.

[122] Ebd. 39.

[123] Vgl. R. BULTMANN, *Die Bedeutung des Alten Testaments für den christlichen Glauben*, GuV I, ⁵1964, 313-336, 324.

[124] Vgl. insgesamt G.V. RAD, *Theologie des Alten Testamentes*, Bd. 2, München ⁴1965.

[125] Vgl. ebd. 384.

[126] Vgl. ebd. 387f.

[127] Vgl. B.S. CHILDS, aaO.

[128] Vgl. etwa F. MILDENBERGER, *Systematisch-theologische Randbemerkungen zur Diskussion um eine Biblische Theologie*, in: DERS. / J. TRACK (Hg.), *Zugang zur Theologie* (FS W. Joest), Göttingen 1979, 11-32, 17 u.ö.; G. SIEGWALT, *Biblische Theologie als Begriff und Vollzug*, KuD 25 (1979), 254-272, 256f.

Interpretations- und Transformations(zeit)räume sichergestellt, die über den historischen Deutungs(zeit)raum hinausgehen, den der biblische Kanon repräsentiert.

Die Rekonstruktion dieser Deutungs(zeit)räume aber sowie die Beschreibung und Analyse christlich-religiöser Ideen, Glaubensvorstellungen und Gewißheiten im Rahmen dieser Deutungs(zeit)räume ist gleichmäßig auf die theologisch-wissenschaftlichen Disziplinen verteilt. Die Kirchen- und Dogmengeschichte wendet sich der Erkundung des Deutungsraumes *Geschichte* zu, während sich (christliche) Ethik und christliche Gesellschaftslehre, bisweilen auch Praktische Theologie, den Deutungsräumen *Kirche* und *Gesellschaft* widmen; der binnenkirchliche bzw. binnentheologische Deutungsraum *verantwortete Glaubenslehre(n)* schließlich wird von der Dogmatik (Ekklesiologie) und der Konfessionskunde verwaltet. Nur der Deutungsraum *christlich-abendländische Tradition*, oder besser: *Kultur* will nicht so recht theologisch-wissenschaftliche Betreuung finden.[129] Die Motive, die diesbezüglich immer wieder genannt werden - Abstreiten der fortschrittsoptimistischen Idee einer Reifung des Menschengeschlechts, Ablehnung der sittlichen Reich-Gottes-Interpretation oder generell fromme Abneigung gegenüber liberal-kulturprotestantischen Interpretationsversuchen - sind gleichwohl allesamt altbacken, denn sie ignorieren den Tatbestand, daß es längst schon Religion und Christentum außerhalb der Kirche, aber innerhalb von Kultur gibt[130]. Immerhin ist es geradezu evident, wie (geschichts-)mächtig die Sinngehalte und Botschaften des Christentums in alle Dimensionen von Kultur, in alle Bereiche des Kulturlebens eingewoben wurden und sind - trotz aller Anfälligkeit, ihren Ursprungsintentionen zuwider gedeutet und in Anspruch genommen zu werden.[131]

Genau an dieser Stelle setzt die Praktische Theologie, bzw. im vorliegenden Falle die Praktische Homiletik, wieder ein. Jetzt gilt es, die losen Fadenenden aufzunehmen und zu einem Strick zu verknüpfen. Es geht um die Predigt, die Predigtvorbereitung, und im Rahmen dieser Predigtvorbereitung um die Textarbeit an einer Perikope. Obwohl der Text nicht reden kann, muß er zur Sprache gebracht werden. Seine Ursprungsintentionen, seine Entstehungsgeschichte, seine Grenzen, Ränder, Gefüge, seine Überarbeitungen sind nun bekannt, seine Geschichte ist registriert und rekonstruiert bis zum Zeitpunkt der endgültigen Verschriftung bzw. Kanonisierung. Nun heißt es, in doppeltem Sinne über den garstigen Graben der Zeit zu springen bis ins hier und jetzt; zwei Fragenkomplexe tun sich auf. (Erstens:) Welche Geschichte hat dieser Text in den vergangenen

---

[129] Anders etwa P. TILLICH, *Über die Idee einer Theologie der Kultur,* in: *Religionsphilosophie der Kultur. Zwei Entwürfe von Gustav Radbruch und Paul Tillich,* Berlin 1919, 28-51.

[130] Ein Tatbestand, auf den schon vor 30 Jahren hingewiesen wurde; vgl T. RENDTORFF, *Christentum außerhalb der Kirche,* Hamburg 1969.

[131] Um die vielleicht simpelsten Beispiele anzuführen: An wieviel Stammtischen wird denn das "paulinische" Wort vom Weib, das in der Gemeinde zu schweigen hat, gegen seinen Strich gebürstet? Und auf wieviel Schulhöfen wird Agressionsverhalten und Rachegebaren mit biblischem "Auge um Auge" assoziiert und begründet? Wer mehr Beispiele möchte, schaue sich etwa die TV-Werbung an oder lese: H. ALBRECHT, *Sie sagen Gott, und sie meinen Kattun. Religion in den Medien, alltäglich: Das Beispiel Werbung,* in: DERS., *Die Religion der Massenmedien*, Stuttgart 1993, 42-62.

zweitausend Jahren erlebt? Wie ist er ausgelegt, gedeutet, genutzt worden? Für welche Anschauungen mußte er herhalten, wie wurde er in Anspruch genommen? (Zweitens:) Ist er genutzt worden, um Glaubenszeugnisse und Gewißheiten zu artikulieren? Welche? Wurde er im Laufe seiner Geschichte zur Erfahrung und Aneignung - oder nur zu Wissen gebracht? Mitgeteilt oder Verkündigt? Und kann er noch heute relevant sein, für ein Glaubenszeugnis stehen, das religiöse Bewußtsein wecken, begleiten, in andere Bahnen lenken? Diese beiden nahezu beliebig[132] zu ergänzenden Fragenkomplexe gehen allmählich über in letzte Entscheidungen. Was immer schon als Anfrage im Hintergrund lauerte, wird nun benannt: Was ist oder sind die theologische Pointe/n (a) der Perikope bzw. einzelner Perikopensegmente, (b) der Bibel bzw. biblischer Testamente oder Bücher und (c) des Christentums sowohl einst als auch jetzt? Und wie kann (a) mit (b) und (c) so in Zusammenhang gebracht werden, daß der o.g. Ebeling'schen Definition auch für kleinere Einheiten Recht getan wird? Mutatis mutandis ist doch die Theologie einer Perikope (erstens) die darin enthaltene Menge und Fülle, (zweitens) die Theologie dieser Perikope selbst als Fazit und Pointe und (drittens) diejenige Theologie, die dieser Perikope gemäß formuliert werden muß[133]. Es geht um nichts geringeres als um den Zusammenhalt nicht nur der Bibel (s.o.), sondern der christlichen Religion in ihrem historischen Längs- und ihrem thematischen Querschnitt. Dieser Zusammenhalt besteht in der Überzeugtheit der Zeugen und der Glaubensgewißheit der historischen Interpreten, er muß mitbedacht werden immer dann, wenn eine Bibelperikope zum Predigttext wird. Dies kann aber nichts anderes bedeuten, als daß das Sinnganze, der Sinngehalt der christlichen Religion an einer Perikope exemplarisch so zur Sprache gebracht werden muß, daß der Text kein exotisches Fragment, sondern die (exemplarisch vorgeführte unsd nahegebrachte) Welt- und Sinndeutung des Christentums einen plausiblen Deutungshorizont abgibt für den "Menschen der Gegenwart", um den es nun bei der nächsten Station gehen soll.

3.5 Literatur zur Weiterarbeit und Vertiefung
(zusätzlich zu den im Text sowie im Literaturverzeichnis aufgeführten Werken)

allgemein:
H. GENEST, *Hermeneutische Implikate des gottesdienstlichen Bibelgebrauchs*, in: D ZILLEßEN / S. ALKIER / R. KOERRENZ / H. SCHROETER (Hg.), *Praktisch-theologische Hermeneutik. Ansätze - Anregungen - Aufgaben*, Rheinbach 1991, 363-370
H. HIRSCHLER, *Biblisch predigen*, Hannover ³1992

---

[132] Nicht ganz beliebig, selbstverständlich. Die Ergänzungen sollten schon der Aufgabe entsprechen.

[133] Vgl. G. EBELING, *Was heißt "Biblische Theologie"?*, aaO., 82. Diese Differenzierung kann z.B. an Teilen der Bibel (also etwa für die Matthäische Theologie oder die Alttestamentliche Theologie), aber auch an einzelnen Abschnitten (etwa für die Theologie bestimmter Passagen aus dem Buche Hiob oder gewisser Abschnitte der sog. Bergpredigt) vorgenommen werden.

F. WINTZER, *Der Text und die Texte. Anmerkungen zur homiletischen Hermeneutik*, in: D. ZILLEßEN / S. ALKIER / R. KOERRENZ / H. SCHROETER (Hg.), *Praktisch-theologische Hermeneutik*, aaO. 423-432

ad 3.1:
R. BOHREN, *Die Krise der Predigt als Frage an die Exegese*, in: EvTh 22 (1962), 66-92
W. ENGEMANN, *"Unser Text sagt..."*. *Hermeneutischer Versuch zur Interpreatation und Überwindung des "Texttods" der Predigt*, in: ZThK 93 (1996), 450-480.
O. WEBER, *Vom Text zur Predigt*, zuletzt in: F. WINTZER (Hg.), *Predigt. Texte zum Verständnis und zur Praxis der Predigt in der Neuzeit*, München 1989, 128-143

ad 3.2:
K. BERGER, *Exegese des Neuen Testaments. Neue Wege vom Text zur Auslegung*, Wiesbaden ³1991
DERS., *Einführung in die Formgeschichte*, Tübingen 1987
G. FOHRER / H.W. HOFFMANN / F. HUBER / L. MARKERT / G. WANKE (Hg.), *Exegese des Alten Testaments. Einführung in die Methodik*, Wiesbaden ⁶1993
S. HERRMANN, *Geschichte Israels in alttestamentlicher Zeit*, München ²1989
E. JÜNGEL, *Was hat die Predigt mit dem Text zu tun?*, zuletzt in: A. BEUTEL / V. DREHSEN / H.M. MÜLLER (Hg.), *Homiletisches Lesebuch. Texte zur heutigen Predigtlehre*, Tübingen 21989, 111-124
H.-J. KLAUCK, *Die religiöse Umwelt des Urchristentums I+II*, Stuttgart 1996
M. MEZGER, *Die Verbindlichkeit des Textes in der Predigt*, zuletzt in: A. BEUTEL / V. DREHSEN / H.M. MÜLLER (Hg.), *Homiletisches Lesebuch*, aaO. 88-110
G. STRECKER, *Literaturgeschichte des Neuen Testaments*, Göttingen 1992

ad 3.3:
K. BERGER, *Hermeneutik des Neuen Testaments*, Tübingen 1999
E. SCHOTT, *Predigtgeschichte als Zugang zur Predigt*, Stuttgart 1986

ad 3.4:
I. BALDERMANN / O. FUCHS u.a. (Hg.), *Einheit und Vielfalt Biblischer Theologie* (JBTh 1), Neukirchen ³1991
O. FUCHS u.a. (Hg.), *Biblische Hermeneutik* (JBTh 12), Neukirchen 1998
H. GRAF REVENTLOW, *Hauptprobleme der Biblischen Theologie im 20. Jahrhundert*, Darmstadt 1983

3.6 Leitfragen als Hilfestellung: Die Ergründung von Text und Textgehalt

(Der folgende Fragenkatalog erhebt keinen Anspruch auf Vollständigkeit, sondern möchte als Anregung aufgefaßt werden)

Welcher Textabschnitt der Bibel soll der Predigt zugrunde liegen? Mit welchem Vers beginnt diese Perikope, mit welchem endet sie? Welche Verse sind ausgeklammert und der freien Entscheidung der Predigenden anheim gestellt?

Welchen "Originaltext" schlägt die Biblia Hebraica bzw. das Novum Testamentum Graece vor? Ist dies schon der bestmögliche und wahrscheinlichste "Urtext", oder sind infolge textkritischen Nachsinnens Änderungen empfehlenswert?

Läßt sich eine Textgeschichte erkennen?

Welche literarkritischen Beobachtungen lassen sich anstellen? Enthält der Text Brüche, Doppelungen, Einschübe? Wechselt die Sprache oder die Gramatik, ändert sich die Wortwahl bzw. der Wortschatz und -gebrauch? Welche Stellung hat dieser Text innerhalb des Aufrisses des biblischen Buches? - Und welche Schlüsse sind daraus zu ziehen?

Wie muß der Text vor dem Hintergrund zeit- und sprachgeschichtlicher Erwägungen übersetzt werden?

Lassen sich "kleinste interpretierbare Einheiten" ausmachen, zu denen es vielleicht auch noch Parallelen in anderen biblischen Texten und Büchern gibt?

Werden "überindividuelle Gepräge selbständiger sprachlicher Einheiten" erkennbar, und können sie aufgrund bestimmter Kriterien als konkrete "Gattung(en)" bestimmt werden? Ist eine (mündliche) Traditionsvorstufe wahrscheinlich?

Ist der Text Resultat einer oder mehrerer Überarbeitungen? Besteht Anlaß zu der Vermutung einer Redaktionsgeschichte bzw. verschiedener redaktioneller Schichten?

Was ist über den "Sitz im Leben" zu sagen, sowohl bezogen auf Teile des Textes als auch auf sein Ganzes, sowohl bezogen auf mögliche Vor- bzw. Redaktionsstufen als auch auf vorfindliche Endfassung?

Welche Stile, Stilrichtungen, Stilmittel sind nachweisbar?

Warum wurde dieser Text überliefert, verfaßt, bearbeitet - und in die betreffende Textsammlung bzw. das betreffende biblische Buch aufgenommen?

Der Text, oder: Womit? und Worüber?

Wofür stand dieser Text? Welche Erkenntnis, welche Erfahrung, welche Bezeugung, welche "Wahrheit" wollte artikuliert werden? Gibt es so etwas wie eine "Urheberintention"?

Welche Erkenntnis, Erfahrung, Bezeugung und "Wahrheit" wurde ihm in seiner Auslegungsgeschichte abgewonnen?

Wie haben sich Christenmenschen unterschiedlicher Geschichtsperioden mit Hilfe dieses Textes hinsichtlich ihrer Religiosität und Gestimmtheit zum Ausdruck bringen wollen und können?

Für welche Gedanken, Lehren, Vorstellungen (etc.) ist dieser Text in der Geschichte der Christenheit in Anspruch genommen worden?

Gibt es zeit-, ideen-, geistes-(etc.)geschichtlich bedingte Unterschiede in der Auslegung und Aneignung? Gibt es überhaupt eine Auslegungsgeschichte?

Welche Bedeutung hatte dieser Text für christliche Theologie, für christliche Religion, für christliches Leben? Und von welcher Bedeutsamkeit ist er bis "heute" geblieben?

In welchem Verhältnis ruht der Sinngehalt des Textes zu Sinngehalten anderer biblischer Texte? Steht er für eine bestimmte "Einzel-Theologie" oder kann er für das "Wesen", das "Sinnganze", den Welt-, Lebens- und Selbstdeutungshorizont der christlichen Religion einstehen?

Und worin besteht dann dies "Wesen", dieses "Sinnganze", dieser Welt-, Lebens- und Selbstdeutungshorizont der christlichen Religion *in besonderer Bezogenheit auf* bzw. *in besonderem Begründetsein durch* diesen Predigttext? Kann beides, Predigttext-Sinngehalt und Sinnganzes christlicher Religion in gegenseitiger Bezogenheit, mit einem oder wenigen Sätzen pointiert werden?

Wie lautet diese Sentenz?

VIERTE STATION

MENSCH UND GEGENWART

MENSCH UND GEGENWART,
oder: Wem? und Wohin?

4.1 Grundsätzlich: Das Verhältnis von "Sache" und "Situation"

Manchmal hat es schon verblüffende Folgen, wenn eine biblische Geschichte schlicht verlesen oder ein knapp formuliertes "Jesus liebt auch dich" in den Raum gestellt wird. Möglicherweise nämlich erklären sich Betroffene dann so: "Gottes Wort traf mich direkt in meinem sündigen Dasein. Plötzlich und unvermittelt wurde mir klar, daß ich gemeint und angesprochen war!" Nun sind solcherlei Redewendungen durchaus geläufig, wenn es um sogenannte Bekehrungserlebnis-Bezeugungen geht; sie kursieren für gewöhnlich innerhalb gewisser freikirchlicher Gruppierungen, finden in Evangelisationszelten Verbreitung und werden auf frommen Straßenkreuzzügen elitebewußt- missionarisch kundgetan. Aus diesen Nischen jedoch ist die zugrundeliegende Denkfigur mittlerweile heimlich, still und leise (?) hervorgetreten - und zwar ohne direkte Beteiligung der üblichen Verdächtigen. Denn während die charismatischen Fernsehprediger, die zungenredenden Zeltredner und alle anderen selbsternannten Maschinengewehre Gottes weiterhin ihre Sondergruppensemantik pflegten, haben findige Zeitgeist-Feuilletonisten, Regenbogenpresse-Autorinnen und Boulevard-TV-Reporter deren Markt- und Kultwert entdeckt, religiöse Erlebnisse für "trendy" erklärt - und in unzähligen Reportagen zum Thema: *Sinn des Lebens* immer wieder Momente geschildert, in denen Menschen aufgrund einer einmaligen Begegnung mit der Bibel ihre Existenz neu zu ordnen beginnen und eine Kurskorrektur vornehmen, um auf Gott hin zu leben (usw.).

Um nur ein Beispiel zu nennen: Pünktlich zur Jahrtausendwende versprach die Frauenzeitschrift *Amica* in ihrer Januar 2000-Titelstory ein "Großes Special: Der Sinn des Lebens", und in dem Artikel "GOTT Ein Suchbild" erklärte der Autor: "Es war Samstagabend kurz vor halb acht. Draußen vor der Kirche erwachte, was sich mit Sünde verwechselte und doch nur höllische Langeweile ist. (...) Doch sie, die letzten Christen, saßen in der Kirche und warteten auf die Wiederkunft des Herrn, der gestorben war, um uns zu erlösen. (...) Und so saßen sie da in ihrer Kirche auf St. Pauli, Große Freiheit, mürbe vom Warten, und alle wußten sie, heute Abend würde es mit dem Herrn nichts mehr werden. Statt des Herrn erschien nur ein Priester (...). Er hieß sie zu beten und nicht abzulassen von ihrem Glauben, Gott käme wie ein Dieb in der Nacht, und sie setzten sich hin, um das Wort Gottes zu hören. Doch als der Priester (...) das Wort Gottes verkündete, gab es einen unter ihnen, den das Wort traf wie ein Fausthieb. Und dieser eine war ich. 'Matthäus 25,14' lautete die Stelle. (...) Daß ich mich angesprochen fühlte, war nicht vorgesehen gewesen. Ich war bloß beruflich unterwegs. (...) Und nun saß ich in meiner ersten katholischen Messe seit mehr als 20 Jahren und fühlte mich angesprochen."[134]

---

[134] P. PRASCHL, *GOTT Ein Suchbild*, in: *Amica. Das Frauenmagazin für Freundinnen,* Amica Verlag GmbH & Co.KG, Hamburg, Heft 1/2000, 95-98, 95f.

Was aber folgt nun aus dem Nachweis einer nahezu inflationär gebrauchten Denkfigur, insbesondere für Predigttheorie und -vorbereitung? Eine Wahrheit? Eine Methode? Wer es sich einfach machen will, sagt Ja: *Ja, es reicht völlig aus, in einen bestimmten Augenblick hinein einen Bibelvers zu sagen, um Menschen zu Gott hin zu bewegen. Das ist schon passiert, das kann immer wieder passieren, und wenn es nicht passiert, dann entweder, weil Gott es nicht will oder des Menschen Herz allzu verstockt ist. Es liegt dann eben an der Situation, nicht an der Sache selbst. Denn diese Sache selbst ist heilig, gut und wahr, so wie Gott selber heilig, gut und wahr ist. Und so, wie sein Wort, die Bibel, heilig, gut und wahr ist.* Damit wäre zumindest ein bedenkenswerter, weil aus einer bestimmten theologischen Perspektive heraus sogar schlüssiger Standpunkt eingenommen. Denn wer könnte etwa gänzlich in Abrede stellen, daß ein Bibelwort schon bei seiner bloßen Verlesung Menschen zu ergreifen oder anzurühren vermag? Welche theologische Argumentation liefert den Gegenbeweis? Immerhin muß man ja als Theolog nicht nur mit vielem rechnen, sondern vor allem mit dem Allmächtigen und seinen unergründbar-unendlichen Möglichkeiten. Allerdings ist Gott selber in der Vielfalt seines Handelns und Wirkens als Vater, Sohn und Heiliger Geist nicht erst und ausschließlich das quasi unhintergehbare Axiom theologischen Denkens, sondern vielmehr - und zwar gerade diesem Denken vorausgehend - schon die entscheidende Grundannahme, von der jede christliche Glaubensäußerung, jede Bekenntnisbekundung, jedes biblische Zeugnis, jede fromme Gewißheit wie auch jeder Zweifel (verdeckt oder offenkundig) Gebrauch macht und zehrt.

Mit dieser zweifachen, aufeinander aufbauenden Bestimmung ist zugleich eine Warnung angezeigt. Sie bezieht sich auf einen populären Denkfehler, der etwa darin besteht bzw. dazu führt, daß kurzerhand lebendige Glaubensbekenntnisse zu starren Bekenntnislehrsätzen, schillernde Facetten gelebten Glaubens zu Glaubensgegenständen, narrativ artikulierte Gewißheiten zu wörtlichen Wahrheiten bzw. persönliche sowie kollektive Zeugnistraditionen zu göttlichen Worten gemacht werden. Die Summe historischer Situationen wird zur *Sache* erklärt - und häufig genug dann gegen die jeweils gegenwärtige *Situation* ausgespielt! Dieses Verfahren läßt sich genau dort recht anschaulich machen, wo seine Resultate leider besonders auffällig sind: in der homiletischen Praxis! Es zeigt sich in verschiedenen, z.T. eben auch theologisch-dogmatisch abgesicherten Spielarten, die sich auf wenige Grundvarianten zurückbestimmen lassen:

Zunächst ist da die bereits anskizzierte Variante (A), die von einer Gleichsetzung biblischer und göttlicher Worte ausgehen und die methodische Frage, wie Predigttext und Hörende zusammengebracht und -gedacht werden müssen, damit beantwortet wissen will, daß man die besondere Bibelperikope, stellvertretend für die gesamte Bibel bzw. die gesamte göttliche Wahrheit, dem Menschen schlicht gegenüberzustellen habe, "auf daß sie ihn trifft". Eine Erkundung und Beschreibung dieser Menschen einschließlich ihrer Erwartungen, Befindlichkeiten etc. wird dabei nicht als erforderlich erachtet, sondern vielmehr durch die verallgemeinernde Grundannahme ersetzt, daß jeder Mensch Gott nötig hat - bzw. Gott jeden Menschen mit seiner Wahrheit anrühren kann, so dieser es denn zuläßt.

Dieser Variante wird deutlich Kritik zuteil von einem Entwurf, der sich die Erkenntnisse und Resultate exegetischer Forschungen zu eigen gemacht hat und folgerichtig

4.1 Grundsätzlich: Das Verhältnis von "Sache" und "Situation"

akzentuiert, daß und inwieweit die biblischen Texte in ihrer Zeit-, Geschichts-, Gruppen-, Person-, Erfahrungs-, Traditions- und somit eben auch in ihrer Situationsbedingtheit erfaßt und begriffen werden müssen (s.o.). Als enttäuschend unvollständig freilich wird diese Korrektur v.a. dort erkennbar, wo die im Rahmen einer Predigtvorbereitung vorgenommene wissenschaftliche Rekonstruktion von text-schriftlich fixierten (Bekenntnis- und Glaubens-)Situationen im Ergebnis doch wieder als *Sachanalyse* aufgefaßt wird - und in Konsequenz als exegetische Richtigkeit, indirekt aber dann doch wieder als unveräußerliche Wahrheit mit Gegenstandscharakter zu stehen kommt, wo man also den katechetischen Predigtsinn und -zweck ganz von der akademischen Schriftauslegungstradition den Schatten gestellt findet. Die entsprechenden Verdächtigungen bestätigen sich vollends, wenn sich zeigt, daß die sich anschließende *Situationsanalyse* nur von den Erträgen der Sachanalyse her betrieben wird und etwa auf eine von dogmatischen Vorentscheidungen geprägte Darstellung des halt- und hilflosen Individuums der Gegenwart *im Lichte des Evangeliums* oder gar des sündigen Menschen unter dem Wort Gottes hinausläuft.[135] Dann nämlich wird die Gegenwart nicht mehr als solche verstanden, sondern schon gleich von theologischen Standpunkten aus beurteilt, werden sowohl historische als auch aktuelle Situationen nicht immanent ergründet und erfaßt, sondern von sachlichen (wenngleich auch bisweilen nicht bewußt gemachten) Vorentscheidungen her bewertet.[136] Wider ersten Erwartungen ist also nur ein geringer Fortschritt erzielt, wenn man gegen die biblizistisch-fundamentalistisch-evangelikale Variante A, derzufolge das Bibelwort auf den Menschen in seiner Situation zu treffen hat, jene modifizierte Variante B austrumpft, in der das Resultat einer sog. Sachanalyse auf den Befund einer theo-logisch vereinnahmten sog. Situationsanalyse bezogen wird. Dieser Grundtenor findet sich i.Ü. auch in denjenigen Predigtvorbereitungsmodellen wieder, die einer Textexegese zwar eine sogenannte *Text-* oder *Predigtmeditation* folgen lassen, diese Meditation aber im Ergebnis als binnentheologische Wahrheitsplausibilisierung, also ohne Wahrnehmung und Berücksichtigung der Außenwelt, betreiben[137]. Denn selbst wenn es den Predigenden dann gelingt, die Perikope allgemeinverständlich-grundsätzlich zu erläutern - und mit dieser allgemeinverständlich-grundsätzlichen Erklärung einen theologisch bedeutsamen (Teil-)Sachverhalt zu benennen, muß man sich der Frage stellen, ob dies (heutzutage) wirklich schon zu einer Predigt langt. Ist eine Predigt nicht mehr als nur Textlesung, Informationsübertragung oder Vortrag von Wahrheit? Wird dort, wo man sich anschickt, lediglich Weisheiten und Wahrheiten verständlich "an den

---

[135] Es gibt natürlich auch andere Pointierungen. Hier wurde diejenige benannt, die dem Verfasser im Ergebnis am häufigsten begegnet ist.

[136] Vor solcherlei Gefahr hat schon J. SCHREIBER, Art. *Predigt*, in: G. OTTO (Hg.), *Praktisch-theologisches Handbuch,* Stuttgart ²1975, 476-493, warnen wollen. Aufgrund der aktuellen Erfahrungen des Verfassers muß diese Warnung leider weiterhin aufrecht erhalten werden.

[137] Vgl. hierzu die Literaturangaben unter Pkt. 4.4; ad 4.1.

Mann zu bringen"[138], wirklich Gewißheit aufgebaut, Sinn gestiftet, Lebenshilfe gewährt? Leistet die Darlegung "sach"gerechter Textpointen schon im Modus des "zur-Sprache-Kommens" der implizit gegebenen bzw. angenommenen "Sache" einen Beitrag zur Bereinigung und Klärung der gegenwärtigen Sachlage bzw. "Situation" der Hörerinnen und Hörer? Und schließlich: Vermag die Feilhaltung der "Sache" von der Kanzel herab tatsächlich schon den Glauben zu ermöglichen, der nach Paulus (Röm 10,17) doch aus der Predigt kommt?

An Gottes Segen ist alles gelegen, mögen einige auch hier antworten. Theologisch betrachtet ist dieser Einwand von hinreichender Überzeugungskraft: Erstens ist all unser Tun vergebens, wenn der Herr nicht das Haus baut, und zweitens kann es Gott natürlich jederzeit gefallen, sich in einer Predigt zu offenbaren, die nicht nach allen Regeln der Kunst vorbereitet und gehalten wird. Gleichwohl darf sich hinter dieser überaus wichtigen theologischen Erkenntnis weder Trägheit noch Unvermögen, weder Halbherzigkeit noch Feigheit verstecken. Ein wunderschönes Pfingstlied bringt es auf den Punkt bzw. auf eine Doppelformel: die Bitte um den *Geist der Wahrheit* bzw. die Anerkennung der Notwendigkeit göttlicher Beteiligung via Zurüstung und Feuerergießung muß mit dem Mut einhergehen, das offene Bekenntnis als "frei Geständnis in dieser unsrer Zeit" zu formulieren.[139] Wenn aber gilt, daß dieses zeitgemäße Geständnis-Bekenntnis eben zeitge-mäß zu sein hat - wie kann es das, ohne sich auf die gegenwärtigen Geschehnisse, Stim-mungen, Großwetterlagen und "Situationen" zu beziehen und ohne diese zuvor begriffen zu haben? Vermag jemand ein zeitgemäßes sowie zeitgemäß-bedeutsames Bekenntnis zu sprechen, ohne sich zuvor auf die Verstehens- und Deutungshorizonte "dieser unserer Zeit" (vor)urteilsfrei eingelassen zu haben? Die Antwort darf nur *nein* lauten.

Fazit: Die alte Unterscheidung zwischen der bzw. einer Sache (etwa: Text, Gott, Christus etc.) und der bzw. einer Situation (etwa: Gottesdienst, suchender Hörer, sündiger Mensch) hat sicherlich lange ihren guten Dienst getan; mittlerweile jedoch steht sie für eine irreführende, weil zu Fehlentscheidungen verleitende Denkfigur. Sie muß aufgegeben werden zugunsten der Erkenntnis, daß es in einer Bibeltext-Predigt im wesentlichen um nichts geringeres geht als um eine Mit-Teilung desjenigen, was hinter den Bibeltexten aufleuchtet bzw. ihnen zugrunde liegt, was mit ihnen artikuliert bzw. bezeugt und überliefert werden wollte: fromme Gewißheiten, religiöse Zweifel, Glaubensüberzeugungen eben. Diese religiöse Mit-Teilung ereignet sich, wo historische und gegenwärtige Situationen erfasst, verglichen, miteinander ins Gespräch gebracht werden. Denn einst wie jetzt können sich diese Situationen erklären (lassen) als Umstände existentieller Betroffenheit, die zu Augenblicken religiösen Bewegt- und Ergriffenseins, zu Momenten des Glaubens, bisweilen auch zu vollständigen (frommen) Sinn- und Lebensdeutungshorizonten geworden sind bzw. werden können - wobei sowohl die Situationen als auch die aus ihnen hervorgetretenen Artikulationen von Überzeugung,

---

[138] Aus der alleinigen Verwendung des *sing. masc.* sollten hier keine falschen Schlüsse abgeleitet werden; es handelt sich lediglich um eine Redensart, die unter Verwendung der *inclusive language* nicht unbedingt mehr als Idiom erkennbar bleibt.

[139] Gemeint ist natürlich das Pfingstlied "O komm, du Geist der Wahrheit" (EG 136).

4.1 Grundsätzlich: Das Verhältnis von "Sache" und "Situation"

Glaube, Zweifel und Gewißheit einst wie jetzt selbstverständlich von den besonderen Zeitumständen abhängig waren bzw. sind. Und genau diese formal-strukturale Vergleichbarkeit von Zeiten und Situationen stellt ein Gleichgewicht her, in der nicht die eine Situation über die andere (also die historische Situation über die gegenwärtige oder umgekehrt) Oberhand gewinnen darf. Den Predigenden kommt die Aufgabe zu, dieses Gleichgewicht zu halten und quasi im Dialog der Situationen herauszustellen, worin einerseits das für die dereinst Beteiligten Besondere, andererseits das aus der christlich-kirchlichen Deutungsperspektive Gemeinsame besteht. Es bedarf dabei also nicht nur der theologisch-wissenschaftlichen, texthermeneutischen Präzision, die hinter den biblischen Überlieferungen Situationen zum Vorschein bringt, in denen der Glaube Wunder wirkte, Gewißheiten aufbrachen, Bekenntnisse aus Herz und Lippen flossen und Menschen die Möglichkeit zuteil wurde, auf besondere Art und Weise ihr Leben zu leben, nämlich *coram deo* und *in fiducia*. Sondern es braucht zusätzlich noch diejenige Kompetenz, die auch gegenwärtige Augenblicke als solche zu identifizieren vermag, in denen der Glaube Wunder wirkt bzw. wirken kann, Gewißheiten aufbrechen bzw. aufbrechen können, Bekenntnisse aus Herz und Lippen fließen bzw. fließen können und Menschen die Möglichkeit zuteil wird bzw. werden kann, auf besondere Art und Weise ihr Leben zu leben, nämlich *coram deo* und *in fiducia*!

In der Schnittmenge der Deutungen bzw. Deutungsmöglichkeiten von historischen und gegenwärtigen Situationen liegt nun die eigentliche Predigtsituation. Sie ist der Zeitraum, in der auf kreative, besser: deutend-schöpferische Art und Weise zu zeigen ist, wie auch der moderne Mensch auf die Wolke der Zeugen springen kann, indem er sein Dasein - fragmentarische Erfahrungen, Momentaufnahmen, Augenblicke des Lebens - mit einer integralen Deutung von quasi letztinstanzlicher Gültigkeit versieht. Das ist nicht die Verkündigung einer Sache (s.o.), sondern diejenige Veranschaulichung und Vermittlung einer Situations- und Lebensdeutungsperspektive, die in Überzeugung dessen artikuliert wird, daß das dereinst (biblische Überlieferungen / Geschichten der Christenheit) sich als bedeutsam und tragfähig Erwiesene immer noch bedeutsam und tragfähig ist.

Will man die nunmehr deutlich diskutierte Aufgabe weiterhin mit Hilfe der Begriffe von Sache und Situation beschreiben, muß also konsequenterweise formuliert werden, daß die Situation des modernen Menschen der Gegenwart zur Sache der Theologen werden muß bzw. daß der zeitgenössische Mensch und die Moderne selber zu einer Angelegenheit werden, die besser begriffen werden muß, als es theologische Denkfiguren (theol. Anthropologie) und Urteilsmuster (etwa: Hamartiologie) zulassen. Nun mögen einzelne sagen: Wir vermögen dies nicht zu leisten. Wir wissen ja gar nicht wirklich etwas von diesen Sachen und Sachlagen. Wir kennen nicht die Geschichten der einzelnen Predigthörenden, ihre Verfaßtheit, ihre Lebenslinien und -brüche, ihre Zweifel, ihre bisherigen Orientierungen und Werte, ihre Handlungsmaximen (usw.). Und selbst wenn wir diese kennen sollten - woher nehmen wir das Recht zu der Anmaßung, die Menschen besser zu verstehen als sie sich selber? Wir Predigenden sind nur zu Theologen ausgebildet, verfügen eigentlich nur über das methodische Instrumentarium der Texterkundung. Aber stimmt das? Weiß man nicht (erstens) als Mensch etwas von Menschen und menschlichen Situationen? Führt man keine Gespräche, keine Unterredungen, keinen

Meinungsaustausch? Lebt man nicht als Mensch dieser Zeit in derselben Zeit wie die Anderen? Ist man nicht selber auch Subjekt, Individuum, Person? Eben! Und (zweitens:) haben sich nicht längst zahlreiche Wissenschaften angeschickt, gegenwärtige Situation(en) bzw. die gegenwärtige Verfaßtheit des modernen Menschen zu erkunden? Wenn also die wissenschaftliche Theologie einerseits - nämlich in den Disziplinen AT, NT, Kirchengeschichte und Systematik - Gebrauch macht etwa von den Erkenntnissen der Sprach-, Literatur- und Geschichtswissenschaften - warum sollte sie dann nicht auch in der Disziplin der Praktischen Theologie, namentlich in der Homiletik, zugehen auf die Erträge anderer Forschungen? Darüber soll jetzt in mehreren Schritten befunden werden.

4.2 Der Stellenwert von "Gemeindeanalysen" und "Höreranalysen"

Wie heißt die Gemeinde, in der die vorzubereitende Predigt gehalten werden soll? In welchem Viertel, welcher Stadt, welcher Region liegt sie? Was für Menschen leben dort? Auf welche Geschichte blicken Gemeinde und Gemeindeglieder zurück? Was ist über die Gemeindeveranstaltungen zu sagen, was über den Gottesdienstbesuch? Wer geht in die Kirche, und mit welcher Regelmäßigkeit? Wie setzt sich die Schar der Gottesdienstfeiernden zusammen nach Alter, Geschlecht, sozialem Status?

Mit der Beantwortung dieser oder vergleichbar-ähnlicher Fragen setzt für gewöhnlich eine Untersuchung an, die v.a. in homiletisch-wissenschaftlichen Haus- und Examensarbeiten unter der Kapitelüberschrift: *Gemeindeanalyse* verhandelt und der Regel nach innerhalb der *Situationsanalyse* bzw. - je nach Titelwahl - der *Predigtmeditation* aufgeführt wird; sie kann von erheblicher Bedeutung für Predigtvorbereitung und Predigt sein. Ein ernsthaftes Anliegen sollte gleichwohl vorausgesetzt bzw. attestiert werden können: Wer die Gemeindeanalyse erstellt, weil die leeren Seiten der schriftlich auszuarbeitenden Kandidatenpredigt irgendwie gefüllt werden müssen[140], wer sie nur pflichtschuldig als Statistik abhakt, ohne daraus einen Nutzen zu ziehen, oder wer die Resultate einer solchen statistischen Datenerfassung so interpretiert, daß sie lediglich als eine Art nach- bzw. mitgelieferter Rechtfertigung bereits getroffener Entscheidungen zu stehen kommen kann, hat nicht nur eine große Chance leichtfertig verspielt, sondern auch zu verstehen gegeben, daß an der gegenwärtigen Situation und ihrer Klärung (s.o.) eigentlich doch nichts gelegen war. Denn genau dafür steht die Gemeindeanalyse; sie ist gleichsam eine Chiffre für das Vorhaben, den Erwartungen der hörenden Gemeinde Bedeutung beizumessen, die Gegenwart sowohl der gesamten Gottesdienstgemeinde als auch der einzeln Beteiligten als kompliziertes Gefüge voller Eigendynamiken wahrzunehmen und somit eben nicht nur dem Perikopentext innerhalb seiner unterschiedlichen (historischen, biblischen, wirkungsgeschichtlichen, kirchlichen und gottesdienstlichkirchenjahreszeitlichen) Kontexte, sondern auch den Lebenstexten der Hörenden Aufmerksamkeit zu schenken. Diese Anliegen sind schon seit Jahrzehnten formuliert; sie sind hervorgegangen aus der Klage über die "unverständliche, langweilige, nichts-

---

[140] Dieser Verdacht drängt sich bedauernswerterweise bei der Lektüre mancher Predigthausarbeiten auf.

sagende, irrelevante, abstrakte, autoritäre oder pathetische Predigt"[141] sowie der damit verbundenen Aufwertung aller Fragen nach den Erlebnisweisen und Verständnismöglichkeiten der Predigtrezipierenden. Und ansatzweise wird bereits deutlich, inwieweit die Gemeindeanalyse zugleich auch *Höreranalyse* sein muß.

Zunächst freilich geht es in der Tat um die professionelle und kundige Bearbeitung eines sachdienlichen Fragenkataloges, und zwar so, daß das Resultat nicht allein aus der Benennung einer Gemeinde etwa als Bergarbeitersiedlung oder als von Studenten bevorzugte Wohngegend, nicht allein aus der Differenzierung der Gottesdienstbesuchenden etwa in *männlich* und *weiblich* oder in *jung* und *alt*, nicht allein aus der Registrierung von Kultfrequenzziffern besteht. Die Feststellung, daß sich in der Schar der Gottesdienstfeiernden von St. Philippus im nördlichen Randgebiet von Gelsenkirchen vier junge Mütter zwischen 25 und 33 Jahren, zwei Studenten unter 30 sowie sieben Bergmannswitwen über 60 befinden, ist keine Gemeindeanalyse.[142] Zu einer solchen wird es erst dann kommen, wenn - bezogen auf den genannten Fall - etwa auch die Hörererwartungen der Studenten, die Symbolwelten der Bergmannswitwen und die religiösen Voreinstellungen der jungen Mütter benannt werden, oder anders: wenn mit der Beschreibung von sozialem Status oder Milieuzugehörigkeit auch verstanden ist, was der jeweilige soziale Status, das jeweilige Milieu bedeutet im Blick auf Bildungsniveau, Wortschatz, Sprachgebrauch, auf Verstehensmöglichkeiten, Erlebnisweisen und Grundbedürftigkeiten.

Gleichwohl droht hier immer noch reichlich Gefahr. Die vielleicht offenkundigste besteht darin, Hörerinnen und Hörer allzu rasch in ein bestimmtes Urteilsraster einzulassen, aus zwei oder drei Beobachtungen auf bestimmte Schematismen zu schließen. Um es an dem bereits bestehenden Beispiel mit zugegebenermaßen krassen Formulierungen zu verdeutlichen: Nicht jede junge Mutter macht ausschließlich ihre einmaligen Kreissaal-Gefühle zum Thema, nicht jede bedürftige Bergmannswitwe aus der Hochhaussiedlung denkt überwiegend an Armut und Tod, nicht jeder Student wird von den Tätigkeiten seiner rechten Hirnhemisphäre zu kopflastig-intellektuellen Informationsverarbeitungen getrieben. Und mit dieser letzten Bemerkung ist zugleich schon die zweite Gefahr avisiert: Wo nach den von Bildungsniveau und Intellekt abhängig gemachten *Verständnismöglichkeiten* gefragt wird, drohen rasch bestimmte kybernetische bzw. informations- und kommunikationstheoretische (Lern-)Modelle die Oberhand zu gewinnen, die lediglich zu der Überlegung verleiten, wie eine bestimmte *Information* vermittelt, ja geradezu gelehrt werden kann. Damit freilich wäre mit einem Mal die entscheidende Frage nach den Hörenden und ihrer Situation(en) preisgegeben zugunsten der Ermittlung ihrer Verstandesleistungen im Rahmen einer simplifizierten Denkschablone, die nur den Weg der Botschaft vom Sender zum Empfänger kennt.

Selbstverständlich soll das nun nicht heißen, daß die Erkundung der Verstehens- und Verständnishorizonte sowie des intellektuellen Fassungsvermögens der

---

[141] E. LANGE, *Zur Theorie und Praxis der Predigtarbeit,* aaO. 15.

[142] Und zwar nicht deswegen, weil sowohl diese Gemeinde als auch diese Situation erdacht ist, sondern aus den im Text nachfolgend aufgeführten Gründen.

Predigtrezipierenden in den Hintergrund treten darf. Alle Untersuchungen über den Zusammenhang von Bildungsniveau, sozialem Status und Milieuzugehörigkeit mit Predigtrezeption, Predigtgenuß, Predigtwirkung und Predigtbewertung, kurz: alle Resultate der empirischen Hörerforschung sind von entscheidendem Gewicht; von ihnen kann man etwa lernen, "daß Hörer mit niedrigeren Bildungsabschlüssen eher wahrgenommenen Sprechhandlungen des Dankens und des Rates zustimmen. Im Unterschied zu Hörern mit höheren Bildungsabschlüssen sind sie dagegen kritischer gegenüber Behauptungen, Aufforderungen, Zweifeln und Warnungen."[143] Und solche Forschungsresultate sind überaus relevant; sie liefern nicht zuletzt wichtige Hilfestellungen bei einer Diskussion der Frage, welchen Standpunkt, nicht nur auf *Sprache* bezogen, Predigende überhaupt einzunehmen haben.

Diesbezüglich hatte schon Martin Luther eingefordert, sich beim Predigen auf das schlichte Niveau der einfachen Menschen herabzulassen, zumal sich die Gescheiteren aufgrund ihrer Bildung selber einen klugen Reim auf Bibel- bzw. Predigttexte machen könnten; er erklärt: "Wenn ich auf die Kanzel komme, so gedenke ich nur den Knechten und Mägden zu predigen. Um (...) der ganzen Universität willen wollt ich nicht ein Mal auftreten, denn sie könnens sonst in der Schrift wol lesen. Wenn man aber den Hochverständigen predigen will und eitel (...) Meisterstück heraus werfen, so stehet das arme Volk gleich wie eine Kuhe."[144] Die Predigt soll so einfach und schlicht sein wie möglich, auf Ungebildete und Ungelehrte abgestimmt sein - ein Gedanke, der zwar bis in die Gegenwart hinein nichts an Bedeutung verloren, aber auch einen entscheidenden und sich als überaus hartnäckig haltbar erweisenden Einwand heraufbeschworen hat. Dieser Einwand beruht auf ästhetischen Wertschätzungen, macht Gebrauch von Begriffen wie Würde, Wahrheit und Heiligkeit und betont im wesentlichen, daß die Bedeutsamkeit der Predigtinhalte nur mit der Beibehaltung einer gewissen Predigtform und -sprache gewährleistet bleibt. Dabei handelt es sich i.Ü. um die modifizierte Teilpointe einer Argumentation, die insbesondere auch in liturgiewissenschaftlichen und ritualtheologischen Debatten Beachtung findet - etwa dort, wo man erinnert an die traditionelle Feier eines Geheimnisses, die aufgrund ihrer enigmatischen Würde alle Beteiligten in den Bann zu ziehen vermag, oder auch da, wo bereits der korrekte Vollzug eines Rituals als sinnstiftend, identitätsstabilisierend (usw.) ausgewiesen wird. Das leuchtet unmittelbar ein. Was aber geschieht, wenn bei der Schlußfolgerung, daß die Predigt würdig, edel, korrekt, literarisch, gebildet und formvollendet zu sein habe, der hörende Mensch gar nicht mehr in den Blick genommen wird, wenn also die Form über den Inhalt siegt, die Ästhetik über den Gehalt, das Geheimnis über das Bekenntnis, die Redekunst über das Sprachgeschehen? Und wie ist es fernerhin zu bewerten, wenn hinter den Plädoyers für angemessene Predigtworte und -vortragsarten kein Glaubensstandpunkt, kein religiöses Bewußtsein, kein Mit-Teilungswille mehr, sondern lediglich bildungsschichtspezifische

---

[143] K.-F. DAIBER / H.W. DANNOWSKI / W. LUKATIS / K. MEYERBRÖKER / P. OHNESORG / B. STIERLE, *Predigen und Hören. Ergebnisse einer Gottesdienstbefragung, Bd.2: Kommunikation zwischen Predigern und Hörern - sozialwissenschaftliche Untersuchungen*, München 1983, 333f.

[144] WA TR VI, 196,43-195,5 (6798).

4.2 Der Stellenwert von "Höreranalyse" und "Gemeindeanalyse"

Erlebnisvorlieben erkennbar bleiben, wenn also die Verkündigung bzw. die theologisch zu verantwortende Predigt(-vorbereitung) bevormundet wird durch den Bildungsmilieudünkel von Pfarrerinnen, Pfarrern und anderen?[145]

Im Ergebnis bleibt zwischen der bedingungslosen Herablassung auf einfachstes Niveau einerseits und der gnadenlosen Aufwertung einer der 'göttlichen Wahrheit' angemessenen würdevollen Sprache andererseits nur noch ein schmaler Grat; er ist eingezäunt von der Warnung, sich (sprachlich) nicht völlig auszuliefern oder gar in der Gosse der Niveaulosigkeiten zu verlieren - dies ist mitunter das einzig nennbare Resultat vorbehaltloser Anbiederungen an Jugendszenenjargon oder Stammtischparolen -, aber auch von dem Aufforderungscharakter jener programmatischen Erklärung des Paulus, derzufolge man den Juden ein Jude und den Griechen ein Grieche (etc.) zu werden habe. Dieser Grat muß beschritten werden, denn er stellt einen Streckenabschnitt des Weges zur Predigt dar. Aber wie soll das geschehen?

Zunächst einmal sollte festgehalten werden, daß auf der Basis der genannten Alternativen nicht ohne Einschränkungen gearbeitet werden kann, weil sie sich, kurzgefaßt, auf ein instrumentelles Verständnis von Sprache beschränken, oder anders: weil immer noch die Frage im Vordergrund steht, wie mit Hilfe bestimmter - elaborierter oder restringierter - (Sprach-)Codes eine 'Botschaft übertragen' werden kann. Wenn aber Gegenwartserkundungen im Vordergrund stehen sollen, demnach also die Situation und Verfaßtheit des zeitgenössischen Menschen begriffen werden muß, dann kann nur noch ein vorbehaltloses Eintauchen in die Welt der Predigthörenden die Lösung sein: ein Eintauchen, das nicht nur die vorfindlichen Sprachcodes identifiziert und zur beliebigen Verwendung freigibt, sondern vor allem die darin - verbal und nonverbal! - artikulierten Erwartungen und Gestimmtheiten zu erfassen und zu teilen ermöglicht. Nicht auf einer bloß künstlich hergestellten gemeinsamen Sprachbasis, sondern erst auf einer wirklich gemeinsamen Verstehens- und Deutungsebene wird echtes Predigen realisierbar![146]

Näher ausgeführt geht es um *Erkundung*, um wahre Erkundung von Erwartungshaltungen, Denkwegen, und Deutungshorizonten, wie sie sich in, mit und neben dem Sprachverhalten zum Ausdruck bringen. Es geht darum, ob ein erlösendes Wort vernommen sein will, ob das Bedürfnis nach Versöhnung und Rettung, nach Freispruch und Zuspruch im Raume schwebt, ob Sehnsucht nach einer Zukunftsperspektive, einer Vision, einem Sinnhorizont für ungeklärte Existenzfragen besteht, ob eine Zeitansage fällig ist, ein Wort zur (globalen) Großwetterlage oder eine Diagnose menschlicher Verfassung, ob einzelne klare Handlungsanweisungen oder ganze und umfassende ethische Maximen erwünscht werden oder schlicht nur Solidarität. Doch Vorsicht: Wer von allzu klaren (theologisch oder ideologisch beeinflußten) Vorstellungen davon ausgeht, was ihn erwartet bzw. was Hörende erwarten, läuft Gefahr, auch nur genau dasjenige zu finden. Der Ausgangspunkt einer Erkundung darf nicht bei den Antworten liegen, die man selber

---

[145] Vgl. etwa E. HAUSCHILDT, *Kirchliche Trauungen zwischen Magiebedürfnis und Interpretationschance*, in: PTh 88 (1999), 29-33, 32.

[146] Diese Feststellung richtet sich, wenngleich es im Blick auf die Argumentationsentwicklung den Eindruck erwecken könnte, keineswegs gegen Martin Luther, der m.E. genau dies Verfahren sowohl explizit praktiziert als auch implizit immer wieder erörtert hat.

schon zu bieten hat, denn schließlich gilt es nicht - etwa im Sinne einer Suche nach Anknüpfungspunkten - für theologisch begründete und sicherlich schlüssige Glaubenslehren, sprich: für die bestehenden Antworten lediglich die passenden Fragen zu ermitteln oder zu konstruieren. Mit jeder Unterstellung von Erwartung, Gestimmtheit und Verfaßtheit entfernt man sich mehr von der wirklichen Situation der zeitgenössischen Predigthörerinnen und -hörer.

Doch nun endgültig zurück zu den eingangs formulierten Fragen bezüglich einer Gemeindeanalyse. Längst dürfte verständlich geworden sein, warum eine bloße Gemeinde- oder Gottesdienststatistik erst dann zu einer weiterführenden Antwort verhilft, wenn sie im Blick auf die Hörenden hin interpretiert wird. Freilich ist deren Situation nicht mit einer Gemeindeanalyse vollends erfaßt. Denn die Hörenden der Gegenwart leben nicht nur in der Gemeinde: Erstens ist mit den (politisch-kommunalen) Gemeindegrenzen nicht der einzige Lebensspielraum der Beteiligten abgesteckt, zweitens ist das, wofür die Kirchengemeinde weltanschaulich-religiös steht, nicht der einzige Sinndeutungshorizont, dem die Rezipierenden begegnen. Die Kirchen**gemeinde** in ihrer jeweiligen lokalen Konkretion deckt nur einen Teilbereich der Fläche bzw. der regional und thematisch gebundenen Angebote zur Freizeitgestaltung ab, die der (auto-)mobile Mensch der Gegenwart in seinem erweiterten Bewegungsradius auszuschöpfen vermag, und die **Kirchen**gemeinde steht wohl für eine religiöse Präferenz, aber bei weitem nicht für den gesamten gegenwärtig faßbaren Pool an Antworten auf die Fragen nach dem *Woher, Wohin, Warum* und *Wozu* (etc.). Kennt man also die vollständige Situation der Hörenden, wenn man ihre Gemeinde analysiert hat? Oder braucht es - um den Menschen so zu begreifen, wie er sich selber über die Gemeinde hinaus (auch unbewußt) zu sich selber verhält und begreift - , nicht noch mehr Hintergrundwissen, braucht es nicht noch einen Ausblick auf die vielfältigen anderen Sinnwelten, denen der moderne Mensch in medial konstituierter Gegenwart und pluralistisch verfaßter Gesellschaft unweigerlich begegnet, in die er sporadisch eintritt oder dauerhaft abtaucht, mit deren Botschaften und Foren er vertraut gemacht wurde, deren meinungs- und gesinnungsbildenden Kräften er tagtäglich ausgesetzt ist?

4.3 Alltagskultur und Zeitdiagnostik, Menschenkenntnis und "Gegenwartshermeneutik"

"Was ist dein einziger Trost im Leben und im Sterben?" Mit dieser Leitfrage hatte vor über 400 Jahren der sogenannte Heidelberger Katechismus[147] den Menschen bzw. dessen Sehnsucht nach dem alles zusammenhaltenden Sinnganzen in das Zentrum seiner Unterweisungen gestellt, um sogleich - als qasi einzig geltende Auflösung - die Summe und das Wesen des christlichen Glaubens an den dreieinigen Gott in insgesamt 129 Fragen und Antworten theologisch-christozentrisch zu entfalten. Im Vordergrund stand das Christsein (des angesprochenen Menschen) in seiner Ganzheit und Tiefe, focussiert als ernstgenommene (Selbst-)Erkenntnis "des Menschen Elend" vor Gott, als herzliches

---

[147] Vgl. *Der Heidelberger Katechismus*, hg. v. O. WEBER, Gütersloh ²1983.

4.2 Der Stellenwert von "Höreranalyse" und "Gemeindeanalyse"

Vertrauen in "des Menschen Erlösung" durch Gott sowie als aktives Leben in der "Dankbarkeit" gegenüber Gott, pflichtschuldig-verantwortungsbewußt und voller Gewißheit. Denn nur an der Ausgestaltung des Christseins bzw. der Anwendung des christlichen Glaubens auf das Selbstverständnis und -verhältnis des Menschen bestand Bedarf, nicht an der Begründung der christlichen Glaubenslehren; die christliche Religion stand hinsichtlich ihrer uneingeschränkten Geltung(sansprüche) nicht in Zweifel oder Frage. Sie war Sinnmonopol.

Nicht so 400 Jahre später: Die Selbstverständlichkeit, mit der der christliche Glaube einst die nahezu alleinige religiöse Lebensdeutungsperspektive darstellte, ist dahin; die Leichtigkeit und Eindeutigkeit, mit der der scheinbar anthropozentrisch-personalistische, individuell-subjektive Grundzug ("Was ist *dein* einziger Trost...") im Heidelberger Katechismus einer christozentrischen Revision unterzogen wurde ("Daß ich ... *nicht mein*, sondern meines getreuen Heilands Jesu Christi eigen bin"), ist nicht mehr gegeben. Der Anthropozentrismus heutiger Tage ist reiner und vollkommener - zumal er die Möglichkeiten selbständig-autokratischer humaner Selbstvergewisserung hervorhebt bzw. die (Selbst-)bestätigung des Menschen lediglich in Relation zu dessen soziokultureller Umgebung stellt ("*Ich* will so bleiben, wie *ich* bin. - Du darfst!"[148]); eine theonomistische Interpretation von Welt, Mensch und Sinn wird weitestgehend ihrer Bedeutsamkeit enthoben zugunsten einer Betonung menschlicher Autonomie, die bestenfalls aufgrund von Sachzwängen sowie Eigengesetzlichkeiten ökonomischer, gesellschaftlicher oder technischer Realität(en) unvollständig bleiben bzw. teilheteronom erscheinen muß.

Anders und weiterführend formuliert: Der moderne Mensch lebt in einer Gegenwart, die geprägt ist von der Freiheit zur Wahl und dem Zwang zur Entscheidung; "Individualität und Pluralismus sind die Bedingungen, unter denen Menschen selbst Maßstäbe für ihr eigenes Leben bilden müssen."[149] Denn Menschen agieren in zahlreichen Rollen und sozialen Zusammenhängen, sie sind und handeln in Relationen, d.h. in bezug auf ihren Arbeitsplatz als Chefin, Angestellter, Kollege, bezogen auf ihr Familienleben als Gatte, Vater, Geliebte, hinsichtlich ihrer Freizeitgestaltung als Urlauber, Hobbygärtnerin, Fußballfan oder Kinogängerin sowie im Blick auf ihre gesellschaftliche Verantwortung als Steuerzahler, politisch engagiertes Parteimitglied oder Bürgerinitiativlerin (usw.). Sie können die ihnen zugewiesenen Rollen mit mehr oder minder großem Engagement erfüllen, können auf die an sie herangetragenen Erwartungen eingehen oder nicht eingehen, können bestimmte Freizeitgestaltungsvorschläge wahrnehmen und von gewissen Angeboten des Marktes Gebrauch machen. Aus dieser Mannigfaltigkeit und Fülle von sozialen Aktionsradien, insbesondere auch aus der Vielfalt der daraus abzuleitenden Anforderungen und Gestaltungsmöglichkeiten, die teils deckungsgleich oder ähnlich, teils widersprüchlich, gegensätzlich oder schlicht miteinander unvereinbar sind, ergibt sich quasi die Dauersituation des Wählen-Könnens und Entscheiden-Müssens, aber auch

---

[148] Vgl. Anm. 30.

[149] Vgl. W. WEIDENFELD, *Vorwort* zu: P.L. BERGER / TH. LUCKMANN, *Modernität, Pluralismus und Sinnkrise. Die Orientierung des modernen Menschen*, Gütersloh 1995, 5-7, 5.

das Dauerverlangen nach grundlegenden Daseinsorientierungen und integrativen Leitideen.[150] Auf welchen vereinbaren Sinn-Nenner kann das Gefordertsein in verschiedenen "Welten" mit z.T. sich widersprechenden Sinn- und Zwecksetzungen gebracht werden, wie kommt der Mensch, der in unterschiedlichsten Beziehungen und Bezügen zu leben und zu agieren hat, zu seiner eigenen stabilen Identität und Lebensgeschichte? Die Differenzerfahrungen, die sich aus der Unterschiedlichkeit der partiell wahrgenommenen bzw. ausgefüllten und individuell-persönlich interpretierten Rollen einerseits und der ständigen Diskrepanz zwischen Rollenerwartung, Fremdzuschreibung und Selbstwahrnehmung andererseits ergeben, verlangen nach Sinnintegralen für die rollenimmanent-partikularen Sinn- und Zweckbestimmungen, d.h. nach Welt-, Lebens- und Sinndeutungshorizonten, die der Aufsplitterung menschlicher Lebensgeschichten in Erfahrungs- und Erlebnisfragmente durch Bereitstellung eines Sinnganzen entgegenwirken.

Aus kulturgeschichtlich-religionssoziologischer Perspektive liegen solche Sinnintegrale überall dort vor, wo eine Gesellschaft auf integrativ funktionierende Regelwerke von Werten und Normen, auf Sinngebungsakte für soziales Handeln bzw. auf ein System verfestigter symbolischer Wirklichkeiten, die dem Menschen Sinn vermitteln, zurückgreifen kann, kurz: wo einem bestimmten Verständnis zufolge als "zentrale Dimension von Gesellschaft"[151] die Religion zu stehen kommt. Obgleich zunächst an Beobachtungen zu der Struktur und der gesellschaftlichen Funktion institutionalisierter Religions- bzw. Glaubensgemeinschaften gewonnen[152], ist diesem Religionsverständnis die Leistungsfähigkeit zu attestieren, umgekehrt auch von der religiösen Funktion auf "Religion" selber schließen - und insofern Religion auch außerhalb großer und kleinerer Glaubensgemeinschaften ausmachen zu können: Sie liegt eben auch dort vor, wo sie nicht explizit als solche entworfen, thematisiert und kommuniziert wird, sondern vielmehr als enkulturierte oder auch gänzlich "unsichtbare"[153] dem Sinndeutungsverlangen des modernen Menschen entspringt, entspricht und entgegentritt.

Es wird also keineswegs die Kulturmächtigkeit von christlicher Religion und Kirche in Abrede gestellt. Die teilweise Versäulung etwa der bundesdeutschen Gesellschaft auf christlich-abendländischen Werten und Normen kann ebensowenig bezweifelt werden wie die Transformation jüdisch-christlicher Traditionen und Lehrinhalte hin zu weitestgehend anerkannten und geltenden ethischen Grundsätzen und religiösen Ideen; auch die Beteiligung der christlichen Religion an jenen Emanzipations- und Aufklärungsprozessen, die die gegenwärtige Sachlage einer säkularisierten pluralistischen Gesellschaft mitgeschaffen haben, ist unbestritten.

Dennoch muß zugestanden werden, daß für diese säkularisierte Gesellschaft ein *religiöser Pluralismus* bezeichnend geworden ist, der bei weitem jene gesellschaftliche

---

[150] Vgl. W. HUBER, *Die Sinnfrage in der säkularisierten Gesellschaft: Transzendenz, Religion und Identität*, in: W. WEIDENFELD / D. RUMBERG (Hg.), *Orientierungsverlust - Zur Bindungskrise der modernen Gesellschaft*, Gütersloh 1994, 45-57.

[151] J. HACH, *Gesellschaft und Religion in der Bundesrepublik Deutschland*, Heidelberg 1980, 11.

[152] Vgl. N. LUHMANN, *Funktion der Religion*, Frankfurt/Main 1977.

[153] Vgl. TH. LUCKMANN, *Die unsichtbare Religion*, Frankfurt a. Main 1991.

4.3 Alltagskultur und Zeitdiagnostik, Menschenkenntnis und Gegenwartshermeneutik

Situation überwunden hat, in der auf demselben Territorium organisierte religiöse Gruppen mit unterschiedlichen bzw. voneinander abweichenden, bisweilen auch miteinander unvereinbaren Glaubenssystemen koexistieren. Die Sinn-Interpretation der Wirklichkeit ist nicht länger Domäne der Kirchen und Sekten, der Ideologien, Weltanschauungen und Philosophien; stattdessen wird sie als frei erhältliches Produkt auf dem Markt der Wahlmöglichkeiten angeboten, in Reinkultur (Buddhismus), als Mischgewebe (New-Age), als geheimnisumwitterte verbotene Ware (Scientology) oder in der Light-Variante (Esoterik).[154] Vielleicht noch bedeutsamer ist freilich, daß sie auch innerhalb der *kleinen Welten* vorgenommen wird, in die der moderne Mensch wahl- und zwangsweise (s.o.) eintaucht.

Wenn eine Kinobesucherin am Ende der Vorstellung von *König der Löwen* gerührt preisgibt, im verdunkelten Saal den Fragen nach wahrer Größe und wahrem Menschsein etwas nähergekommen zu sein[155], wenn ein Talkshowgast vor Millionen Zuschauern unter Tränen von seiner großen und einzigen Liebe erzählt und dies der daheim beim Wäschebügeln fernsehenden Hausfrau zu Balsam für die Seele wird, wenn die Leserin einer Frauenzeitschrift, die den Rat erhält, ihre Sinnkrisen einmal auf einer Wellnessfarm oder in einem Cluburlaub zu meistern, dies dann auch tatsächlich noch tut, wenn ein arbeitsloser Jugendlicher aus dem vollen Brustton der Überzeugung heraus erklärt, für ihn gäbe es nur Trost, wenn Schalke am nächsten Samstag gewinnt - dann ist in diesen *kleinen Welten* tatsächlich, ob man es nun wahrhaben möchte oder nicht, Sinn gestiftet worden.[156]

Die Frage nach dem Lebenssinn des modernen Menschen: es ist die Frage nach dem Autoschlosser, der tagsüber pflichtschuldig seinen Beruf bei einem großen PKW-Händler auszufüllen hat, um auf dem Nachhauseweg den Stand einer Bürgerinitiative zu passieren, die der Umwelt zuliebe eine radikale Einschränkung des Kraftfahrzeugverkehrs einfordert, oder: die Frage nach der Sekretärin, die seit Wochen nicht nur an der Treue ihres Ehegatten, sondern auch an ihren eigenen Mutterqualitäten zweifelt, die kurz davor ist, davonzulaufen, um dann im Kreise ihrer Arbeitskolleginnen die Videoaufzeichnung von *Brücken am Fluß* zu sehen, in der das durchhaltende Verweilen in der Familie als Weisheit letzter Schluß propagiert wird, oder: die Frage nach dem Gymnasiasten, der in der Schule verantwortungsbewußt und ehrgeizig mitarbeitet, um sich dann in den Sommerferien auf Mallorca der *Fun-Maxime* hinzugeben.

---

[154] Die in Klammern gesetzten Beispiele könnten beliebig fortgesetzt werden!

[155] Dieses und weitere vergleichbare Beispiele überzeugend präsentiert und analysiert hat B. BRINKMANN-SCHAEFFER, *Kino statt Kirche?*, aaO. 77-221.

[156] Ähnliches läßt sich für zahlreiche andere "kleine Welten" sagen; vgl. M. MOTTÉ, *Auf der Suche nach dem verlorenen Gott. Religion in der Literatur der Gegenwart*, Mainz 1997; Stuttgart 1996; F. WITTEKIND, *Das Diesseits der Erinnerung. Religiöse Deutungsmuster des Lebens in Rosamunde Pilchers Roman "Die Muschelsucher"*, PT 30, 1995, 187-195; F.T. BRINKMANN, *Comics und Religion. Das Medium der Neunten Kunst in der gegenwärtigen Deutungskultur*, Stuttgart 1999; W. GRÄB, *Die gestaltete Religion. Bizer'sche Konstruktionen zum Unterricht als homiletische und liturgische Übung*, in: DERS. (Hg.), *Religionsunterricht jenseits der Kirche?*, 69-82, bes. 79f.

Mensch und Gegenwart, oder: Wem? und Wohin?

Der moderne Mensch pendelt nicht nur zwischen Rollen und Betätigungsfeldern bzw. zwischen Lebensbereichen, -abschnitten und -perspektiven, sondern auch zwischen Sinn- und Symbolwelten hin und her. Wo immer er ist, begegnen ihm symbolisch verdichtete Sinnkonstruktionen, oder besser: Texte, Rituale, geregelte Handlungsabläufe, Zeichenkonvolute, vor deren Hintergrund er sich und seinen Sinn erschließen kann. Und indem er auswählt, bevorzugt, ablehnt, aneignet oder gleichgültig bleibt, interpretiert er, verhält sich interaktiv deutend und im Erleben selbstdeutend.

Sich dem eigenen Selbst zuwenden und nach dem *Er*leben fragen - dies kann der *homo oeconomicus* deswegen tun, weil er längst schon vom Kampf um das *Über*leben entlastet wurde. Mit dem Schwinden der alten Klassengegensätze, dem Struktur- bzw. Konturenverlust der alten Schichtmilieus, den Bedeutungseinbußen der traditionell-bürgerlichen (Kern-)Familie, der Entstandardisierung von Lebensläufen sowie der Rückläufigkeit von Fragen nach dem Gebrauchswert zugunsten einer Betonung des Unterhaltungswertes gehen die Sachverhalte *Individualisierung* und *Aesthetisierung der Lebenswelt* einher. Dies hat dazu beigetragen, daß der Begriff des *Lebensstils* in soziologischen Arbeiten zu einer Primärkategorie aufstieg und Erklärungsmodelle gesellschaftlicher Realität befürwortete, die sich weniger an sozialen Schichtungen denn an Lebensstilen orientieren. Erstaunlich ist freilich, daß das Resultat nicht aus einer Feststellung eines unbegrenzten Pluralismus von Lebensstilen besteht:

1992 war von Gerhard Schulze unter dem bezeichnenden Titel "Die Erlebnisgesellschaft"[157] eine Untersuchung über den Wandel des Alltagslebens in der Gegenwart vorgelegt worden, und zwar anhand der Leitfragen *"Wie deuten die Menschen die Wirklichkeit? Welche Gruppen bilden sie? Mit welchen Symbolen verständigen sie sich? Was betrachten sie als den Sinn ihres Lebens?"*[158]. De facto hatte er das Zustandekommen von Bindungen, Milieus und Schichten auf der Grundlage der bereits genannten Beobachtung erläutert, daß der moderne Mensch sich interpretierend, interaktiv deutend und im Erleben selbstdeutend verhält, indem er auswählt, bevorzugt, ablehnt, aneignet oder gleichgültig bleibt (s.o.). Im Vordergrund stand dabei die Annahme, daß unsere Gesellschaft in eine überschaubare Anzahl sozialer Großgruppen segmentiert ist"[159], die imstande sind, Variabilität einzuschränken, Chaos zu verhindern und den Menschen zu erleichtern, " eine Idee davon zu entwickeln, wer sie selbst eigentlich sind"[160]. Schulze bezeichnet diese Personengroßgruppen als *soziale Milieus*, die sich durch Beziehungswahl bzw.

---

[157] G. SCHULZE, *Die Erlebnisgesellschaft. Kultursoziologie der Gegenwart*, Frankfurt ⁵1995.

[158] Aus einem Gespräch mit G. Schulze, zitiert nach: J. GÜNTNER / T. LEIF, *"Innere Ziele mit äußeren Mitteln verfolgen". Gerhard Schulze und die Erlebnisgesellschaft*, in: Die neue Gesellschaft. Frankfurter Hefte 40, 1993, 349-354, 352.

[159] G. SCHULZE, *Die Erlebnisgesellschaft*, aaO. 171.

[160] Ebd.

4.3 Alltagskultur und Zeitdiagnostik, Menschenkenntnis und Gegenwartshermeneutik

durch die humane Selbstzuordnung zu bestimmten alltagsästhetischen Schemata[161] gebildet haben, "voneinander durch erhöhte Binnenkommunikation abge-grenzt sind und typische Existenzformen aufweisen"[162]; er erläutert: "Soziale Milieus sind Gruppen von Menschen, die nach einem ähnlichen Muster denken und leben. Was als erstes auffällt, wenn man die Konstellation von Milieus in unserer Gesellschaft betrach-tet, ist die überragende Bedeutung von Alter, Bildung und Lebensstil. Warum ist das so? Es handelt sich dabei um Merkmale, die an der Oberfläche liegen. Die Menschen lesen diese Merkmale wie Zeichen, die sie auf das hinweisen, was sie an den anderen hauptsächlich interessiert: ihr Innenleben, ihre Erlebnisformen. In der Erlebnisgesell-schaft bilden sich soziale Milieus als Gruppen mit ähnlicher Erlebnisorientierung. (...)"[163]

Insgesamt werden von Schulze deren fünf genannt: "Eine dieser Gruppen bezeichne ich beispielsweise als Selbstverwirklichungsmilieu: Das sind die jüngeren Gebildeten. Sie orientieren sich an der Vorstellung ihrer Einzigartigkeit; ihr Erlebnisprojekt besteht darin, das auszuleben, was sie sich als ihren inneren Kern vorstellen. Unter anderem drückt sich dies in musikalischen Stilformen und Aufführungspraktiken aus, die Spontaneität und Individualität betonen, (...) oder in der Kleidung, in der Wohnungseinrichtung, in der Körperkultur, im Gesprächsstil. (...) Aber es gibt noch andere wichtige Gruppen, etwa die Älteren und wenig Gebildeten, die man als Harmoniemilieu bezeichnen könnte. Hier ist man gerade nicht auf das Erlebnis von Selbstverwirklichung aus, sondern auf das Erlebnis der Zugehörigkeit zu einer Gemeinschaft. Alles soll eine einfache Ordnung haben, als deren Teil man sich selbst erleben will. Diesem Streben nach Harmonie und Gemeinschaft entsprechen die musikalischen Formen von Volksmusik und deutschem Schlager, die Geschichten der Boulevardzeitungen, rustikale Wohnungseinrichtungen u.a."[164] Hinzu kommen drei weitere Milieus mit je typischen Manifestationen in der Alltagserfahrung, alltagsästhetischen Präferenzen und Distanzierungen, Genußschemata, Lebensphilosophien und Distinktionen, nämlich das Niveaumilieu, das Integrationsmilieu und das Unterhaltungsmilieu. Jedem dieser Milieus ordnet Schulze ein Erlebnisparadigma zu: dem Niveaumilieu die Nobelpreisverleihung, dem Integrationsmilieu die nette Runde, dem Harmoniemilieu die Hochzeit ("in weiß, mit Kutsche"), dem Selbstverwirklichungsmilieu das Künstlerdasein sowie dem Unterhaltungsmilieu eine

---

[161] Alltagsästhetische Schemata "legen erstens fest, was normalerweise zusammengehört, statten zweitens die als ähnlich definierten Zeichen mit zeichenübergreifenden Bedeutungen aus und erheben drittens beides zur sozialen Konvention. (...) Die Abgrenzung zusammengehöriger Zeichengruppen ist kulturelles Allgemeingut" (ebd. 128). "Das Hochzeitsbild vor der Schloßkulisse paßt nach unserer Einschätzung besser zu Volksliedern als zur >>Todesfuge<< von Paul Celan. Diese gehört in dieselbe Kategorie wie Schillers Ode an die Freude. Der Killer im Action-Film hat größere Verwandtschaft mit Donald Duck als beispielsweise mit den Helden der griechischen Mythologie, so killerhaft sie in den alten Texten auch dargestellt werden mögen." (ebd. 127)

[162] Ebd. 169f.

[163] Ebd. 353f.

[164] Ebd. 353f.

Swimmingpoolszenerie ("Millionär mit schöner Frau und Longdrink am Rande des eigenen Swimmingpools in Miami Beach, ein Handy-Telefonat führend").

Das Schulze-Modell, das erstaunlich geringe Unschärfen bzw. unscharfe Ränder aufweist, kann sich bei angemessener und sachkundiger Inanspruchnahme auch für den hier diskutierten Predigtvorbereitungsteil: *Gegenwartserkundung* als außerordentlich hilfreich erweisen; es schafft die Grundlage dafür, aus einer bestimmten Fülle an Beobachtungen gewisse weitere Schlüsse zu ziehen.[165]

> Bei den bereits angedeuteten drei Beispielen bleibend: Es gilt nicht allein, den Autoschlosser, der den Stand der Bürgerinitiative tatsächlich nur passiert, ohne sich deren Vorschläge anzueignen, dem Harmoniemilieu zuzurechnen, sondern zugleich auch von der Wahrscheinlichkeit seines Strebens nach Geborgenheit und heiler Welt, seiner geringen Reflexivität sowie seiner relativ hohen Lebenszufriedenheit auszugehen. Ebensowenig sollte es genügen, die Sekretärin, die der in netter Runde rezipierten Videoaufzeichnung von *Brücken am Fluß* wirklich Bedeutung beimißt, lediglich im Integrationsmilieu zu verorten; ihr müßte etwa unterstellt werden dürfen, daß sie nach Konformität strebt, exzentrische und barbarische Verhaltensweisen ablehnt und sich verhältnismäßig gut selbst zu inszenieren versteht. Und auch hinsichtlich des Gymnasiasten, der dem Treiben auf Mallorca gegenüber höchst aufgeschlossen ist, reicht es nicht, die Zugehörigkeit zum Unterhaltungsmilieu oder Selbstverwirklichungsmilieu festzustellen, ohne dabei die entsprechende antikonventionelle Tendenz, die Suche nach Abwechslung und die narzistische Lebensphilosophie mitzubeachten.

Wenn nun aber wirklich aufgrund einer Reihe von Beobachtungen an Menschen auf deren Milieu (und somit auch auf deren alltagsästhetische Schemata und Lebensphilosophien, auf Distinktionen, Sehnsüchte und Erlebnisparadigmen) geschlossen werden kann, dürften auch die typischen Sinnfindungsstrategien, Mentalitäten und Lebensperspektiven, die betreffenden symbolisch verdichteten Sinnkonstruktionen und die jeweiligen Sinn- bzw. Symbolwelten dieser Menschen greifbar gemacht und in die Überlegungen der Predigtvorbereitung einbezogen werden können. Aber wie werden diese nunmehr greifbar gemachten bzw. in ihrer Bedeutsamkeit realisierten Sinn- und Symbolwelten anderer für eine bevorstehende Predigt hermeneutisch angemessen erschlossen?

Um die besondere Ausgangslage der Predigenden noch einmal anschaulich zu machen: Die Schar ihrer Hörenden besteht aus Menschen, die in einer säkularisierten, pluralistischen, medial konstituierten (Erlebnis-)gesellschaft leben. Es sind Menschen, die bestimmte Dinge bevorzugen, manche ablehnen, sich weiteren gegenüber gleichgültig stellen, Menschen, die verschiedene Rollen spielen und unterschiedlichen Erwartungen gerecht werden müssen. Es sind Menschen, die etwa montags Fernsehen oder dienstags Karten spielen, mittwochs ausgehen oder donnerstags daheim Zeitschriften lesen, freitags sich mit dem Kegelverein treffen oder samstags ihren geliebten Opel waschen und danach die Sportschau sehen. Es sind Menschen, die in ihrem Lebensstil einen Teil des Lebenssinnganzen wiederfinden, Menschen, die von Frauenzeitschriften

---

[165] Vgl. als erste Orientierung die tabellarisch-eklektische Übersicht in Anlage II.

4.3 Alltagskultur und Zeitdiagnostik, Menschenkenntnis und Gegenwartshermeneutik

oder Männerbüchern, von Kinofilmen oder Groschenromanen eine Hilfestellung erfahren hinsichtlich einer Beantwortung der Frage, was denn "der einzige Trost im Leben und im Sterben" ist. Es sind Menschen, die ihre Identität nicht unbedingt mehr über die Zugehörigkeit zu einer Konfession, einer Schicht, einer Familie gewinnen, Menschen, für die der Sonntagsgottesdienst eben nur eine Sonntagsveranstaltung ist, die neben anderen Freizeitgestaltungsmöglichkeiten gleichberechtigt zu stehen kommt.

Wenn es nun - einen vorherigen Gedankengang noch einmal aufnehmend (s.o. Pkt. 4.1) - in der Predigt wirklich darum gehen soll, einerseits historische und gegenwärtige Situationen bzw. überlieferte und zeitgenössische Lebensdeutungsperspektiven miteinander ins Gespräch zu bringen, andererseits aber auch im Brennpunkt dieses Gespräches die Überzeugung zu artikulieren, daß die christliche Religion das Dasein des modernen Menschen, fragmentarische Erfahrungen, Momentaufnahmen, Lebensaugenblicke, mit einer integralen Deutung von quasi letztinstanzlicher Gültigkeit zu versehen vermag, dann muß auch ein Wissen um die Besonderheit des Gegenüber und seiner Situation vorliegen. Ein solches Wissen mag sicherlich in Anwendung der genannten kultursoziologischen Milieutheorien anteilig zu erlangen sein. Gleichwohl steht und fällt diese Anwendung mit ihren Voraussetzungen und Grundlagen, sprich: mit der Qualität (und Quantität) der zuvor gemachten Beobachtungen. Doch neben der erwarteten Mahnung vor allzu rasch - etwa auf der Basis von drei oder vier Daten - ermittelter Milieuzugehörigkeit ist vor allem auch die Warnung von Belang, bei der Beantwortung der Frage nach Mentalität, Lebensperspektive oder gar *Sinnwelt* nicht einfach Beschriebenes mit Verstandenem zu verwechseln. Wer bspw. bei einem Hausbesuch die Beobachtungen macht, daß Häkeldeckchen auf dem Fernseher liegen, der röhrende Hirsch über dem großgemusterten, wuchtigen Sofa hängt, rustikale Eichen(furnier)möbel voller Souvenirs Gemütlichkeit versprechen, im flimmernden Fernseher ein Daily-Talk läuft und der Bücherschrank mit kunstlederberückten Videofilmen bestückt ist, darf sicherlich die Vermutung äußern, daß dort Menschen aus dem Harmoniemilieu leben - aber begriffen hat er diese "Welt" damit ebensowenig wie die Menschen, die sich dort eingerichtet haben. Das geschieht erst dann, wenn von einer solch "dünnen Beschreibung" zu einer "dichten Beschreibung", von einer sinnlichen Erfassung zur "teilnehmenden Beobachtung" übergegangen wird.[166] Wahres Verstehen beruht nicht auf der Fähigkeit, Fakten zu sammeln und vor dem Hintergrund eines Theoriemodells auszuwerten, sondern auf der Bereitschaft, sich selber einzulassen auf zunächst befremdliche Handlungen und unbegriffene Zusammenhänge.

Vereinfacht formuliert: Wer wissen möchte, wer seine Hörenden sind und was ihre Situation ist, sollte in ihre Welten miteintauchen, ihre Zeitschriften lesen, ihre Filme sehen, und immer wieder: mit ihnen so reden, daß sie zu Wort und Ausdruck kommen können, wie ihnen "der Schnabel gewachsen" ist. Voller Feingefühl selbstverständlich. Ohne wissenschaftliche Überheblichkeit, ohne Bildungsdünkel, ohne theologische Voreingenommenheit. Dann dürfte sich alsbald nicht nur eine Antwort auf die Frage, woran

---

[166] Vgl. C. GEERTZ, *Dichte Beschreibung. Beiträge zum Verstehen kultureller Systeme*, Frankfurt ³1994; H.-G. SOEFFNER, *Die Ordnung der Rituale. Die Auslegung des Alltags* 2, Frankfurt ²1995.

sich die Sinnsuche oder gar religiöse Sehnsucht der Gegenüber abarbeitet, einstellen, sondern vielleicht gar die persönliche (Predigt-)Kompetenz, das eigene Anliegen, die eigene (christlich-religiöse) Lebensdeutungsperspektive nicht nur in dem Milieu zur Sprache zu bringen, dem man selber als moderner Mensch in einer säkularisierten, pluralistisch verfaßten, medial konstituierten Gegenwart angehört!

4.4 Literatur zur Weiterarbeit und Vertiefung
(zusätzlich zu den im Text sowie im Literaturverzeichnis aufgeführten Werken)

allgemein:
W. GRÄB, *Predigt als Mitteilung des Glaubens. Studien zu einer prinzipiellen Homiletik in praktischer Absicht*, Gütersloh 1988
W. TRILLHAAS, *Die wirkliche Predigt* (1963), zuletzt in: A. BEUTEL / V. DREHSEN / H.M. MÜLLER, *Homiletisches Lesebuch. Texte zur heutigen Predigtlehre*, Tübingen ²1989,13-22

ad 4.1:
J. HENKYS, *Predigtmeditation. Terminologisches zu einer Aufgabe*, PTh 69 (1980), 2-13
M. SEITZ, *Zum Problem der sogenannten Predigtmeditationen* (1969), in: A. BEUTEL / V. DREHSEN / H.M. MÜLLER, *Homiletisches Lesebuch*, aaO. 141-151
J. TOLK, *"Predigtarbeit" zwischen Text und Situation*, München 1972

ad 4.2:
H.-J. BENEDICT, *Verkündigung als Information - Zehn Jahre danach*, in: PTh 69 (1980), 338-341
K. FECHTNER, *Gemeinde leben spätmodern. Überlegungen zu einem protestantischen Mythos und zu einer Sozialgestalt des Christentums*, in: A. GRÖZINGER / J. LOTT (Hg.), *Gelebte Religion. Im Brennpunkt praktisch-theologischen Denkens und Handelns* (FS G. Otto), Rheinbach 1997, 207-224
W. JETTER, *Wem predigen wir?Notwendige Fragen an Prediger und Hörer*, Stuttgart 1964
K.-P. JÖRNS, *Die neuen Gesichter Gottes. Was die Menschen heute wirklich glauben*, München 1997
J. KLEEMANN, *Einleitung zu "Verkündigung und Kommunikation"*, in: *Handbuch der Praktischen Theologie* Bd. 2, Gütersloh 1981, 35-47

ad 4.3:
H. ALBRECHT, *Die Religion der Massenmedien*, Stuttgart 1993
P.L. BERGER, *Sehnsucht nach Sinn. Glauben in einer Zeit der Leichtgläubigkeit*, Frankfurt a. Main, 1995
N. BOLZ / D. BOSSHART, *Kult-Marketing. Die neuen Götter des Marktes*, Düsseldorf 1996

V. DREHSEN, *Neuzeitliche Konstitutionsbedingungen der Praktischen Theologie. Aspekte der theologischen Wende zur sozialkulturellen Lebenswelt christlicher Religion*, Gütersloh 1988

W. ENGEMANN, *Die Erlebnisgesellschaft vor der Offenbarung - ein ästhetisches Problem? Überlegungen zum Ort und zur Aufgabe der Praktischen Theologie heute*, in: A. GRÖZINGER / J. LOTT (Hg.), *Gelebte Religion*, aaO. 329-351

W.-E. FAILING / H.-G. HEIMBROCK, *Gelebte Religion wahrnehmen. Lebenswelt-Alltagskultur-Religionspraxis*, Stuttgart 1998

L. FERRY, *Von der Göttlichkeit des Menschen, oder: Der Sinn des Lebens*, Wien 1997

W. GRÄB, *Religion in der Alltagskultur*, in: A. GRÖZINGER / J. LOTT (Hg.), *Gelebte Religion*, aaO. 30-43

DERS., *Auf den Spuren der Religion. Notizen zur Lage und Zukunft der Kirche*, in: ZEE 39 (1995), 43-56

DERS., *Lebensgeschichten-Lebensentwürfe-Sinndeutungen. Eine praktische Theologie gelebter Religion*, Gütersloh 1998

E. HAUSCHILDT, *Individualisierung und Standardisierung der Religion*, in: A. GRÖZINGER / J. LOTT (Hg.), *Gelebte Religion*, aaO. 15-29

D. KORSCH, *Religion mit Stil. Protestantismus in der Kulturwende*, Tübingen 1997

P. KOSLOWSKI / R. SPAEMANN / R. LÖW (Hg.), *Moderne oder Postmoderne? Zur Signatur des gegenwärtigen Zeitalters*, Weinheim 1986

M. KRÜGGELER / F. STOLZ (Hg.), *Ein jedes Herz in seiner Sprache... Religiöse Individualisierung als Herausforderung für die Kirchen*, Zürich / Basel 1996

J. LOTT, *"Religion und Lebensgeschichte" in praktisch-theologischen Handlungsfeldern. Zur Thematisierung von Erfahrungen mit Religion*, in: A. GRÖZINGER / J. LOTT (Hg.), *Gelebte Religion*, aaO. 157-174

H. LUTHER, *Religion und Alltag. Bausteine zu einer Praktischen Theologie des Subjekts*, Stuttgart 1992

N. METTE, *Soziologisch aufgeklärte (praktische) Theologie? Bemerkungen zur Bedeutung der Soziologie für die Erarbeitung einer Praktisch-theologischen Hermeneutik*, in: D. ZILLEßEN / S. ALKIER / R. KOERRENZ / H. SCHROETER (Hg.), *Praktisch-theologische Hermeneutik. Ansätze-Anregungen-Aufgaben* (FS H. Schröer), Rheinbach 1991, 265-275

4.5 Leitfragen als Hilfestellung:
Die Erkundung von Gemeinde, Mensch und Gegenwart

(Der folgende Fragenkatalog erhebt keinen Anspruch auf Vollständigkeit, sondern möchte als Anregung aufgefaßt werden)

In welcher Gemeinde ist die Predigt zu halten? Wie heißt diese Gemeinde, welchen "Seelen"umfang hat sie?

Wo liegt diese Gemeinde? In welcher Stadt, welcher Region, welchem Viertel?

Mensch und Gegenwart, oder: Wem? und Wohin?

Wie setzt sich nun die Gemeinde zusammen? Liegen Zahlenübersichten vor, die etwas über diese Zusammensetzung verraten? Welche Altersgruppen sind wie - zahlenmäßig und geschlechterspezifisch - vertreten? (-> Gemeindestatistiken)

Finden diese "Zahlen" ihre Entsprechung in der Gottesdienstgemeinde? Auf welche Erhebungen und Zählungen kann hier zurückgegriffen werden? (-> Gottesdienststatistiken)

Was kann über das Sozial- und Bildungsniveau sowohl der Gemeindeglieder als auch der Gottesdienstbesucher gesagt werden? Gibt es Anhaltspunkte und Argumente, die diesbezüglich eine gerechte Einschätzung ermöglichen?

Wie muß über das Alter der Gemeinde geurteilt werden? (vgl. Tauf- und Beerdigungsstatisktiken sowie die Angaben des kirchlichen Meldewesens bezüglich der Zu- und Weggezogenen; fernerhin städtisch-kommunale Erhebungen über die Wohnatraktivität der Region in Bezug auf Kinder, kinderreiche Familien, Senioren, Singlehaushalte etc.)

Gibt es eine klare Rollenverteilung bzw. eine Hierarchie in der Kirchengemeinde? Wer gibt in der Gemeinde "den Ton an", wer ordnet sich bei oder gar unter? In welchen Zahlen, in welchen Relationen, in welchen Strukturen bringt sich dies zum Ausdruck? (Stichwort: Alteingesessene Familien, Cliquen, regionales Vereinswesen usw.)

Wie wird der Gottesdienst gefeiert?

Auf welches Verhalten der Gottesdienstbesuchenden ist besonderes Augenmerk zu richten?

Wie kann der Andachtstil beschrieben werden?

Werden Erwartungen an Predigende oder Predigt gestellt? Welche davon werden explizit geäußert, welche liest man "zwischen den Zeilen", welche erfährt man erst "hintenrum"?

Womit haben die Gottesdienstfeiernden Schwierigkeiten? Wie lassen sich diese Schwierigkeiten benennen? (Verständnis- bzw. Kommunikationsprobleme allgemein, Schwierigkeiten inhaltlicher Art mit manchen Predigten, "menschlicher" Art mit manchen PredigerInnentypen)

Welche Sprache sprechen diese Menschen? (Sprachcode eher elaboriert oder eher restringiert, eher analog oder eher digital, eher metaphorisch-symbolisch oder eher linear-gegenständlich?)

4.5 Leitfragen als Hilfestellung: Erkundung von Gemeinde, Mensch und Gegenwart

Was wird eigentlich - zunächst allgemein und pauschal - über die Mentalität der in der betreffenden Region lebenden Menschen gesagt? (vgl. etwa die sogenannte bodenständige Taubenzüchtermentalität im Ruhrgebiet oder die angebliche gesellige Weinseligkeit der Gemütsmenschen im Rheingau)

Auf welche Geschichte blickt insbesondere die Gemeinde zurück?

Welche Lebensgeschichten oder -episoden sind von einzelnen Gemeindegliedern bekannt?

Welche Fragen, Hoffnungen, Wünsche und Erwartungen werden in Gesprächen explizit thematisiert - welche nicht? (Arbeitslosigkeit, Geldsorgen, gesundheitliche Probleme, Zukunftsängste, Amusement, Unterhaltung, Geselligkeit etc., aber auch jeweils das Gegenteil)

Kann auf die Lebenseinstellung oder auf einzelne Charakterzüge von Gemeindegliedern geschlossen werden? (Zufriedenheit, Fatalismus, Genügsamkeit, Anspruchsdenken, Ehrgeiz, Fortschrittsoptimismus, Unbescheidenheit, Zerstreuungsbedürfnis etc.)

Welches Freizeitverhalten legen Gemeindeglieder an den Tag? Wie verbringen sie die ihnen verbleibende Zeit in der Woche, am Feierabend, in den Ferien? In welchen Vereinen, Runden, Gastronomien, Lokalitäten verkehren sie? Was tun sie dort?

Lassen sich die Menschen Gruppen zuordnen, *die sich durch Beziehungswahl und Selbstzuordnung zu bestimmten alltagsästhetischen Schemata gebildet haben, voneinander durch erhöhte Binnenkommunikation abgegrenzt sind und typische Existenzformen aufweisen?*

Welchen sozialen Milieus sind die Gemeindeglieder zuzuordnen? Welche Milieus wiegen über?

Was ist "typisch" für dieses Milieu bzw. für diese Menschen?

Welches Erlebnisparadigma ist vorherrschend?

Woher beziehen die Menschen dieser Gemeinde ihre Antworten auf die Fragen nach dem Woher, Wozu, Wohin und Warum (etc.)? Womit trösten sie sich? Was gibt ihrem Leben Sinn?

Wie lassen sich die Sinnfindungsstrategien und Lebensdeutungsperspektiven der Menschen pointieren?

Was ist die gegenwärtige "Situation"?

FÜNFTE STATION

PREDIGTSKOPUS UND BOTSCHAFT

PREDIGTSKOPUS UND BOTSCHAFT,
oder: Wozu? und Was?

5.1 Der Predigt Stoff und Sprache.
Christlich-kirchliche Rede und parteiliche Verständigung

Wie entsteht eine Predigt? Einem klassischen Modell zufolge etwa so, daß man die Fragen nach dem *Wer?*, *Wo und Wann?*, *Worüber?* und *Wem?* abschreitet, sodann zur Konstruktion des *Was?* übergeht und in einem abschließenden Arbeitsgang das *Wie?* ermittelt und perfektioniert. Schon Wilhelm von Auvergne (ca. 1180-1249) hatte in seinen homiletischen Arbeiten[167] mit den lateinischen Fragepartikeln *Quis? Ubi? Quando? Quibus? Quid? Quomodo?* die entscheidenden Komponenten einer Predigtvorbereitung - wenngleich mit einer gewissen Tendenz zur Formalisierung, so doch immerhin schlüssig und plausibel - pointiert und auf Nutzbarkeit hin präzisiert. Wer seinen Empfehlungen folgt bzw. die Anregungen vorangegangener Gedankengänge ernstnimmt, sie studiert und auch, möglicherweise bei dem Versuch einer Bearbeitung der jeweils hintangestellten Fragenkataloge, kritisch reflektiert, müßte hinsichtlich der Predigtvorbereitung bereits vor einem gewissen Konvolut an Materialien und Zwischenresultaten stehen: Zumindest dürfte die Frage nach dem *Selbst* und dem *Ich* der Predigenden geklärt, Ort und Zeit der Predigt bzw. deren *gottesdienstlichen* und *kirchlichen Kontexte* erfaßt, der Bezugspunkt der Predigt, nämlich der *biblische Text* in seiner Umgebung, seiner Geschichte und seiner Wirkung erforscht sowie schließlich die Gemeinde, die Gegenwart und all dasjenige, was mit dem Terminus *Hörersituation* umrissen wird, erkundet sein. Und damit wäre zunächst der Weg zur Behandlung des *Quid?* und des *Quomodo?* geebnet. Aber was will mit einer Beantwortung dieser Fragen eigentlich erreicht werden? Wie sind sie selber gemeint, und worauf zielen sie ab?

Es scheint durchaus angebracht, der Beschäftigung mit dem *Was?* und *Wie?* des Predigens eine Besinnung voranzuschicken, die sich nicht nur dem Sinn, Ziel und Zweck dieser Fragen überhaupt, sondern vor allem auch ihrem Verhältnis zueinander eingehender widmet. Denn immerhin könnten die in Abfolge gestellten Fragen nach Inhalt und Form, Stoff und Gestaltung[168] zu der Annahme verleiten, daß sich diese Fragen auch sukzessiv, konsekutiv und separat beantworten lassen - was im zugegebenermaßen schlimmsten Falle die immer noch von einigen in Geltung und Gebrauch befindlichen homiletischen Handreichungen und Predigt(vorbereitungs)entwürfen signalisierte Überzeugung flankieren kann, daß es allein eine pointierte Botschaft plus eine gescheite

---

[167] V.a. *De rhetorica divina* und *De faciebus mundi*.

[168] Eigentlich ist mit dem *Was?* nicht nur die Frage nach dem nach dem *Was?* in der Predigt, dem sogenannten *Inhalt* eben gestellt, sondern auch die nach dem Gegenstand(sbezug) der Predigt (*Worüber?*); schließlich ebenso die Frage nach der Predigt selber, ihrem Wesen und ihrem Zweck.

Applikationsmethode, eine Sache plus einen Trick, eine Wahrheit plus ein Arsenal der Mittel braucht: eben eine "passende" Form für den Inhalt.[169]

Doch die "Trennung zwischen Form und Inhalt trägt nicht", wie Gert Otto[170] zutreffend dargelegt hat. Dies erweist sich nicht nur als schlüssig im Blick auf die Tatsache, daß die *Form* der Rede (bzw. das Wesen der Predigt selber) zu *inhalt*lich klar umrissenen Entscheidungen nötigt, sondern gerade auch hinsichtlich der besonderen Bedeutung sowohl bestimmter *Gestaltungsformen* als auch gewisser *formaler Umstände* für die (ästhetische) Wahrnehmung jeweiliger *Inhalte* durch die Rezipierenden: "Der nachles-bare Inhalt einer Rede ist etwas anderes und vermittelt etwas anderes als der Hörer einer Rede wahrnimmt. Die Rede ist nicht einfach der 'Text' der Rede, sondern die Summe aus Redetext, Darbietungsform und Wahrnehmung des Hörers. Redeweise und Rede-form, die Ausstrahlung des Redners oder der Hauch von Langeweile, der ihn umgibt, dies alles macht den geschriebenen Redetext erst zur Rede und gibt ihr einen gegenüber dem nachlesbaren Konzept veränderten, neuen Inhalt - eben den Inhalt, den der Hörer wahrnimmt."[171]

In dem Maße, in dem man erkennt, daß einerseits in der Praxis Intention und Wirkung, beabsichtigter Inhalt und wahrgenommener Inhalt auseinanderfallen, anderseits aber Zusammenhänge von Wesens- und Zweckbestimmung, Inhaltsklärung, Gattungsvorgabe und Form- bzw. Gestaltungswahl nicht mehr geleugnet werden können, stößt man zugleich an die Geltungsgrenzen der sich v.a. auf Alexander Schweizer beziehenden Unterscheidung von prinzipieller, materialer und formaler Homiletik: Wird nicht einer, der seine Predigt konzipiert, um Erbauung zu stiften (Priorität: Zweck), sowohl bei der Bearbeitung und Selektion des Materials bzw. der Inhalte als auch bei der Wahl der Präsentationsformen von dieser (prinzipiellen) Grundentscheidung beeinflußt sein? Weist nicht die auf eine angemessene Predigt abzielende präzise theologische Erforschung etwa eines paulinischen Briefabschnittes (Priorität: "Inhalt") unweigerlich auf die Fragen nach der Unterscheidbarkeit von gesprochenem und geschriebenen bzw. gelesenen Text, nach der Verknüpfung christlicher Lehrinhalte und rhetorischer Figuren, nach der von stilistischen Entscheidungen und Vorlieben gekennzeichneten Darbietung, nach der Identität bzw. Nichtidentität von etabliert religiösen Bekenntnissätzen und möglicherweise schlicht religionsproduktiven Aussagen, nach dem Gefälle von göttlichen Worten und menschlichen Meinungen? Und begegnet man nicht stets der Gattungsgeschichte und der Sitz-im-Leben-Forschung, die deutlich genug gezeigt haben, von welcher inhaltsprägenden Bedeutung und (prinzipiell) sinnkonstituierenden Bedeutsamkeit die *Formen* sind? Es ließen sich weitere Beispiele aus der Praxis heranführen, die doch alle dasselbe besagen würden: Was aus bestimmten (praktisch-)theologischen *Theorie*-Perspektiven, nicht zuletzt auch schon um der besseren Übersichtlichkeit willen Sinn macht, nämlich die prinzipiellen, materialen bzw. inhaltlichen sowie formalen

---

[169] Vgl. etwa U.V.D. STEINEN, *Rhetorik - Instrument oder Fundament christlicher Rede?*, in: Evangelische Theologie 39, 1979, 101f.

[170] Vgl. G. OTTO, *Predigt als Rede*, Stuttgart 1976, 57f.

[171] DERS., *Rhetorische Predigtlehre. Ein Grundriß*, Mainz 1999, 107.

5.1 Der Predigt Stoff und Sprache. Christlich-kirchliche Rede und parteiliche ....

Aspekte des homiletischen Geschäfts systematisch klar zu gliedern und separat hinsichtlich der jeweiligen Schlüssigkeit und Leistungsfähigkeit zu entfalten, ist um eine Erörterung gerade ihrer wechselseitigen Bedingungen und Durchdringungen zu ergänzen, sobald es um eine konkrete Predigt bzw. um die (jeweils) konkrete Predigt-(vorbereitungs)*praxis* geht. Denn sobald der Predigt abverlangt wird, daß in ihr etwas praktisch-faktisch zur Sprache kommt - was der Regelfall ist! -, sollte im Verlauf ihrer Vorbereitung gerade dem "sprachlichen Vorgang" Beachtung geschenkt, bzw. sein "Inhalt ebenso wie seine Ermöglichung und Verwirklichung" (u.a. durch formale Gestaltung) reflektiert werden.[172] Damit freilich wird der Regelfall der Predigtpraxis (Es soll etwas zur Sprache kommen) zum Sonderfall der "Redetheorie"; die Predigtdebatte wird um eine Dimension bereichert, deren Sinn und Bedeutung, Geltung und Tragweite schon innerhalb der Grenzen der betreffenden (nichttheologischen) Wissenschaftsdisziplin hart umstritten werden. Es handelt sich dabei um die Rhetorik!

Exakt hier aber sind die bereits eingeforderten Differenzierungen und Relationsbestimmungen vorzunehmen; sie sind nötig in Anbetracht aller gegenwärtig - auch im Diskursbereich: Predigt - vorfindlichen und gebräuchlichen, zugleich aber divergierenden Rhetorikbegriffe und -verständnisse, die wiederum besonders deutlich werden, wenn man sich die entsprechenden Auffassungen, Vorurteile, Vorwürfe und Mißverständnisse vor Augen hält: Wer unter Rhetorik lediglich eine Rednerkunst versteht, die sich der Schwächen von Menschen zu ihren eigenen Absichten bedient[173], wer ihr eine Verführung der Sinne durch Schönrednerei unterstellt[174], aber auch, wer ihre Dienste in Anspruch neh-men will, um eine *Sache* strategisch wirksam zu applizieren bzw. bestimmte Überzeu-gungen mit allen Mitteln zur Durchsetzung zu bringen[175], ist einem doppelten Irrtum zum Opfer gefallen. Der erste Irrtum besteht in der Verwechslung von Rhetorik und Manipu-lationspraxis; der zweite Irrtum liegt vor in der Gleichsetzung von einer sprachmächtig und -fähig werden müssenden Vernunft mit einer durch erlernbare Stiltechnik zu perfek-tionierenden Wortgewalt.

Es braucht also - nicht nur, aber hier besonders für den Spezialfall: Predigt - Reflexionen über Recht und Grenzen der Rhetorik, denn: "Rhetorik kann offensichtlich beides: die Menschen betören und damit unfähig machen, und die Menschen aufklären und damit entscheidungsfähig machen"[176]. Mit diesem Votum hatte Albrecht Grözinger das angedeutete Dilemma notiert, um sodann, vor dem Hintergrund einer notwendigen Unterscheidung zwischen instrumentell und hermeneutisch verstandener Rhetorik, sein unmißverständliches Plädoyer abzugeben: "Die Aufgabe der Rhetorik ist es also nicht -

---

[172] G. OTTO, *Predigt als Rede*, aaO. 36.

[173] Eine v.a. im Anschluß an Immanuel Kant formulierte These; vgl. H.F. PLETT, *Von deutscher Rhetorik*, in: DERS. (Hg.), *Die Aktualität der Rhetorik*, München 1996, 9.

[174] Dagegen u.a. W. JENS, *Von deutscher Rede*, (Erweiterte Neuausgabe) München 1983, 12f.

[175] Ein Beispiel hierfür ist U.V.D. STEINEN, *Rhetorik - Instrument oder Fundament christlicher Rede?*, aaO.

[176] A. GRÖZINGER, *Die Sprache des Menschen*, Gütersloh 1991, 72f.

wie dies bei einem instrumentellen Verständnis der Rhetorik der Fall ist - einen vorab festestehenden Inhalt nur noch geschickt an andere zu vermitteln, sondern die Rhetorik ist bereits im Akt des Entstehens von Inhalten selbst am Werk, insofern jeder Inhalt bereits immer schon in einer bestimmten Sprachform vorliegt und stets einer bestimmten Sprachform bedarf, um als Inhalt zu wirken."[177]

Der bereits mehrfach konstatierten unauflöslichen Wechselwirkung von Form und Inhalt korrespondiert die maßgebliche Erkenntnis, daß (hermeneutische) Rhetorik den Inhalt, den sie sprachlich gestaltet, erst konstituiert; Rhetorik kann ebensowenig im Besitz einer *Wahrheit* sein wie die Theologie im Besitz ihrer *Sache* (s.o.). Letztere ist vielmehr, wie Manfred Josuttis erklärt, die "wissenschaftliche Reflexion der Arbeit am religiösen Symbolsystem im Einflußbereich der biblischen Überlieferung, wobei sie im Einzelnen die Genese, die Funktion und die innere Struktur dieses Symbolsystems zu untersuchen hat", während erstgenannte auf die "wissenschaftliche Reflexion der Arbeit mit sprachlichen Symbolen, traditionellerweise bezogen auf öffentliche Angelegenheiten" abzielt.[178] Theologie und Rhetorik - sie haben nicht nur die Frage nach Sinn und Bedeutung (von Texten, Inhalten, Formen, Zeichen) gemeinsam, sondern vor allem auch die Auseinandersetzung mit der Kontingenz der Sprache: Es gibt keine *eigentliche* oder *wahre* Bedeutung von bzw. in Sätzen, Worten, Texten (usw.); Bedeutung ereignet sich in Kontexten, Szenen, Situationen, in Auseinandersetzungen und Dialogen.[179]

Vor dem Hintergrund dieser Beobachtungen muß sich nun ein homiletisches Programm verdichten, das in einer Bezugsetzung von Theologie und Rhetorik denjenigen eigenständigen Akt zum Thema macht, in dem einerseits "das überlieferte Symbolrepertoire der christlichen Religion in einem Ritual aktuelle sprachliche Gestalt gewinnen"[180], andererseits aus den sprachlichen Codierungen und Gestaltungen der Predigt Sinn und Bedeutung erschlossen werden kann (und soll). Besonders dem ersten Teil dieser doppelten Forderung haben die vorangegangenen Arbeitsschritte (Stationen) bereits implizit Rechnung tragen wollen, indem sie nach den Konstitutiva des eigenständigen (Predigt-)Aktes fragten, also nach der Person bzw. dem Ich auf der Kanzel, dem gottesdienstlichen bzw. kirchlichen Ort und Auftrag, dem biblischen Text und Kontext einschließlich seiner Wirkungs- und Auslegungsgeschichte sowie schließlich nach der gegenwärtigen Situation des Humanum. Nun aber gilt es, aus den ermittelten Antworten Konsequenzen abzuleiten, und zwar im Horizont der Erkenntnis, daß das Unternehmen der Predigt ein Vorgang ist, der es erforderlich macht, auf Sprache und Realität einzugehen.[181] Zunächst könnte dies schlicht bedeuten, die Predigt nicht länger mit einer Absicherung des Wortbestandes der etabliert religiösen Rede bzw. mit einer

---

[177] Ebd. 75f.

[178] M. JOSUTTIS, *Rhetorik und Theologie in der Predigtarbeit*, München 1985, 142f.

[179] Vgl. auch H. LUTHER, *Frech achtet die Liebe das Kleine. Spätmoderne Predigten*, Stuttgart 1991, 11ff.

[180] M. JOSUTTIS, *Rhetorik und Theologie in der Predigtarbeit*, aaO.

[181] Vgl. G. OTTO, *Predigt als Rede*, aaO. 57f.

5.1 Der Predigt Stoff und Sprache. Christlich-kirchliche Rede und parteiliche ....

Wiederholung dessen, was in der geronnenen Sprache religiöser Traditionen aufbewahrt ist, zu verwechseln.[182] Viel weitreichender und grundsätzlicher aber ist es gemeint: Predigtvorbereitung und Predigt müssen praktische Verständigungsanstrengungen sein, die in einem produktiven Verhältnis zur Bedeutung, Bedeutsamkeit und Größe der Sprache sowie zur Fülle sprachlich-stilistischer Mittel stehen. Wahrzunehmen und einzusetzen sind die Möglichkeiten, die Sprache bereitstellt; wahrzunehmen und einzusetzen ist all dasjenige, was Sprache zu sein und zu leisten vermag: Sie kann Gegenstände bezeichnen und Sachverhalte fixieren, kann linear, in logisch-diskursivem Stil und faktisch berichtend, Tatbestände benennen, aber auch metaphorisch umschreiben, poetisch zum Ausdruck bringen, allegorisch-bildhaft veranschaulichen (usw.). Unter Sprache ist sowohl ein *Instrument* zu verstehen, das das Artikulierte (intellektuell) verfügbar macht, als auch ein *Ensemble von Zeichen, Codes und Symbolen*, die je einer Deutung bedürfen, weil sie eben keine Objekte linear fixieren, sondern vielmehr das Gegenständliche transzendieren und um das Geheimnis einer Wirklichkeit kreisen, die eigentlich nicht "zur Sprache gebracht" werden kann; einerseits übernimmt Sprache als *Medium* eine Trägerfunktion für Vorstellungen, Ideen und Sinngehalte, andererseits dient sie aber auch als ein *Forum* für (Sinn- und Selbst-)Erschließungsprozesse, die keineswegs nur in die Richtung der Intentionen gehen.

Und eben genau diese reiche Vielfalt der Sprache bzw. auch der unterschiedlichen Sprachebenen stehen den Predigenden zur Verfügung auf dem Wege, im Dialog aller Beteiligten Wirklichkeitserfahrungen zu artikulieren, die religiöse Thematik des Lebens zu erwägen und die Relevanz christlicher Überlieferung für gegenwärtiges Leben zu erfragen, zu erläutern, zu veranschaulichen. Ob dann ein Gedicht, ein Märchen, ein Sprichwort oder ein Kalenderspruch die Form und die Sprache liefern, die es braucht, um den Dialog zu ermöglichen, ob dann der Inhalt einer Kurzgeschichte, eines Großstadtmythos, einer Fabel oder einer autobiographischen Notiz dazu dient, eine gemeinsame Kommunikations- und Erfahrungsbasis herzustellen - dies alles wird weder unter Manipulationsverdacht gestellt noch mit Instrumentalisierungsvorwürfen bedacht werden dürfen, sondern muß vielmehr als Verständigungsbemühung, Sprachfindungswille und Gestaltungsdiskurs anerkannt werden können.

Natürlich muß zugestanden bleiben, daß sich das in der Predigt dialogisch zu betreibende Erwägen der religiösen Thematik des Lebens niemals völlig von einer parteilichen Verdeutlichung distanzieren kann, die mit der Person bzw. der Konfession der Predigenden, der gottesdienstlichen Situation bzw. dem kirchlichen Auftrag, vor allem aber mit dem Predigttext bzw. der relevanten christlichen Überlieferung selber gegeben ist. Dies liegt freilich im Wesen der Predigt als (Form kirchlicher) Rede begründet: einer Rede, die gewissermaßen sui generis und per definitionem an einer Vermittlung christlicher Lebensdeutungsperspektiven (vivere coram deo), einer Ermöglichung selbständiger religiöser Sinnerschließung seitens der beteiligten Hörenden (ipsissime vivere coram mundo) und einer Verständigung über die Bedeutung desjenigen Glaubens interessiert ist, für den nicht nur die Kirche als institutionelles Forum steht und einsteht, sondern in besonderem Maße gerade ihre Predigenden. Deren spezieller Auftrag bindet die o.g.

---

[182] Vgl. G. OTTO, *Rhetorische Predigtlehre*, aaO. 41f.

Verständigungsanstrengungen an die (Dokumente der) christlichen Überlieferungen, sodaß die Vermittlung christlicher Lebensdeutungsperspektiven wie auch die Ermöglichung selbständiger religiöser Sinnerschließung (usw.) nicht ohne den unmittelbaren Bezug auf die christlich-religiösen Sinngehalte bzw. Inhalte biblischer Texte gedacht werden kann. Mit anderen Worten zielt das Vermittlungsgeschäft der Predigt ab auf eine Rezeption von Sinngehalten, die dem einzelnen Text und der gesamten christlichen Lebenssinndeutung, der einzelnen Situation und der gesamten gegenwärtigen Wirklichkeitserfahrung so angemessen zur Sprache gebracht werden, daß die Rezipierenden nicht bei dem "Urtext" verweilen müssen, sondern zu einer selbstbedeutsamen Aneignung und Reflexion befreit werden. Für die Predigenden geht es folglich um eine besondere Art adäquaten Übersetzens, um das Übertragen von einer Form in die andere und von einer Sprache in die andere mit der Absicht, Kommunikation und Reflexion, Sinn und Bedeutung, Horizont und Perspektive, Gewißheit und Freiheit zu vermitteln und zu ermöglichen.

Hinter diesen Formulierungen und Erwägungen steht i.Ü. eine lange hermeneutische bzw. homiletische Tradition, die sich v.a. in der Geschichte der *Skopus*diskussion wiederspiegelt (und im Einzelnen dann auch mit Martin Luthers Skopustheorie und Dolmetschpraxis verbunden ist[183]). Mit dem mehrdeutigen, zudem auch niemals völlig einheitlich verstandenen und genutzen Begriff des Skopus konnte aus unterschiedlichsten Beweggründen nach der Grundintention oder der Gedankenbewegung, dem Ziel und dem Zweck, dem Extrakt, der Pointe, dem Prinzip und der Summa gefragt werden, und zwar sowohl auf einen "Text" als auch auf eine "Predigt" bezogen.[184] Zur besseren Systematik unterscheidet man daher zwischen dem exegetischen Skopus und dem homiletischen Skopus, also den exegetisch (re-)konstruierten Pointen, den "Ursprungsintentionen" und "Kernaussagen" einer Perikope einerseits und den Zweckabsichten der Predigt andererseits. Wenngleich exegetischer und homiletischer Skopus identisch sein *können*, *müssen* sie es nicht sein: Eine simple Gleichsetzung des Predigtskopus mit dem zuvor exegetisch pointierten Textskopus ist erst dann berechtigt, wenn sich am Ende aller Überlegungen - auch *nach* dem Versuch einer an gegenwärtigen Verständigungsbemühungen ausgerichteten Zuspitzung, auch *trotz* sämtlicher Anstrengungen bezüglich einer sach- und situationsgerechten Über-Setzung, auch *unbeeindruckt* von allen Bemühungen aktualisierender Akzentuierung - nicht zu erkennen gibt, wie es im Verlauf der je konkret werdenden Predigt gelingen könnte, einer Sinnpointe besondere Geltung einzuräumen, indem man sie von ihren Trägermedien: *Bibeltext* und *Zeugenwort* (Prediger) löst und in das Leben der Predigtbeteiligten dolmetschend einzeichnet.

---

[183] Vgl. K. HOLL, *Luthers Bedeutung für den Fortschritt der Auslegungskunst*, in: DERS., *Gesammelte Aufsätze zur Kirchengeschichte, Bd. 1: Luther*, Tübingen 1921, 414-450.

[184] Aufmerksam Studierenden dürfte sich der Verdacht nahelegen, daß sich unter dem Skopusbegriff lediglich eine bereits ausgeführte Argumentation und Diskussion wiederholt. Dieser Verdacht ist berechtigt; er korrespondiert mit dem Urteil, daß der Begriff: Skopus als integraler Oberbegriff für Sinnpointe, Text-Botschaft, Predigt-Gehalt usw. sicherlich trefflich ist, in seiner Ausdifferenzierung aber die Hilfe anderer, z.T. hier bereits zur Anwendung gebrachter Terminologien nötig hat.

5.1 Der Predigt Stoff und Sprache. Christlich-kirchliche Rede und parteiliche ....

Ein an hermeneutischem Rhetorikverständnis und homiletischem Skopusbegriff ausgerichtetes Über-Setzungskonzept oder auch Dolmetschprogramm verlangt eine Klärung auf mindestens zwei Ebenen. Es braucht in seinen theoretischen Vorarbeiten ein *Sprach- und ein Sachwissen*, braucht *Kenntnisse* sowohl hinsichtlich der einen wie auch der anderen Sprache, der einen wie auch der anderen Formen, schließlich auch bezüglich dessen, was "übersetzt" werden muß, braucht eine klare *Zielangabe* und eine *Zweckbestimmung*, denen die "Übersetzung" untergeordnet wird, braucht sicheres *Gespür* für das Angemessene und dessen Grad an Adäquatheit, brauch einen gewissen Umfang an (dialogfähigem) Material. Sodann, in seiner praktischen Durchssetzung, drängt das Konzept auf eine *souveräne Beherrschung* der Materialien und der Augenblicke, auf eine *Kompetenz* bezüglich der Darstellung und Darbietung, auf *Eloquenz* im Sinne der Fähigkeit, sich selbst als Mensch im Zeugenstand leib- und sinnenhaftig zur Geltung zu bringen.

Eine solche "Klärung" auf den zwei Ebenen: theoretische Vorarbeiten und praktische Durchsetzung wird sicherlich nicht den Bann aufheben, der über die streng konsekutive Beantwortung der Fragen nach dem *Was?* und dem *Wie?* gesprochen ist. Sie dürfte aber Gelegenheit zu stringenterem Vorgehen bieten, indem sie die Bedingungen benennt, unter der nun alle bisherigen Erträge ein letztes Mal im Blick auf die Predigt konzentriert und zum Dialog gebracht, um sodann pointiert und mit angemessener Über-Setzung verständigungsfähig gemacht zu werden.

5.2 Der Predigt Sinn und Zweck, der Predigt Ziel und Kraft. Schnittmengen, Dialoge, Konzentrationen.

Ein von seiner Kirche zum Predigtamt berufener und beauftragter Mensch erläutert in einer mit Regelmäßigkeit stattfindenden Gemeindeveranstaltung der jeweils versammelten Schar auf der Grundlage eines biblischen Textes von Angesicht zu Angesicht die christliche Lebensdeutungsperspektive, die sich mit den Lebensgeschichten der Beteiligten und der darin enthaltenen religiösen Thematik versprechen läßt und auf ihre Relevanz hin erwogen wird. Mit dieser zugegeben recht umständlichen und weiterhin noch modifizierbaren Formel soll derjenige Regelfall angezeigt werden, von dem bislang stillschweigend ausgegangen wurde und dessen Komponenten und Konstitutiva - Predigende, Gottesdienst und Kirche, Perikopentext und Bibel, Hörende als Menschen der Gegenwart - nunmehr erörtert und diskutiert sein dürften.

Natürlich gibt es kaum eine Regelbildung ohne Ausnahmen, Spezialfälle und Sondertraditionen, kaum einen common sense ohne Abweichungen. Diese Ausnahmen und Abweichungen liegen etwa dort vor,

- wo die Predigtansprache von "unberufenen" Laien vorgenommen wird,
- wo die Verkündigung nicht auf die für den jeweiligen Gottesdiensttag vorgesehene und folgerichtig für alle kirchlichen Predigtstätten gleich definierte Perikope bezogen ist,
- wo die Predigt nicht in einem Gottesdienst gehalten wird,

— wo das Predigen nicht vis a vis erfolgt, sondern als (massen-)mediale Verkündigung geschieht, vielleicht in einer für den Rundfunk vorgesehenen Kurzandacht oder in einer fernsehgerecht aufbereiteten Textmeditation,

— wo die Anprache nicht der Tradition der Bibeltextpredigt, sondern vielmehr der Tradition der Lied[185]-, der Katechismus- oder der Themenpredigt folgt,

— oder wo nicht die sonntagsgottesdienstliche Gemeindesituation, sondern ein bestimmter Anlaß vorliegt, der eine Kasualpredigt für die besondere, quasi "eindeutige" Situation (Tod und Trauer, Geburt und Freude, Adoleszenz und Unsicherheit, Liebe und Glück) erforderlich macht.

Mutatis mutandis freilich gilt das bislang zur Darstellung gebrachte auch für diese Sonderfälle, gilt der Sinn der thematisierten Regelfall-Konstitutiva auch übergreifend. Denn sichergestellt bleibt die Bedeutung der sich selbst immer vor dem Hintergrund der eigenen Lebens- und Glaubensgeschichte zum Ausdruck bringen müssenden Predigenden als Zeugen, sichergestellt bleibt der mit dem Tatbestand des kirchlich-christlichen Horizontes gegebene Sachverhalt einer nicht allgemeinen, sondern vielmehr einzel-besonderen Deutungsperspektive, sichergestellt bleibt die mit der Schriftbindung symbolisierte Überzeugung, daß dasjenige, was in der christlichen Predigt zu verhandeln ist, seine Ermächtigung und seinen Grund als weltliche Wirklichkeiten überschreitendes Geheimnis verstanden wissen will, und sichergestellt bleibt schließlich auch die Geltungsmachung der "anderen" Erlebnisweisen, Erfahrungen und Lebensgeschichten, über deren Auslegung eine Einigung erzielt werden möchte. Nunmehr jedoch steht es für die Predigtvorbereitung an, diese Konstitutiva auch als "Einflußkräfte im System: Predigt"[186] anschaulich zu machen:

Da ist zunächst die predigende Person, die zu stehen kommt im Schnittpunkt verschiedenster Einflüsse oder Faktorenbündel; zu nennen sind Hintergrundsvariablen wie psychisch-persönliche Merkmale, soziale und religiöse Biographie, theologische, politische und gesellschaftliche Grundeinstellungen, davon wiederum abhängige, z.T. aber auch selbständig gewonnene Berufsauffassungen, aktuelle Tagesereignisse in ihrer jeweiligen Aufnahme und Wahrnehmung, ausgelöste (und zunächst exegetisch-wissenschaftlich nicht kontrollierte) Assoziationen zu der Predigtperikope und gewußte oder erahnte Erwartungen und Reaktionsweisen der Rezipierenden.

Dann ist da die gegenüberstehende - oder auch zum "miteinander" eingeladene - Schar der Hörenden, bestehend aus einer Vielzahl von Menschen, für die jeweils dasselbe gesagt werden kann wie für die Predigenden: Wo man es mit diesen Menschen zu tun hat, bekommt man es immer auch zu tun mit deren Hintergrundsvariablen, mit Auffassungen, Meinungen und Erlebnisparadigmen, mit Reaktionen auf wahrgenommene Tagesereignisse, mit emotional und kognitiv durchgefärbten Primärassoziationen zu Gottesdienstverlauf und Textverlesung.

---

[185] Vgl. M. RÖßLER, *Die Liedpredigt. Geschichte einer Predigtgattung*, Göttingen 1976.

[186] Vgl. K.W. DAHM, *Hören und Verstehen. Kommunikationssoziologische Überlegungen zur gegenwärtigen Predigtnot*, (zuletzt) in: A. BEUTEL / V. DREHSEN / H.M. MÜLLER (Hg.), *Homiletisches Lesebuch. Texte zur heutigen Predigtlehre*, Tübingen ²1989, 242-252; dazu in diesem Leitfaden: Anlage III.

5.2 Der Predigt Sinn und Zweck, der Predigt Ziel und Kraft

Dazwischen steht nun die Predigt als kirchliche Rede, die der Regel nach in gottesdienstlicher Atmosphäre einen sachlichen Inhalt rhetorisch (re)präsentiert. Sie durchläuft bei allen Beteiligten bestimmte Stationen der Wahrnehmung, und zwar eine Eingangsphase, eine Auswahlphase und eine Verarbeitungsphase, wobei sowohl exogene Faktoren (etwa physiologische oder psychologische Dispositionen) als auch (predigt)systeminterne Faktoren (Stil, Rhetorik, Methode etc.) eine Rolle spielen. Hier sind nun die Mentalitäten der Bezugsgruppen, deren Interesse nach Vergewisserung je eigener Glaubens- und Wertüberzeugungen von Gewicht, auch die Authentizität und Glaubwürdigkeit der Predigenden, und nicht zuletzt deren Kompetenz, sowohl emotional und intellektuell zu motivieren als auch emotional und intellektuell die erforderliche Balance zu halten.

Insofern bleibt die Warnung berechtigt, das Predigtgeschehen nicht auf ein "Botschaft von A nach B" - Modell zu reduzieren. Eine gute Predigtvorbereitung darf nicht davon ausgehen, daß ein Sender seine Mitteilung linear an den Empfänger transmittert bzw. eine "erkannte Wahrheit" kodiert, kanalisiert und voller Hoffnung auf Komplettdekodierung am anderen Ende als Information überträgt. Stattdessen geht es doch um ein komplexes Gefüge, in dem die Erfahrungen, Erwartungen und Predigtbewertungskriterien unterschiedlichster Zuhörertypen als Inventar der "schweigende Mehrheit"[187] den jeweilig Predigenden gegenüberstehen, die wiederum mit ihren Predigteigenschaften, Vortragsqualitäten und Weltsichtweisen von erheblichen Einfluß auf Wahrnehmung und Akzeptanz des Gepredigten sind: Was die Erwartungen anbelangt, so ist davon gesprochen worden, daß die Zuhörenden vier Arten der Predigt - Predigten über die Liebe Gottes als Lebenskraft und Trost, über die Pflichten des Christenmenschen, über Lehrinhalte und Glaubenssätze sowie über gesellschaftliche und politische Problemfelder aus christlich-ethischer Sicht - zu unterscheiden scheinen, wobei die erstgenannte die beliebteste, die letztgenannte die am wenigsten erwünschte ist; auch was die Bewertungskriterien anbelangt, können vier Blöcke benannt werden, die sich um den interessanten, konkreten und lebensnahen *Inhalt* der Predigt, um den angenehm-freundlichem *Tonfall*, die *Glaubwürdigkeit der Person* sowie die Logik bzw. den *Aufbau der Predigt* ranken.[188] Die Zuhörertypen schließlich lassen sich differenzieren hinsichtlich ihrer Einstellung zu Autorität(en), auch bezüglich ihrer Verbundenheit mit Kirche und Gemeinde; durch Kombination erhält man eine Skala von Typen - die sich i.Ü. erstaunlich gut den sozialen Milieus (s.o.) zuordnen lassen.[189]

Im Ergebnis resultiert aus diesen wie auch den vorangestellten Erwägungen, daß quasi für jeden Predigttermin unterschiedliche Überlegungen, immer wieder neu, angestrengt werden müssen. Um es - unter Zuhilfenahme der eingangs aufgestellten Formel - an zwei Beispielen zu verdeutlichen: Wenn ein aufgrund jüngster eigener Erlebnisse äußerst pessimistisch gestimmter, schlecht gelaunt dreinblickender Prediger an Quasimodogeniti auf der Grundlage von 1. Petrus 1,3-9 mit den zum Gottesdienstbesuch verurteilten

---

[187] Vgl. O. SCHREUDER, *Die schweigende Mehrheit,* (zuletzt) in: A. BEUTEL u.a., Homiletisches Lesebuch, aaO. 253-260.

[188] Vgl. ebd. 255.

[189] Vgl. ebd. 256.

Predigtskopus und Botschaft, oder: Wozu? und Was?

Konfirmanden in gequältem Tonfall über "der Seelen Seligkeit" disputiert, wird eine andere Verständigung erzielt als wenn eine frisch verliebte Vikarin, zwar unsicher, aber dafür aus dem Fundus ihres jungen Glückes schöpfend, am selben Tage ihre Kandidatenpredigt über genannte Perikope auf die "lebendige Hoffnung" focussiert und einer um geladene Gäste, Freunde, Verwandte etc. angereicherte Gottesdienstgemeinde die Freude der Wiedergeborenen lebhaft vor Augen malt.

Der weiteren Koordinationsmöglichkeiten genannter Faktoren sind Legion. In ihrer Bandbreite erstrecken sie sich - pauschal und mit Schlagworten formuliert - vom zwanghaften Prediger der Tradition, der in der Erlebnisgesellschaft die Objektivität des Erlösungswerkes Jesu Christi zur Sprache bringen muß, bis hin zu der depressiven Predigerin, die inmitten der Risikogesellschaft[190] für die Notwendigkeit des Mitgefühls einstehen will. Eine schier unendliche theoretische Ausdifferenzierung ist denkbar. Nutzbar für das Predigtgeschehen werden solche Differenzierungen freilich erst dann, wenn sie konkretisiert werden - und zwar (zunächst) auf den Predigtinhalt hin:

Diesbezüglich ist etwa vorgeschlagen worden, aus der wissenschaftlichen Erkundung des Textes die maßgeblichen Richtlinien für die Predigt selber abzuleiten. So hatte Manfred Seitz dazu angeregt, die Intention, das Kerygma und das Idion der Predigtperikope unmittelbar auf Predigtziel, (theologischen) Predigtstoff und Predigteigenart zu übertragen[191]; seine Auffassung von einer Erkundung der Gemeindesituation bestand im wesentlichen darin, unter strikter Abweisung von Theorien des gegenwärtigen Zeitalters die Gemeinde in das Licht des Textes zu stellen, mit dem Text durch die Gemeinde zu gehen und Rechenschaft darüber zu leisten, "in welcher Lage sich die Gemeinde im Hinblick auf den Text befindet"[192]. Die aufgrund einer solchen Gemeindesituationserkundung ermittelten Fragen sollen mit Hilfe der systematischen Theologie zur Beantwortung gebracht - und dabei stets an die allein maßgebliche Frage gebunden bleiben, "was Gott in der Bindung an diesen Text bei der Gemeinde von heute erreichen will."[193]

Es ist unschwer erkennbar, daß ein Verfahren wie das genannte abgelehnt werden sollte, wenn man ein Predigtverständnis geltend machen will, das der Bibel als Sammlung von Dokumenten religiöser Erfahrungen (mit Gott), dem Wesen der Predigt als christlicher (Zeugen)Rede, der Vielfältigkeit menschlicher Existenzbewältigungsversuche (coram religio) und der Vielschichtigkeit des menschlichen Lebens, Kommunizierens, Handelns und Interagierens überhaupt korrespondieren möchte. Denn gerade diese Aspekte machen es nötig, die systematisch-theologische Frage nach den "inhaltlichen" Zielsetzungen *Gottes* mit der homiletischen Frage zu verknüpfen, worin die Ziel-,

---

[190] U. BECK, *Risikogesellschaft*, Frankfurt / M. 1986

[191] M. SEITZ, *Zum Problem der sogenannten Predigtmeditationen*, (zuletzt) in: A. BEUTEL u.a., *Homiletisches Lesebuch*, aaO. 141-151.

[192] Ebd. 148.

[193] Ebd. 150.

Zweck- und Gehaltsbestimmung der *Predigt für Menschen* bzw. das (theologisch begründete, aber *diakonische und katechetische*) Bewegungsgesetz der Predigt besteht.[194]

Hier hat erneut der Begriff des Predigt-*Skopus* seinen Platz, und zwar in seiner Abgrenzung gegenüber akademisch-theologischen Predigttext-Inhalten. Und wieder muß daran erinnert werden, daß der *homiletische* Skopus nicht zusammenfällt mit dem exegetischen Sinn des betreffenden Predigttextes, sondern vielmehr "die vom Prediger in diakonischer Zuwendung zu dieser Gemeinde heute zu wagende Akzentuierung, Zuspitzung, perspektivische Zielung des exegetischen Textsinns"[195] ist. Aber wenn nun *Skopus* (mit anderen Worten) exakt denjenigen Sinngehalt meint, der sich aus verantwortlichem Umgang mit Text und Tradition einerseits, Gegenwart und Situation andererseits ergibt und im Modus der jeweils entsprechend ermittelten Ziel- und Zwecksetzung zur Anschauung gebracht werden muß - was bedeutet dies für die Predigtvorbereitungspraxis konkret?

Es bedeutet etwa, daß eine Reformationstagspredigt über die jesuanischen Makarismen (Matthäus 5, 1-10f) auch in ihrer praktischen Durchführung dem Bewegungsgesetz der Seligpreisungen Jesu zu folgen hat, indem sie eine Thematisierung, Wertschätzung und Segnung des "einfachen Lebens" von wenig anerkannten Mitzeitgenossen, schlichten Gemütern und warmherzigen Gestalten betreibt[196] - was natürlich ein Wissen um die "einfachen Leben" und Lebensentwürfe der Gegenüber voraussetzt!

Es bedeutet etwa weiterhin, daß die Septuagesimae-Ansprache zu den Spruchweisheiten Jeremias (9, 22-23) genau von derjenigen geschwätzigen Klugheit und selbstgefälligen Wortprahlerei Abstand nimmt, um die es "inhaltlich" geht, und stattdessen im Gefolge des Textsinngehaltes Gott über eine Veranschaulichung innerweltlicher Erfahrungen von Barmherzigkeit, Recht und Gerechtigkeit den Rezipierenden nachvollziehbar bzw. nacherfahrbar zu machen sucht - was wiederum Kenntnis und Verständnis von Erlebnisweisen und -inhalten der jeweiligen Rezipienten erforderlich macht.

Es bedeutet schließlich auch, daß eine Epiphanias-Verkündigung über die Taufe Jesu nicht in dem Maße gelungen ist, in dem sie bei der theologischen Erörterung der Gottessohnschaft Jesu Christi verharrt, sondern vielmehr dort ihr Ziel gefunden hat, wo sie im Einklang mit der biblischen Erzählung (Matthäus 3, 13-17 bei den Beteiligten Erinnerungen an Augenblicke zu wecken vermag, in denen sich "der Himmel für einen Augenblick auftat" und man dem Eindruck nahe war, selber ein geliebtes Kind Gottes zu sein.

Um einem Mißverständnis vorzubeugen: Es kommt durchaus auf eine theologische Pointierung des Predigttextes an! Aber diese theologische Pointierung muß doch so bemüht werden, daß sie (erstens) das Ganze der christlichen Religion ebenso mitreflektiert wie (zweitens) die Summe menschlicher Lebensäußerungen, um (drittens) nicht nur

---

[194] Diese Debatte ist natürlich schon längst geführt worden; vgl. F. NIEBERGALL, *Wie predigen wir dem modernen Menschen?*, Tübingen 1921; M. DOERNE, *Das Liebeswerk der Predigt. Ein Beitrag zur Predigtlehre*, (zuletzt) in: F. WINTZER (Hg.), *Predigt*, aaO. 162-173; fernerhin s.o. Pkt. 1.5.

[195] M. DOERNE, *Das Liebeswerk der Predigt*, aaO. 164.

[196] Vgl. F.T. BRINKMANN, *Seelsorge im Trauerfall. Lehrmeinungen, populäre Kulturen und religiöse Lebensdeutung*, PTh 88 (1999), 42-58, bes. 58.

von der predigenden Person als Überzeugung und Zeugnis ausgesprochen werden zu können, sondern (viertens) aus ihrem Munde kommend auch überzeugend wirkt. Vergleichbares gilt auch für die theologisch begründete Zielsetzung (der Predigt), die sich eben nicht allein an sogenannten "Textintentionen" und dogmatischen Statements abzuarbeiten hat, sondern gerade "um Gottes Willen" von verallgemeinernden prinzipiellhomiletischen Predigtziel-Definitionen Abstand nehmen sollte. Dies dürfte zumindest denjenigen TheologInnen einsichtig werden, die dem jesuanischen "Was willst du, daß ich Dir tue?" in seiner Grundsätzlichkeit Rechnung tragen wollen und ihr eigenes Predigtgeschäft weniger an spitzfindig-akademischen Lehrgebilden denn an der Vielfalt der jesuanischen Verkündigungs- und Unterweisungspraxis sowie an den katechetischen Traditionen christlich-kirchlicher Kommunikationspraxis auszurichten bereit sind. Wird diese Vielfalt, die sich von belehrenden Logien bis hin zu vordergründig unterhaltsamen, letztendlich aber religiöse Sinnerschließung ermöglichenden "Geschichten" erstreckt, ernstgenommen? Dann dürfen auch die Bestimmungen von Predigtziel und -zweck über die traditionell-typischen Angaben wie *Seelenführung* oder *Glaubensinformation* hinausgehen, die schlichte *Erbauung* der Gemeinde in den Vordergrung gestellt oder gar *Unterhaltung* und *Erlebnis* zur Absicht erklärt werden.

Damit sind nun theologische Predigt(-Text-)Pointierung und theologisch begründete bzw. reflektierte Predigtziel- und Zweckbestimmung verwiesen an die Resultate aller bisherigen Stationen (I-IV) der Predigtvorbereitung. Diese Resultate könnten sich einerseits in einem Zirkel auf praktikable Lösungsvorschläge hin entfalten lassen, innerhalb dessen sich die einzelnen Schritte wechselseitig relativieren, filtern, in Frage stellen und auch bestätigen. Sie könnten aber auch in ein systematisch klarer strukturiertes Modell aufeinander abgestimmter Denk- und Ermittlungsstufen eingelassen werden, dessen Stärke nicht zuletzt in der praktischen Handhabbarkeit und Dienlichkeit der zunächst stringent abfolgenden, sich alsbald aber wechselseitig korrigierenden, widerlegenden und bestätigenden Überlegungen besteht. Aber ob man nun ein Stufenmodell[197] oder ein Kreissystem bevorzugt: Es gilt, die unterschiedlichen Resultate der einzelnen Besinnungsetappen so aufeinander zu beziehen, daß z.B. der Ertrag der Texterergründung die Voreinstellungen der predigenden Person relativiert, die Auswertung von Beobachtungen in der Gemeinde die Konzentration auf eine bestimmte theologische Pointe empfiehlt, die Ergebnisse der Gegenwartserkundungen ein neues erhellendes Licht oder einen kritischen Schatten auf das Sinnpotential der Predigtperikope werfen, die Assoziationen der Predigerin mit Recht auf die Gottesdienstgestaltung auswirken oder die theologische Ausweitung des Textes zu einer anderen Zielsetzung führt, als es die Ursprungsintentionen des Predigers vorgesehen hatten.

Die auf den "Prolog eines Dialoges"[198] - wie Martin Doerne die Predigt genannt hat - abzielende Predigtvorbereitung hat also selber schon einen dialogischen Charakter. Und ganz gleich, mit welcher Beobachtung bzw. mit welcher These dieser Vorbereitungs-

---

[197] Vgl. H. LUTHER, *Stufenmodell der Predigtvorbereitung*, in: Theologia Practica 17 (1982), 60ff.

[198] M. DOERNE, *Das Liebeswerk der Predigt*, aaO. 168.

dialog nun einsetzt: Er sollte münden in einem Ensemble von Sentenzen, die insgesamt kompatibel sind, aus jeder der genannten Perspektiven heraus (theologisch, gegenwartsrelevant usw.) plausibel bleiben, kommunikabel gemacht werden können - und somit vielleicht auch für die Rezipierenden intelligibel, akzeptabel und praktikabel werden dürften.

5.3 Der Predigt Wort und Mär. Die Kunst der Über-Setzung

Kommunikabilität, Kompatibilität, Plausibilität usw. - mit diesen Begriffen sind nunmehr nicht allein die an einzelne "Predigtbausteine" gerichteten Erwartungen, sondern vielmehr auch die Anforderungen umrissen, an denen sich die Summen oder Schnittmengen dieser Bausteine, zuletzt insbesondere auch deren konkrete Um- bzw. Über-Setzungen zu orientieren haben. Bereits Martin Luther hat - freilich indirekt und weniger explizit - auf diese Anforderungen aufmerksam gemacht, indem er auf das Dolmetschen bezogen betonte, man müsse "die Mutter im Hause, die Kinder auf der Gasse, den einfachen Mann auf dem Markt danach fragen und denselben aufs Maul sehen, wie sie reden, und danach übersetzen"[199]. Unmißverständlich forderte er ein, daß wer immer dolmetschen wolle, einen großen Vorrat von Worten haben müsse, die dazu geeignet sind, ins Herz zu dringen und durch alle Sinne zu klingen; zudem erklärt er: "Ach, es ist Dolmetschen ja nicht eines jeden Kunst (...). Es gehört dazu ein recht, fromm, treu, fleißig, furchtsam, christlich, gelehrt, erfahren, geübt Herz."[200] Obgleich Luther diese Äußerungen nun allesamt vor dem historischen Hintergrund seiner deutschen Bibelübersetzung und ihrer Kritik durch seine Gegner getan hat, dürfte ihr nahezu programmatischer Charakter erwiesen sein; Luther ist diesen Grundsätzen nicht nur in seiner Predigtpraxis gefolgt[201], sondern hat auch sie auch - gleichwohl umgekehrt - zur Anwendung gebracht, indem er zeigte, daß selbst die Aesop'schen Fabeln geeignet sind, "die allerfeinste Lehre, Warnung und Unterrrichtung"[202] zu artikulieren[203].

---

[199] *Sendbrief D. Martin Luthers vom Dolmetschen und Fürbitte der Heiligen* (1530), WA 30,2;632-646; hier zitiert nach K. BORNKAMM / G. EBELING (Hg.), *Martin Luther. Ausgewählte Schriften*, Bd. 5, Frankfurt 1982, 141-161, 148.

[200] Ebd. 152f.

[201] Vgl. R. LISCHER, *Die Funktion des Narrativen in Luthers Predigt. Der Zusammenhang von Rhetorik und Anthropologie*; in: A. BEUTEL u.a., *Homiletisches Lesebuch*, aaO. 308-329.

[202] *Etliche Fabeln aus Äsop* (1530), WA 50; 452-460; hier zitiert nach K. BORNKAMM / G. EBELING, *Martin Luther. Ausgewählte Schriften* Bd. 5, Frankfurt 1982, 163-174, 163. Besonders interessant und hilfreich sind u.a. jene Fabeln, anhand derer Luther etwa das Leiden der Frommen in der Welt (vgl. 168) oder das Selbstbegnügen an Gottes Gaben (vgl. 169) veranschaulicht.

[203] Vgl. auch F.T. BRINKMANN, *Biographie und Gottesglaube. Ein kleiner Versuch zu Luthers theologischer Entwicklung im Zusammenhang von Textauslegung und Selbstdeutung*, IJPT 2/00, Berlin-New York 2000.

Damit ist zugleich ein Sachverhalt angedeutet, der nun im Horizont von Überlegungen zu Trägermedien und Story-konzepten diskutiert werden muß. Die vielleicht krasseste Formulierung der entsprechenden Frage lautet: Kann das Evangelium auch dann noch Evangelium sein, wenn es von seinem ursprünglichen Trägermedium, nämlich der biblischen Story, völlig gelöst und auf ein anderes Trägermedium bzw. eine scheinbar "weltliche" Story übertragen wird? Doch bevor diese Frage - möglicherweise allzu pauschal - beantwortet wird, sollte kurz erörtert werden, aufgrund welcher Betrachtungen sie überhaupt gestellt wird:

"Story" ist - v.a. in den vergangenen zwei Jahrzehnten - zu einer wesentlichen Kategorie in verschiedenen theologischen Disziplinen und kirchlichen Aktivitäten avanciert; das Vokabular des Narrativen beeindruckt ganze Forschungszweige und -resultate. Die Wiederentdeckung der narrativen Schöpferkraft des christlichen Glaubens bzw. der Versuch ihrer Wiedergewinnung und Inbezugsetzung zu den alltäglichen Geschichten, in die die Menschen eingewoben sind, die Betonung der Lebensgeschichtsdeutung als Ausdrucksform und Aufgabe von Theologie, die Wahrnehmung der Notwendigkeit indirekter Mitteilung in postchristlicher bzw. postmoderner Gesellschaft - all dies sind wichtige und maßgebliche Stationen gewesen auf dem Wege, die "Erzählung" bzw. die "'Story' als Rohmaterial der Theologie"[204] (wissenschaftlich) zu etablieren.[205] Im weiteren Sinne gehört in diesen Kontext auch der Aufweis einer narrativen Struktur der Predigt ("Es war einmal..."), dergemäß sie mitten in der Vieldeutigkeit beginnt ("Was meinst Du, wie es ausgeht?") und durch einige Verwicklungen zu Momenten der (Er-)Lösung ("Happy End"?) und der Einsicht ("Und die Moral von der Geschicht'...") führt.[206]

Alle genannten Aspekte lassen sich schließlich mit jener maßgeblichen theologischen bzw. homiletischen Einsicht verknüpfen, die schon hinter dem Luther'schen Gebrauch der Erzählform(en) erkennbar werden konnte, nämlich "daß das Evangelium so lange nicht Evangelium ist, bis es *ankommt*"[207]. Infofern macht es freilich auch Sinn zu behaupten, daß christliche Sinnbotschaft erst dann christliche Sinnbotschaft ist, wenn sie als solche, d.h. in ihrer doppelten Pointe als reflektiert christlich konnotierbare Botschaft (Relation: Inhalt-Gehalt) und als sinnstiftendes bzw. lebensdienliches Wirklichkeitsdeutungsintegral (Relation: Gehalt-Funktion) zu stehen kommt.

---

[204] Vgl. H. FREI, *The Eclipse of Biblical Narrative*, New Haven 1974; D. RITSCHL / H.D. JONES, *"Story" als Rohmaterial der Theologie*, 1976.

[205] Vgl. W. GRÄB, *Lebensgeschichten - Lebensentwürfe - Sinndeutungen. Eine praktische Theologie gelebter Religion*, Gütersloh 1998.; DERS., *Praktische Theologie als religiöse Kulturhermeneutik. Eine deutende Theorie gegenwärtig gelebter Religion*, in: E. HAUSCHILDT / M. LAUBE / U. ROTH, *Praktische Theologie als Topographie des Christentums. Eine phänomenologische Wissenschaft und ihre hermeneutische Dimension*, Rheinbach 2000, 86-110; U. SCHWAB, *Lebensgeschichte erzählen. Wandlungen in der Wahrnehmung einer religiösen Gattung durch die Praktische Theologie*, in: E. HAUSCHILDT / M. LAUBE / U. ROTH, *Praktische Theologie als Topographie des Christentums*, aaO. 290-303; M. PÖTTNER, *Realität als Kommunikation*, Münster 1995.

[206] Vgl. R. LISCHER, *Die Funktion des Narrativen in Luthers Predigt*, aaO. 309f.

[207] Ebd. 311.

5.3 Der Predigt Wort und Mär. Die Kunst der Über-Setzung

Dies wiederum hat Konsequenzen für die Predigtvorbereitung, denn die scheinbar "formale" Anleitung, derzufolge die Predigt so zu konzipieren ist, daß die Beteiligten (Hörenden) die Frage "Begreifst Du?" mit Ja beantworten können[208], ist in Wirklichkeit als eine "gehaltlich" bestimmte zu lesen: Generell gilt es, die "christliche Botschaft" - sei sie verstanden als Evangelium Jesu Christi, als befreiendes, erlösendes, heilmachendes Wort von der Gnade Gottes oder als das von Jesus zur absoluten Geltung erhobene Gottesbewußtsein und Gottesverhältnis - unter den Bedingungen der neuzeitlichen Lebenswelt so zu artikulieren, daß sie eben als solche wahr- und angenommen, nicht bloß "intellektuell nachvollzogen" (oder gar überhaupt nicht verstanden) wird; im Besonderen gilt dies dann für die mit dem jeweiligen "Text" vorgegebene und wissenschaftlich rekonstruierte besondere Pointe bzw. Focussierung solcher Botschaft.

Damit nun zurück zu der weiter oben vorgelegten Frage, die sich in der Predigt-(vorbereitungs)praxis immer dann auftut, wenn sich herausstellt, daß sich das jeweils vorgegebene "Trägermedium", also die je vorgegebene Predigtperikope, vor dem Hintergrund der neuzeitlichen Lebenswelt aufgrund überzeugender Argumente keineswegs als das geeigneteste erweist.[209] Denn gerade wo es geboten scheint, eine gesamte (Text-) Partitur zu modifizieren, einzelne Partiturteile (Metaphern, Wortspiele etc.) "anzupassen" bzw. zu verändern oder gar das komplette Trägermedium radikal gegen ein anderes einzutauschen, um die "Story Gottes"[210] in neuen literarischen Kleidern zu veranschaulichen, wird der Sinn jener Frage offenkundig, ob bei einer Änderung des Trägermediums das Evangelium Evangelium bleibt. Und diese Frage, generell relativiert durch die Einsicht, daß Evangelium dann Evangelium ist, wenn es als solches ankommt, muß von Situation zu Situation neu und angemessen diskutiert, reflektiert, und in ihrer Ernsthaftigkeit anerkannt, sodann aber sachgerecht bearbeitet und in Einklang mit den Erfordernissen der Praxis beantwortet werden.

Dann mag es nicht nur erforderlich sein müssen, sondern auch möglich sein dürfen, auf andere Trägermedien zuzugehen, indem andere biblische, aber auch nichtbiblische Stories erzählt werden bzw. auf sie zurückgegriffen wird. Dann ist die Kompetenz der predigenden Person gefragt, ihre Bibelkunde und ihr praktischer Bibelgebrauch[211], ihre Kenntnis von Stories unterschiedlichster Provenienz, ihre Beschlagenheit hinsichtlich biblischer und neuzeitlich-gegenwärtiger Metaphorik, ihr im-Bilde-sein hinsichtlich verschiedenster Liedtexte und Gedichte, TV-Werbespots und Daily-Soaps, Kinderbücher und Kinohits, ihr Bescheidwissen um alltägliche Wortspiele und Redensarten. Und dann mag es Gelegenheit geben, die theologisch reflektierte Botschaft bzw. den theologisch-hermeneutisch erschlossenen Gehalt "sperriger" Bibelperikopen mit Hilfe "fremder"

---

[208] Vgl. G. OTTO, *Rhetorische Predigtlehre*, aaO. 41.

[209] Vgl. hierzu sowie zum folgenden F.T. BRINKMANN, *"Gott ist ein Kissen"? Überlegungen zu Metaphern, Stories und christlich-religiösen Gehalten in Predigt und Gottesdienst*, PT 35 (2000), 24-40.

[210] Vgl. J. MILES, *Gott. Eine Biographie*, München 1998.

[211] Vgl. H. SCHRÖER, *Bibelauslegung durch Bibelgebrauch. Neue Wege "praktischer Exegese"*, EvTh 45 (1985), 500-515.

Bedeutungsträger(medien) zu artikulieren in der Hoffnung, daß das "Ja, ich begreife" der HörerInnen ein integrales (bzw. "frommes", vgl. Luther) "Ja" sein wird.

Dies ist natürlich mit gewissen Schwierigkeiten verbunden. Es setzt Sensibilität und Fingerspitzengefühl voraus, den Perikopenttext zur Predigt auf die möglicherweise gefundenen "alternativen" Trägermedien und Stories hinzuführen bzw. die Über-Setzung vorzunehmen. Nicht der Kraftakt des Spagats zwischen wissenschaftlich-theologischer Terminologie und Szeneslang, zwischen abstrakt wirkenden Textungetümen und salopper Modestory ist gefragt; er beschwört die Gefahr des Abgleitens hin zu einer Seite. Und sowohl das beharrliche Verweilen auf der sicheren Seite des Perikopentextes als auch das anbiedernde Kokettieren mit vulgärsprachlich verfaßten Allotria haben mitunter den gegenteiligen Effekt, nämlich den, daß die Hörenden das Vernommene schlicht ablehnen, weil es ihnen zu fremd oder zu alltäglich, zu besonders oder zu wenig "besonders" scheint. Dieser mögliche Umstand ist in diejenigen Überlegungen und Dialoge einzuzeichnen, die bislang anempfohlen wurden und nunmehr zu einer Entscheidung hinsichtlich der Predigtbotschaft, des Predigt"inhaltes" bzw. der Predigt(sinn)pointe sowie der Predigtstory geführt haben sollten.

5.4 Literatur zur Weiterarbeit und Vertiefung
(zusätzlich zu den im Text sowie im Literaturverzeichnis aufgeführten Werken)

ad. 5.1

J. ANDDEREGG, *Sprache und Verwandlung*, Göttingen 1985

J. KOPPERSCHMIDT, *Allgemeine Rhetorik*, Stuttgart 21976

G. OTTO, *Die Kunst, verantwortlich zu reden*, Gütersloh 1994

DERS., *Art. Christliche Rhetorik*, in: G. UEDING (Hg.), *Historisches Wörterbuch der Rhetorik*, Bd. 2, Tübingen 1994, 197-208

DERS., *Art. Rhetorik*, in: TRE 29, Berlin 1998, 177-191

DERS., *Art. Predigt / Predigtlehre*, in: EKL 3, Göttingen 1997, 1305-1317

ad 5.2

V. DREHSEN, *Das öffentliche Schweigen christlicher Rede. Die Grenzen des Gottesdienstes und die theologische Vorbildung des Pfarrers*, in: A. BEUTEL / V. DREHSEN / H.M. MÜLLER, *Homiletisches Lesebuch*, Tübingen ²1989, 261-286.

M. JOSSUTTIS, *Der Prediger in der Predigt. Sündiger Mensch oder mündiger Zeuge?*, in: DERS., *Die Praxis des Evangeliums zwischen Politik und Religion*, München 1974, 70-94.

H. LUTHER, *Predigt als Handlung. Überlegungen zur Pragmatik des Predigens*, in: A. BEUTEL u.a., *Homiletisches Lesebuch*, aaO. 222-239.

H.C. PIPER, *Predigtanalysen. Kommunikation und Kommunikationsstörungen in der Predigt*, Göttingen 1976

ad 5.3

U. BALTZ, *Theologie und Poesie*, Diss. Mainz 1981

E. GRÖZINGER, *Dichtung in der Predigtvorbereitung*, Frankfurt/M. 1992
W. JENS / H. KÜNG, *Dichtung und Religion*, München 1985
DIES./K.-J. KUSCHEL (Hg.), *Theologie und Literatur. Zum Stand des Dialogs*, München 1986
J. MILES, *Gott. Eine Biographie*, München 1996
H. WEDER (Hg.), *Die Sprache der Bibel*, Gütersloh 1989

5.5 Leitfragen als Hilfestellung: (Re-)Konstruktion des Predigtgehaltes

(Der folgende Fragenkatalog erhebt keinen Anspruch auf Vollständigkeit, sondern möchte als Anregung aufgefaßt werden)

Welche Erträge liegen bislang vor? Lassen sich diese Erträge als Predigtbausteine nutzen?

[Welchen eigenständigen Beitrag leistet der Predigtbaustein: *Prediger bzw. Predigerin*? Was besagt das (psychologische) Profil der predigenden Person, ihre theologische Position, ihre homiletische Grundeinstellung? / Welchen eigenständigen Beitrag leistet der Predigtbaustein: *Kirche und Gottesdienst*? Was besagt der Tatbestand der kirchlichen Beauftragung, was der kirchenjahreszeitliche Rahmen, was der gottesdienstliche Kontext? / Welchen eigenständigen Beitrag leistet der Predigtbaustein: *Text*? Was besagen die Resultate exegetischer Forschungen, hermeneutischer Erschließung und theologischer Reflexion, was die Untersuchungen zu Wirkungs- und Auslegungsgeschichte? / Welchen eigenständigen Beitrag leistet der Predigtbaustein: *Gegenwart*? Was besagen die unterschiedlichen Beobachtungen in und an der Orts-, Kirchen- und Gottesdienstgemeinde sowie deren Auswertungen im Blick auf soziale Milieus, Lebensgestaltungsprinzipien, Symbolwelten und Erlebnisparadigmata?]

Welche Ergänzungen müssen gemacht werden, wenn man bestimmte Bausteine miteinander kombiniert bzw. nach ihren Schnittmengen fragt? Inwieweit relativieren sich die Erträge und Konzentrate bestimmter Bausteine, wenn sie in Relation zu den Erträgen und Konzentraten der übrigen Bausteine gesetzt werden?

[Wie verträgt sich die Gegenwartsanalyse mit dem Textbefund, wie der kirchliche Auftrag mit dem eigenen Profil, wie die Gemeindesituation mit dem Leitmotiv der exegetischen Besinnung ?]

Welche Sentenzen und Pointen können im Dialog der "Bausteine" argumentativ gefestigt werden, welche "fallen unter den Tisch"? Von welchem Nutzen sind die ersten Assoziationen, nachdem sie vor dem Diskussionsforum der "Predigtbausteine" reflektiert wurden?

Inwieweit beeinflußt die Erkenntnis, daß die Predigt parteiliche Verständigungsbemühung ist, den Dialog zwischen einzelnen und mehreren Bausteinen - etwa zwischen *Prediger* und *Text* oder *Kirche* und *Gegenwart*?

Predigtskopus und Botschaft, oder: Wozu? und Was?

Welche rhetorischen Möglichkeiten sind mir (d.h. der predigenden Person) in die Wiege gelegt, welche sind vom Text her gegeben, welche sind erforderlich in der nachchristlich-neuzeitlichen bzw. säkular-postmoderne Sprechkultur, welche sind geboten angesichts der konkreten erwarteten Menschenschar im Gottesdienst?

Sind die Einflußkräfte im System: Predigt bekannt? Sind sie auch für die jeweilig konkrete Predigtsituation hinreichend erfaßt und interpretiert?

Wie eloquent, charmant, charismatisch, glaubwürdig, müde, behäbig, kontaktscheu (usw.) bin ich, wie sperrig oder gefällig ist der Text, und wie aufnahmebereit oder ablehnend, persönlich wohlwollend oder zurückhaltend, inhaltsbezogen eher kritisch oder aufgeschlossen verhalten sich dazu (wohl) die Hörenden?

Was will ich (die predigende Person) bezeugen und erreichen? Was wird im Text zur Sprache gebracht? Welches Ziel hat die Predigt in kirchlicher Hinsicht? Was erwarten die Beteiligten? Auslegung? Zeugnis? Bekenntnis? Hilfe? (s.o; Station IV)

Will eher der Textinhalt zur Sprache gebracht werden, oder ist eher dem Bewegungsgesetz Folge zu leisten, das im Textinhalt erscheint (etwa διακονειν oder αγαπειν)? Wie verhält sich die diesbezügliche Entscheidung zu den Gewohnheiten der "schweigenden Mehrheit", zur Kommunikationspraxis der Kirche, zu meinem Selbst- und Rollenverständnis?

Worin soll im Ergebnis die entscheidende Pointe der Predigt liegen?

Wie ist der exegetische Skopus, wie der homiletische Skopus zu beschreiben?

Wie ist das bisherige Trägermedium (Text) beschaffen, sowohl im Ganzen als auch in seinen Teilen? Trägt es wirklich die Pointe, den Sinngehalt und die "Botschaft", die im Dialog der "Predigtbausteine" für bedeutsam erachtet wurde? Oder ist es angebracht, das ursprüngliche Trägermedium: Bibeltext um weitere (etwa: Gedicht, Liedtext, Bild etc.) zu ergänzen, weil / wenn das vorliegende Material noch nicht ausreicht, um die entscheidende(n) Pointe(n) zur Erschließung zu bringen?

Sollten (und dürfen) Metaphern ausgetauscht werden, Redewendungen, symbolische Codes maßgeblicher Denkfiguren?

Was für eine Story will eigentlich erzählt werden? Gibt es Stories, die die Predigtpointe unter den Bedingungen neuzeitlicher Lebenswelt besser veranschaulichen als der zugrundeliegende Perikopentext? Wenn ja: welche?

Welche Inhalte sollten die Hörenden im Endeffekt wahrnehmen können? Worauf zielt die Predigt ab?

SECHSTE STATION

GESTALTUNG FÜR DIE PRAXIS

GESTALTUNG FÜR DIE PRAXIS,
oder: Wie?

6.1 Die Predigt:
Gottes Werk - Menschen-Machwerk - geistreiches Kunstwerk

"Ich werde das Gefühl nicht los, daß es nicht an der Botschaft liegt, sondern an der Übersetzung, nicht an Gott, sondern an mir, an meiner Weise zu predigen", schrieb Ernst Lange 1968 in seinem offenen *Brief an einen Prediger*[212]. Er hatte damit einen Perspektivenwechsel angedeutet, der bald ausführlicher thematisiert, unter verschiedenen Titelüberschriften debattiert - und schließlich gar souverän und mit gewissem Recht als *empirische Wende in der praktischen Theologie* überhaupt bezeichnet wurde. Auf die Homiletik bezogen ging es im Kern um eine kritische Revision derjenigen prinzipiellen Theoriedesigns, die von der (sogenannten) Dialektischen Theologie inspiriert waren; es ging um eine deutlichere Hinwendung zu dem Themen- und Fragenkomplex der speziellen (und alltäglich-praktischen) Homiletik sowie generell um eine Berücksichtigung empirischer Fragestellungen.[213]

Das Insistieren auf die Verkündigung des sich in der Predigt offenbarenden Gottes sowie das unentwegt-permanente Debattieren der einzig wahren Frage, wie Gottes Wort aus Menschenmund gesprochen werden kann[214], hatten die Homiletik im Grunde stets daran gehindert, ernsthaft über die Gestaltung der wirklichen, konkreten und speziellen Predigt nachzudenken. Eine gute Predigt war eben eine solche, in der es Gott gefiel, sich zu offenbaren, ihre Botschaft wurde dann erkannt, wenn der Geist wollte und wehte, und ihre Dramaturgie war einwandfrei, wenn sich die (Heils-)Dramatik Christi erschütternd genug zur Darstellung brachte - die Vormachtstellung von Kriterien, die in erster Linie aus theologisch unbedenklichen Dogmen abgeleitet worden waren, stand lange Zeit den fälligen Neubesinnungen im Wege. Doch allmählich wurde die Dringlichkeit neuer Anfragen bzw. neuer Beantwortungen erkannt: Wie macht man überhaupt eine Predigt, und wie macht man sie gut? Woran erkenne ich ihre Qualität? Ist Gelingen und Erfolg planbar? Sind die Begriffe von Spannung und Verkündigung verträglich? Gibt es Regeln, Anweisungen, Maßstäbe und Tipps für eine richtige Predigt? All dies waren Fragen, deren Hervorhebung und Beantwortung Ernst Lange Vorschub geleistet hat; sein Votum war: Es liegt nicht an der Botschaft und nicht an Gott, sondern an dem Prediger, seiner Weise, seiner Übersetzung, seiner Vermittlung.

---

[212] E. LANGE, *Brief an einen Prediger*, aaO. 7.

[213] Vgl. W. TRILLHAAS, *Die wirkliche Predigt*, aaO. (siehe Pkt. 4.5).

[214] K. BARTH, *Menschenwort und Gotteswort in der christlichen Predigt*, ZZ 3, 1925; H.D. BASTIAN, V*om Wort zu den Wörtern. Karl Barth und die Aufgabe der Praktischen Theologie*, EvTh 28 (1968), 25-55; J. HERMELINK, *Predigt und Predigtlehre bei K. Barth*, PTh 76 (1987), 440-460.

Damit war die von der Dialektischen Theologie inspirierte Homiletik vorübergehend suspendiert worden; immer mehr galt es, Übersetzung und Predigtweise zu beachten, zu beobachten, zu analysieren und zu trainieren. Religions- und kirchensoziologische Aspekte wurden traktiert, kommunikations- und handlungstheoretische, sprach- und kreativitätspsychologische Debatten reproduziert, Kybernetik, Rhetorik, und Psychoanalyse, Kunst-, Medien- und Literaturtheorien, ja: nahezu sämtliche Human-, Geistes-, Sozial- und Kulturwissenschaften wurden bemüht, um mehr über Predigtkunst und Methode sagen und erfahren zu können.[215] Auf eigentümliche Weise aber war, so sehr es den Anschein machte, daß eine "Wende" bzw. eine Öffnung zur Welt hin stattgefunden hatte, der Inhaltbezug der 'Alten', ihre theologische Wort-Fixiertheit beibehalten worden. Denn selbst wenn "Gottes Offenbarung" nicht länger explizit und extrem focussiert wurde, ging es doch weiterhin um das Hören und Verstehen einer *evangelischen* Botschaft, um das Gelingen *kirchlicher* Kommunikation, um die erfolgreiche Übertragung *christlicher* Information, um das Lernen des *Glaubens*. Die Perspektive hatte sich radikal verschoben, ihr Gegenstand bzw. ihr Thema nur bedingt. Die von der systematisch-theologischen Wesensbestimmung der Predigt, von christologisch-ekklesiologischen Dogmen "befreite" Predigtvorbereitung verstand zwar im wesentlichen den Spielregeln und Forderungskatalogen verschiedenster nichttheologischer Wissenschaften, blieb aber zugleich beschattet von einer theologischen Homiletik, die sich nach wie vor ständig selbst weiter an den *Wortereignis*charakter des Glaubens und an das *Sprachgeschehen* der Verkündigung erinnerte. Und solange die typischen, gängigen, etablierten Bezugsetzungen von Wort und Glaube, Predigt und Kerygma, Evangeliumsbotschaft und Religion nicht hinreichend reflektiert wie auch relativiert wurden, mußte jede theologisch gelesene Kommunikations- und Informationstheorie[216] neue Sachzwänge heraufbeschwören.

Das vielleicht augenfälligste und folgenschwerste Mißverständnis bestand im Ergebnis wohl darin, daß man glaubte, sich Predigtkunst und Predigtgeschehen, Predigtkonzeption und Predigtrezeption unter den Konditionen von Hören, Verstehen und Lernen begreifbar machen zu können. Alle Versuche, im Dienste der guten Predigt Lernziele aufzustellen, Aufmerksamkeitverläufe zu prognostizieren, Informationsübertragungsmechanismen zu methodisieren und intellektuelle Zumutbarkeiten zu berechnen, gingen von Überlegungen aus, die homiletisch noch immer auf Worte, Inhalte und Botschaften ausgerichtet waren; die gefolgerte Predigtpraxis freilich erschien vor der Hintergrund eines Ensembles voller Techniken, Tricks, Know Hows, die man am besten komplett zu beherrschen hatte.[217]

---

[215] Vgl. insgesamt die zusammenfassenden Übersichten bei: H.-W. DANNOWSKI, *Kompendium der Predigtlehre*, Gütersloh 1985.

[216] Vgl. H.E. BAHR, *Verkündigung als Information*, Hamburg 1968; W. BARTHOLOMÄUS, *Evangelium als Information*, Köln 1972; H.D. BASTIAN, *Verfremdung und Verkündigung*. ThEh 127, München 1965; DERS., *Vom Wort zu den Wörtern*, in: EvTh 28 (1968), 25ff; H.J. BENEDICT, *Verkündigung als Information - Zehn Jahre danach*, WuPKG 69 (1980), 338ff; P. CORNEHL / H.E. BAHR, *Gottesdienst und Öffentlichkeit*, Hamburg 1970; J. ROLOFF (Hg.), *Die Predigt als Kommunikation*, Stuttgart 1972.

[217] Vgl. die Beiträge in: P. DÜSTERFELD / H.B. KAUFMANN, *Didaktik der Predigt*, Münster 1975.

Und damit hatte sich die Situation quasi wiederholt. Die seinerzeit von der Dialektischen Theologie zehrende Homiletik hatte die theologischen Ansprüche ihrer Väter nur bedingt einlösen können; die Homiletik nach der empirischen Wende hingegen erlag der Wucht einer hochaggregierten theoretischen Pragmatik. Mit anderen Worten: Was allmählich der unwirklich-wirkungslosen Dominanz theologischer Entwürfe entrissen und in den Bereich des Plan- und Machbaren erhoben worden war, geriet unter der Hand in den Bannkreis der Pflicht: "Wenn ihr wißt, was alles zu beachten ist, wenn ihr die Diagnose stellen könnt und die Rezepte habt - warum läßt nur der Erfolg auf sich warten?" Je präziser die theoretischen Hilfskonstruktionen, methodischen Anregungen, empirischen Daten und didaktischen Konzepte wurden, desto auffälliger wurde auch das Scheitern vieler; und je mehr man über Hintergründe, Variablen, Faktoren usw. in Erfahrung brachte, desto heftiger wurde die eigene Unzulänglichkeit offenbar. Mit jedem Schub neuer Hilfstheorien kamen auch neue Unsicherheiten auf, neue Pflichten, neues Versagen; denn was sich gefällig theoretisieren läßt, läßt sich noch lange nicht "machen". Das weite Feld der Empiriker war einerseits immer größer, breiter, vielschichtiger und unübersichtlicher geworden, andererseits aber auch enger, dogmatischer, prinzipieller. Wer sich einmal zurechtgefunden hatte, war gut aufgehoben, doch wer einmal die Orientierung verloren hatte, drohte jämmerlich verloren zu gehen.

Es liegt an mir, an meiner Weise! - das Lange'sche Dictum von einst kann vielfältigen Lesarten unterzogen werden. Der eine begreift es (immer noch) als sinnvollen Befreiungsschlag von systematisch-theologischer Prinzipienreiterei, die andere versteht es als Initial einer Verbesserung der praktisch-theologischen Ausbildung, der dritte liest es als Ermutigung zur freiheitlichen Professionalisierung je eigener individueller homiletischer Kompetenz, und eine vierte sieht darin eine einzige unerbittliche Auflage und Belastung.

Doch zum Glück sind die Umstände, die zu der hinter letztgenannter Lesart stehenden Auffassung führten, mittlerweile ausreichend relativiert worden. Reformulierte alte Anregungen, deutlicher reflektierte (und weniger vorschnell eingebrachte) Erkenntnisse anderer Wissenschaften sowie neuere Untersuchungen haben längst zu einer verbesserten, weil erweiterten Verständigungs- und Handlungsbasis für homiletische Theorie und Praxis beigetragen. Besonders zu nennen sind
- der Versuch, im Blick auf die wirkliche Predigt zwischen gelungener und erfolgreicher Kommunikation bzw. zwischen (intellektuell) *Verstehen* und *innerlich Bejahen* zu differenzieren,
- die Bemühung, bezüglich des Predigtgeschehens zwischen Sprecher und Hörerin eine Ebene der Inhalte von einer Ebene der Beziehung(en) zu unterscheiden, sowie
- die Empfehlung, der Predigt grundsätzlich zuzugestehen, daß sie mehr Disclosure-Situationen enthält als geplant, oder anders: davon auszugehen, daß der Predigthörer "mehr" und "anderes" zu sehen, wahrzunehmen und zu erschließen in der Lage ist, als die Predigtschreiberin bei der Produktion vielleicht beabsichtigt[218].

---

[218] Vgl. W.A. DE PATER, *Theologische Sprachlogik*, München 1971; K.F. DAIBER u.a., *Predigen und Hören. Bd. 2*, aaO.; v.a. 96.

aus dem Hintergrund mahnend aufgerufen hatten; die Theologie erinnerte als pneumatologisch gestützte und begründete Predigttheorie an die Diskrepanz und den Zusammenhang von *machbar* und *wunderbar*![219] Und diese wiederaufbereitete Differenz konnte auf angenehme Art und Weise mit der bislang mehrfach erwähnten wissenschaftlichen Feststellung korrespondieren, daß Urheberintentionen zwar im Werk zum Vorschein kommen können, nicht aber in der Sinnerschließung des Rezipienten auftauchen müssen, daß abgeschlossene Werke ein Eigenleben zu führen beginnen und daß es Rezeptionsweisen gibt, bei der nicht so sehr die Beschaffenheit der Objekte, sondern vielmehr die evozierten Empfindungen und Erlebnisse der Subjekte von Bedeutung sind[220]:

"Predigt ist Kunst, insofern sie kommunikativer Wirkungsprozeß ist und nicht eine Belehrung über objektive Wahrheiten"[221], hat Henning Luther (u.a. im Dialog mit Theaterwissenschaften) bemerkt und entsprechend notiert, daß die Predigt als monologisches Drama der Vesuch ist, "den Text in die Szenen unserer Situation, unserer Gegenwart zu versetzen, damit er neu wirken und leben kann."[222] Was das bedeutet, erklärt Luther v.a. in Anlehnung an o.g. Feststellungen: "Das Kunstwerk realisiert sich in dem, was es auslöst. Ähnlich scheint es mir bei einer Predigt zu sein, die gerade nicht als geschlossenes Kunstwerk verstanden werden kann. Nicht im Amen des Predigers gelangt die Predigt an ihr Ziel, sondern in den Predigten, die (...) jeder Hörer sich aufgrund der Rede des Predigers selbst hält"[223].

Mit diesen Thesen war für die Homiletik ein Weg vorgeschlagen, der zwar in der Theorie eine Reihe von Überlegungen und Diskursen notwendig machte, in der Praxis aber leichter zu begehen war. Die Pointe der Korrespondenz zwischen theologischer Pneumatologie, hermeneutischer Medientheorie, Rezeptionsästhetik und Semiotik bestand nun mal in der Feststellung, daß der Predigterfolg nicht mit der Kompetenz der Predigerinnen steht und fällt, zumal all ihrem Wirken, Planen und Schaffen nur ein begrenzte Bedeutung in jenem komplexen Wirkungsgeflecht des Predigtgeschehens

Damit kam ein berechtigtes Anliegen wieder zu Ehren, das allein die mit dem Bannstrahl der 'Empiriker' getroffenen theologischen Theorien konserviert und gelegentlich

---

[219] Vgl. R. BOHREN, *Predigtlehre*, ⁴1980, 77; ähnlich i.Ü. auch W. ENGEMANN, *Der Spielraum der Predigt und der Ernst der Verkündigung*, in: E. GARHAMMER / H.G. SCHÖTTLER (Hg.), *Predigt als offenes Kunstwerk. Homiletik und Rezeptionsästhetik*, München 1998, 180-200, 199: "Und derselbe Geist, der dem Prediger beisteht, die Zwischenräume des Textes zu füllen, so daß eine Predigt, nein, 1000 verschiedene Predigten im Umgang mit ein und demselben Text entstehen, der vermag auch den Hörer zu leiten, der in den Zwischenräumen der Predigt mit der Erwartung unterwegs ist, zu hören, was ihm keiner sagen kann, weil kein Prediger nichts Konkretes von ihm weiß."

[220] Vgl. Pkt. 3.1

[221] H. LUTHER, *Predigt als inszenierter Text. Überlegungen zur Kunst der Predigt,* in: ThPr 18 (1983), 89-100, 91.

[222] Ebd. 97.

[223] H. LUTHER, *Predigt als Handlung. Überlegungen zur Pragmatik des Predigens*, in: ZThK 80 (1983), 223-243, 231.

zukommt.²²⁴ Die Predigt ist prinzipiell offen, nicht-eindeutig und mehrdeutig, - was wiederum der "Mehrdeutigkeit des Evangeliums"²²⁵ entspricht!

Diese Mehrdeutigkeit ist nicht im Sinne einer ('postmodern-nachneuzeitlichen') Beliebigkeit zu verstehen, gegen die man die 'Deutlichkeit'²²⁶ und den 'Eigensinn'²²⁷ der Predigt geltend machen müßte; sie ist vielmehr per se schon stark eingeschränkt und nicht bedingungslos: Zum einen wird diese Mehrdeutigkeit begrenzt durch das Interpretationsrepertoire (bzw. die 'Privatdogmatik') der Predigthörer, zum anderen durch den Interpretationsspielraum, der mit dem gesellschaftlichen Kontext der Institution: Predigt bzw. mit der Situation: Gottesdienst gegeben ist, zum dritten mit der weitestgehend anerkannten Besonderheit des 'Textes'.²²⁸ Schließlich wirkt auch die Predigtintention der in Beliebigkeit ausartenden Mehrdeutigkeit entgegen; jede Predigt wird doch im Regelfall von Absichten - etwa Veränderung, Ermahnung, Erbauung, Trost, Lebenshilfe usw. - getragen, will doch ein bestimmtes Verständnis von Wirklichkeit geltend machen und überzeugend vermitteln. Denn Predigten sind *dogmatisch-konfessorische* Texte, die ihren Grund in einer konkreten Überzeugung haben, es sind *diskursive* Texte, die sich in die gesellschaftlichen Lebenssinndeutungs-Kommunikationen einzuspielen beabsichtigen, und es sind *persuasive* Texte, die eine bestimmte Perspektive überzeugend zur Geltung bringen wollen. Wenn letzteres aber der Fall ist, und die predigende Person mit ihrem offenen Kunstwerk doch auch überzeugen *möchte*, dann *darf* sie gleichfalls fragen, wie dieses nun nach den besten Regeln der 'Kunst' zu gestalten ist, damit es überhaupt überzeugen *kann*.

Nunmehr freilich wiederholt sich eine Szene der zuvor umrissenen historischen Partitur. Denn wenn nach allen Regeln der Kunst die Bedingungen dafür bereitet werden wollen, daß das offene Kunstwerk die Möglichkeit in sich birgt, Rezipienten von der Bedeutsamkeit einer bestimmten Lebensdeutungsperspektive überzeugen zu können, dann muß auch das grundsätzliche Thema des Wort-, Sprach-, Sinn-Verstehens wieder

---

[224] Vgl. insgesamt E. GARHAMMER / H.G. SCHÖTTLER (Hg.), *Predigt als offenes Kunstwerk*, aaO.; W. ENGEMANN, *Semiotische Homiletik. Prämissen - Analysen - Konsequenzen*, Tübingen / Basel 1993.

[225] G.M. MARTIN, *Predigt als 'offenesKunstwerk'? Zum Dialog zwischen Homiletik und Rezeptionsästhetik*, in: EvTh 44 (1984), 46-58, 52; vgl. dazu H. SCHROER, *Umberto Eco als Predigthelfer? Fragen an Gerhard Marcel Martin*, in EvTh 44 (1984), 58-63; A. BEUTEL, *Offene Predigt. Homiletische Bemerkungen zu Sprache und Sache*, in: PTh 77 (1988), 518-537.

[226] Vgl. H. SCHROER, *Umberto Eco als Predigthelfer*, aaO. 62.

[227] Vgl. K.H. BIERITZ, *Offenheit und Eigensinn. Plädoyer für eine eigensinnige Predigt*, in: BThZ 14 (1997), 188.

[228] Dies ist i. Ü. auch der Grund dafür, daß zeitgenössische Predigthörerende selbst die grausamsten Bibelgeschichten nicht unbedingt als Aufforderung zum Töten verstehen, sondern weitestgehend auf erstaunliche Weise ihren 'christlichen' Deutungsgewohnheiten folgen; anders, als dies zur Zeit der Kreuzzüge der Fall war oder in bestimmten Bundesstaaten der Vereinigten Staaten von Amerika der Fall ist. In der Tat folgt die Ausdeutung des offenen Kunstwerkes: Predigt ganz bestimmten Bedingungen und ganz konkreten Umständen!

aufgegriffen, dann müssen jene Fragen nach der Gestaltbarkeit von Sprache, Erleben, Hören usw. erneut gestellt und beantwortet werden. Doch diesmal freilich pneumatologisch, rezeptionsästhetisch, semiotisch (usw.) entlastet von dem absoluten Erfolgsdruck und dem Gefühl, "es liegt alles an mir".

6.2 Zur Kreation der kontextuellen Sprachhandlung: Predigt.
Das technische KnowHow für kirchliche Auftragsreden unter den gottesdienstlichen Bedingungen "freier" Rezeption

Im einem westfälischen Kirchenkreis hatte sich seit geraumer Zeit die gute Sitte eingebürgert, Pastorinnen und Pastoren bei Ihrer Ordination ein Gedicht von Nikolaus Ludwig Graf von Zinzendorf und Pottendorf zu überreichen, in dem reimversweise betend vor Gott gebracht wurde, wie man sich die Zurüstung der jungen Geistlichen vorstellt: *Gib Herr was du verordnet hast, was Deine Diener haben sollen, wenn sie Dir nützlich werden wollen: Ein Joch, das unserm Halse paßt; Geduld und Unerschrockenheit, das Ruh'n und Tun in gleichem Grade, und Beugung bei der höchsten Gnade, und Dein Verdienst zum Ehrenkleid; ein inniglich vergnügtes Herz, ein Herz, besprengt mit Deinem Blute, das Nötigste vom Heldenmute, beim Lieben einen mäß'gen Schmerz, ein Auge rein und sonnenklar, ein treues Ohr für alle Schäden, gerührte Lippen recht zu reden, Gemeinschaft mit der obern Schar.*[229] Vor einigen Jahren soll es sich zugetragen haben, daß ein junger Pfarramtskandidat, sein Gebet empfangend, nur kurz seine Augen darüber schweifen ließ und erklärend befand: "Ich wünschte, ich hätte so ein Rezept auch für meine nächsten Predigten bekommen!"[230]

Die Berechtigung dieses Wunsches ist längst erwiesen; die entsprechenden Fragen längst formuliert. Was muß eine Predigt haben, wenn sie Gott nützlich werden will? Was muß sie haben, wenn sie dem Menschen nützen soll? Wie muß sie gestaltet werden, damit sie ihren zuvor bestimmten Sinn und Zweck erfüllen, ihren vorgeschriebenen Dienst tun, ihre erwartete Funktion haben kann? Und wie muß man diese Predigt machen, damit sie überhaupt zu Ohren kommt? Um es mit einem hoffentlich einleuchtenden Bild auf den praktischen Punkt zu bringen: Nach allen Entwürfen, Theoriedesigns, Systemdebatten usw. geht es nun schlicht und einfach um Bau- und Betriebsanleitungen, um das Bestand- und Ersatzteillager des Predigtbetriebs, um die Werkstattleitung, um Regelwerke und Mindestanforderungsraten; es geht um die Frage, was wie funktioniert, wie man was zusammensetzt, nach welchen Regeln Dinge ineinandergefügt werden dürfen und welche besonderen Beschaffenheiten die einzelnen Bau- und

---

[229] Vgl. H.v. HENTIG, *Lebensklug und fromm. Ein Gebet, das ein Gedicht ist*, in: Evangelische Kommentare 4/95 (1995), 209. Die erste Begegnung mit dem Zinzendorf-Gedicht, später auch mit dem Hentig-Kommentar verdanke ich Herrn Superintendenten Klaus Philipps.

[230] Natürlich traf dieser Kommentar nicht den Nerv des Zinzendorf-Gebetes; ebensowenig würdigte er die wohlwollende Absicht, die hinter der Gebetsübergabe stand. Stattdessen hatte der junge Kandidat in seiner hastigen Kommentierung nur die eigenen Unsicherheiten und Ängste artikuliert.

6.2 Zur Kreation der kontextuellen Sprachhandlung: Predigt

Betriebselemente haben müssen, haben dürfen und haben können. Und wenn schon von einem offenen Kunstwerk gesprochen wird (s.o.): es geht jetzt endlich um alle "Regeln der Kunst", es geht um die Bedingungen, unter denen ein Predigt-Kunstwerk überhaupt präsentiert werden kann, und sodann um die Bedingungen, unter denen es präsentiert werden muß, damit es wahr- und ernstgenommen wird. Können diese Bedingungen bestimmt und beschrieben werden, indem man Beobachtungen zu Predigtrezeptionen anstellt, sie auswertet, Schlüsse zieht und Konsequenzen ableitet?

Karl Wilhelm Dahm hat dies in den siebziger Jahren auf der Grundlage umfangreicher Feldforschungsprojekte getan und erklärt, wie die Predigt bei ihren von verschiedensten Kräften beeinflußten Hörerinnen und Hörern eine Eingangsstation, eine Auswahlstation und eine Verarbeitungsstation durchläuft, um schließlich in seelische Energie umgesetzt oder in bestimmte kognitive Subsysteme eingebettet zu werden.[231] Dieses recht spezielle und komplexe Erklärungsmodell ist zwar bislang mehrfach kritisiert, reflektiert und renoviert worden,[232] mußte aber aufgrund seiner nach wie vor weitgehend zutreffenden Diagnostik, Plausibilität und Anschaulichkeit nur wenig an Potenz einbüßen; bis zum gegenwärtigen Zeitpunkt hat es seine Stärken vor allem auch dadurch bewahrt, daß es nach wie vor mit praxisrelevanten Exkursen, mit hilfreichen und fundierten Anregungen für die Predigtvorbereitung aufwartet. Immerhin legt es Klärungs- und Lösungsvorschläge für eine ganze Reihe bedeutender Fragen vor: Welche Menge von Signalen kann ein Normalverbraucher empfangen? Wie reduziert er die Fülle an Signalen, wie wählt er aus? Wie kann das System reduzierender Filterung beschrieben werden, und wie ist damit umzugehen?

Dahm hatte zur Bewältigung der damit "praktisch" verbundenen Aufgabe empfohlen, sich zunächst eingehender mit dem "Faktor der sogenannten *Redundanz*"[233], der Bedeutung bestimmter "Reizworte" und den Mechanismen assoziativer Kettenreaktionen zu befassen. Zu Redundanz etwa erläutert er: "Es geht bei diesem (...) Gegenstand unter anderem darum, wie 'dicht', wie 'komprimiert', wie 'knapp' eine Nachricht formuliert sein darf, wenn man sie verstehen und verarbeiten soll. (...) Man hat das quantitative Verhältnis von 'unbedingt notwendigen' und 'überflüssigen' Wörtern in der Nachrichtenübermittlung unserer Umgangssprache zu errechnen versucht; dabei hat sich ergeben, daß die Redundanz bei 50-75% liegt; das heißt, daß auf jedes (...) 'notwendige' Wort zwei bis drei 'überflüssige' Worte kommen. Was die Predigt betrifft, so scheint der Anteil von Redundanz noch höher liegen zu müssen (...)"[234].

---

[231] K.W. DAHM, *Hören und Verstehen*, aaO.; vgl. hierzu die graphische Übersicht in Anlage III.

[232] Vgl. H.W. DANNOWSKI, *Kompendium der Predigtlehre*, aaO., der dem von Dahm rekonstruierten Prozeß vorwarf, ungeheuer kompliziert zu sein und zu wundern aufgibt, daß überhaupt noch etwas überkommt (116). Außerdem käme, so u.a. Dannowski, solchen Überlegungen nicht in den Sinn, daß der Hörer seinerseits nur den einfachen Wunsch nach Erbauung haben könnte (117).

[233] Vgl. K.W. DAHM, *Hören und Verstehen*, aaO. 247f.

[234] Ebd. 247f.

Doch damit nicht genug; es muß das perfekt ausgewogene quantitative Verhältnis von notwendigen und überflüssigen Worten, Sätzen, Gedanken etc. auch qualitativ ausgeleuchtet werden. Diesbezüglich war auf die "Reizworte" aufmerksam gemacht und herausgestellt worden, inwieweit in der Auswahlstation das individuelle Bezugs- und Überzeugungssystem der Hörerinnen eine Rolle spielt: bestimmte Termini, Leitideen, Paradigmen, Denkfiguren und Worte werden vor dem Hintergrund der je individuellen Hörer-Grundüberzeugung, seiner Mentalität und Erwartungshaltung unterschiedlich gehört und bewertet, also entweder übergangen oder umgedeutet, in Widersprüchlichkeit angeeignet oder ignoriert, verharmlost oder eskaliert.

Je nach Art und Weise nun, wie ein Reizwort, Stichwort, Leitgedanke, Argumentationselement oder Theologoumenon a) beschaffen ist, b) in den Raum gestellt wird, und sodann c) vor dem Hintergrund der Hörer-Voraussetzungen dessen Aufmerksamkeit erregt, kann es vom/im Hörer traktiert werden. Dies geschieht in der Regel assoziativ, kreativ, gedanklich abschweifend, oder, wie der Volksmund sagt, in der Bewegung 'vom Hölzchen aufs Stöckchen'. Es ist eine Assoziationskette, eine Kettenreaktion persönlicher 'Innereien', die sich bildet, fortsetzt - um erst später, sei es bei einem weiteren Reizwort oder sei es nach Assoziationsdiffusion[235], in die 'gepredigte Realität' zurückzukehren bzw. in diejenige Situation wiedereinzutreten, die einmal Ausgangslage gewesen ist.

Sowohl die Vorarbeiten als auch die Ausführungen Dahms sind in zahlreichen "Ratgebern", Modellen, Methodenlehren usw. aufgenommen und weiterverarbeitet worden. Hinweise zur Optimalkodierung von Texten, Formeln zur Textschwierigkeitsmessung und Redundanzermittlung, Bemerkungen zu wellenförmigen Aufmerksamkeitsverläufen und Gedächtnis-Kurzzeitspeichern gibt es reichlich; wichtige Tipps sind uns hinterlassen.[236] Doch gerade die Konsequenz aus der o.g. These von assoziativen Kettenreaktionen relativiert die Bedeutung dieser Tipps ungemein. Denn was mit der Thematisierung jener assoziativen Kettenreaktionen de facto besprochen wird, ist die partielle Selbstausblendung der Hörerinnen und Hörer während der Predigt, ist eine sich an Teilen der Predigt quasi abarbeitende (Sinn-)Deutungseigenleistung, eine sich vom "Hören und Verstehen" befreit habende religiöse Selbsterschließung vor dem Hintergrund einer akustisch vernommenen Predigt voller "Reize".

Damit ist freilich wieder das Niveau jener Grundsatzfrage erreicht, die die gesamten bisherigen Darstellungen beeinflußt hat, indem sie stets das rechte Verhältnis von Theologie und Wissenschaft, Systematik und Praxis, Sache und Situation, Wunderwerk und Planung, Pneumatologie und Empirie, offenem Kunstwerk und detailliert intentionaler Rede usw. zu ermitteln suchte. Auf den vorliegend diskutierten Zusammenhang zugeschnittten lautet die modifizierte Entscheidungsfrage: Wenn jede Predigt Hörerinnen und

---

[235] Mit diesem Terminus ist gemeint, was allmählich geschieht, wenn man assoziativ von einem Gedanken zum nächsten rast, von einer Erinnerung zur anderen springt, wenn sich die Bilder in rascher Folge im Kopf abwechseln und ablösen - bis man am Ende ermüdet und "entleert" dasitzt und "gar nichts mehr" denkt.

[236] Vgl. T. STAEHLIN, *Kommunikationsfördernde und -hindernde Elemente in der Predigt*, in: WuPKG 61 (1972), 297ff.; auch R. HEUE / R. LINDNER, *Predigen lernen*, Gladbeck 1976.

6.2 Zur Kreation der kontextuellen Sprachhandlung: Predigt

Hörer grundsätzlich dazu einladen kann, sich in freier Entfaltung ihres Geistes von der erwarteten Gedankenbewegung zu emanzipieren, der Gedankenführung der Predigenden für einen gewissen Zeitraum nicht mehr zu folgen, - ist dann umso konsequenter und stringenter an der zwingenden Logik und Bindungskraft der Predigt zu arbeiten, auf daß die Rezipierenden stärker gefesselt werden? Oder ist genau diese Freiheit des Deutens, Denkens, Assoziierens etc. positiv zu bewerten, theologisch einzuholen und mit bereits angebotenen homiletischen Theorie- und Praxismodellen auf einen Nenner zu bringen - nicht ohne weiterhin an einer Verbesserung des technischen KnowHow zu arbeiten?

Hier soll eine doppelte Entscheidung getroffen und ein doppelter Vorschlag unterbreitet werden: Erstens: Es kann der o.g. partiellen Selbstausblendung während der Predigt, der sich an Teilen der Predigt quasi abarbeitenden Sinndeutungs-Eigenleistung und der sich vom Begreifen des Erwarteten befreienden, aber dennoch an Predigtreizen entzündenden religiösen Selbsterschließung nicht abgesprochen werden, legitim Teilsinn, -ziel und -zweck der Predigt zu sein. Ebensowenig läßt sich die Qualität der erschlossenen Botschaft oder der Gestimmtheit gegen Ende der assoziativen Kettenreaktion diskutieren; was erschlossen wird, stellt tatsächlich ein Resultat dar, das dem beabsichtigten Predigterfolg nicht unbedingt untergeordnet werden muß. Tatsächlich kommt es einer Übersteigerung des Predigtverständnisses, auch einer Selbstüberschätzung bzw. Selbstüberforderung der Predigenden gleich, wenn die Predigtqualität von ihrem Erfolg her kalkuliert wird, den Hörenden etwas mit auf den Weg gegeben zu haben; Qualität zeigt sich auch dort, wo den Rezipierenden ermöglicht wird, vor dem Hintergrund ihrer Predigtwahrnehmung und Verarbeitung selber etwas mitzunehmen.

Andererseits jedoch und somit zweitens: Die Predigt ist als kontextuelle Sprechhandlung (s.o.: Bedingungen der Präsentation eines Predigt-Kunstwerke) nicht nur in einen institutionellen Rahmen gebettet, sondern steht auch im Erwartungshorizont einer Rezipientenschar, die in stummer Forderung ihr vertrautes Vokabular ebenso einklagt wie eine bestimmte "situative Grammatik". Damit steht freilich fest, daß eine Predigt, die als gottesdienstlich-kirchliche Auftragsrede eine ganz konkrete, bekannte, erwartete Lebensdeutungsperspektive repräsentieren soll, nicht als beliebige Plauderei oder konturenlose Performance die Initialzündung freier Gedankenflüge abgeben darf. Diese Ausnahmen haben sicherlich ihre Berechtigung im Rahmen einer kirchlich-pastoralen Betreuungsstrategie bestimmter sozialer Milieus und Szenen. Doch auch wenn der Bereitstellung von Traum-Freiräumen eine lebensdienliche Funktion attestiert - und sie insofern mit dem sozialdiakonischen Auftrag der Kirche verrechnet werden könnte, behält die grundsätzliche Formel ihre Geltung, daß *wer in die Kirche geht, "Kirche" haben will, sonst ginge er ja nicht in die Kirche.* Wer 'nur' träumen möchte oder die Startrampe sowie den Freifahrtschein zum Wolkenluftschloß braucht, wird in der Regel keinen Gebrauch von dem Angebot der kirchlichen bzw. Gemeindepredigten machen[237]; diese sind schließlich nicht nur dafür bekannt, daß "man hier an Gott glaubt"[238], sondern solches fast

---

[237] Warum eigentlich nicht? Schade ist es zumindest und ein guter Grund, nicht an dieser Stelle, jedoch über diesen Punkt ausführlicher nachzudenken.

[238] Vgl. F.T. BRINKMANN, *"Gott ist ein Kissen"?*, aaO. 25f.

ausschließ-lich auf der Basis einer kirchlich-gottesdienstlichen Sondergruppensemantik, einer kirchlich-gottesdienstlichen Eigengrammatik und eines kirchlich-gottesdienstlichen Spezialvokabulars tut.[239]

Vor dem Hintergrund bzw. in der Schnittmenge aller genannten Überlegungsstränge ergeht hier nun das Plädoyer zu Gunsten einer Fleißarbeit, die nichts unversucht, aber dennoch keine Erfolgs- und Sachzänge aufkommen läßt: Also durchaus Denken, Nachdenken, nach Worten suchen, gliedern, aufbauen, die Frage nach der Spannung stellen und versuchen, mit nicht ganz fremden Begriffen nicht ganz fremde Dinge zu sagen, und dabei durchaus akzeptieren, wenn nicht bei allen Hörerinnen und Hörern die geplante Richtung des Verstehens und Mitdenkens eingeschlagen wird, sondern der eine oder die andere innerlich abhebt. Was muß eine gute Predigt haben? Eine völlig unerwartete Beantwortung jener Frage zeichnet sich ab:

Sie muß den Klang von zarten Harfen und von dröhnenden Posaunen haben, einen Fluß der Leichtigkeit im Kontrast zur Gravität der Materie. Sie muß eine Poesie der Worte und Gedanken sein, die zum Weiterdenken einladen, sollte aber auch stets zu der strengen Sachlichkeit einer Zeugenrede zurückfinden können, wenn es geboten ist. Sie muß sein wie ein Album mehrdeutiger Bilder, das man an beliebiger Stelle aufschlagen kann, ohne enttäuscht sich abwenden zu müssen, doch unter den mehrdeutigen Bildern sollte immer auch lesbar sein können, wie der Komponist der Bildersammlung diese verstehen wollte und kommentiert hat. Sie muß sein ein Buch voller glänzender Metaphern, alt und doch nicht verstaubt, neu und doch nicht anbiedernd, alltäglich und doch nicht vulgär. Sie muß mehr Worte haben, als man hören kann; sie muß mit solchen Worten feiern, die nicht erst der Vergessenheit der Geschichte entrissen werden müssen, um in der sonntäglichen Sondergruppensemantik magisch neu beschworen zu werden. Sie darf stolz sein auf ihren besonderen Kontext, kann ihn mit Würde zum Leuchten bringen, aber sie darf niemals versuchen, ihre Besonderheit mit den Dingen zu schmücken, die gar nicht besonders sind. Sie soll sich hüten vor den Klischees, die man da draußen erwartet, und noch mehr vor den Klischees, die man da draußen schon lange nicht mehr erwartet, nur noch bei uns drinnen als Wahrheit behauptet. Und sie muß spannend sein! Und gut gegliedert.

---

[239] Anders vermag ich die Tatsache nicht zu interpretieren, daß der Kirche gerne Klischees unterstellt werden, über die man sich gut und gerne amüsieren und kritisch auslassen kann, ihren Amtsträgerinnen und -trägern aber außerordentlich zum Vorwurf gemacht wird, daß und wenn sie von diesen Klischees abweichen. Mit anderen Worten: Wenn der Pfarrer seinen Konfirmationsgottesdienst "altmodisch" gestaltet und mit "salbungsvollem Pathos" sein "überholtes Zeugs" erzählt, wird es mit den beinahe schon traditionellen Schimpftiraden und Empfehlungen ("Die Kirche muß sich vielmehr der Zeit anpassen...") bedacht. Tut er aber exakt das Gegenteil - etwa indem er neue Formen wagt, zeitgemäße Worte für interessante Aspekte christlicher Lebensdeutung findet und eine angenehme Sprache spricht, wirft man ihm hinterher aus dem Brustton maßloser Enttäuschung vor, er habe seine Sache wohl nicht "richtig" gemacht und man habe das Gefühl haben müssen, nicht in einer Kirche gewesen zu sein.

6.3 Predigtgliederung, Predigtaufbau - und "Wortstellung"

Aller Anfang ist schwer. Aber der Schluß wohl nicht minder, denn obwohl alles einmal ein Ende haben muß, tut bekanntlich *Scheiden weh.* Bisweilen auch bloßes Ent-Scheiden. Vom schwierigen Anfang nun zum schweren Ende bzw. zur diffizilen End-Scheidung zu gelangen erfordert in der Regel die Überwindung bzw. Überbrückung einer gewissen Strecke; und wenn man sich nicht unbedingt hinter dem Unsinn der Redensart verstecken möchte, daß *der Weg ja das Ziel ist*, stellt man rasch fest, daß es auch der Mittelteil an Komplexität in sich hat, weil er eben nicht das Ziel ist, sondern erst dorthin führt. Bisweilen kommt es auch vor, daß einer mit der Tür ins Haus fällt und mit dem Anfang das Ende schon vorwegnimmt, sodaß er sich dasselbe ebenso sparen kann wie den Mittelteil. Zumindest unter Gesichtspunkten der Spannung und Dramaturgie. Aber worum geht es hier eigentlich?

Es geht um die finale Konstruktion der Predigt, um eine Beantwortung der klassischen Frage, wie die Predigerin das, was sie zu sagen hat, aufbaut und gliedert. Natürlich wird diese zunächst harmlos scheinende Frage nicht wirklich um ihrer selbst willen gestellt; sie ist einem Interesse untergeordnet, das freilich nicht immer explizit benannt wird: Wie mache ich's spannend? Wie gelingt es, Hörerinnen und Hörer 'bei der Stange' zu halten? Und wie ist es zu schaffen, daß die formale Gestaltung der Dramaturgie dient, ohne dabei mit der (christentums- und) predigtimmanenten Heilsdramatik zu konkurrieren oder diese gar vollends zu überlagern? Wie vermag ich einen Weg gangbar und mitgehbar zu gestalten, eine Brücke von der Frage zur Antwort oder gleichfalls von der Lösung zur Erlösung zu schlagen, und zwar so, daß einzelne Schritte auch mitgegangen, miterstrebt, miterzittert werden wollen? Wie erreiche ich, daß die Predigt wirklich nachvollzogen und nachbegangen wird bis zum (gelegentlich auch bitteren) Ende?

Die Frage nach der Predigtgliederung hat eine lange Geschichte, ihre Beantwortung ebenso. Letztere erfolgt bis in die Gegenwart hinein gern mit dem alten Schema der Dreiteilung: 'Einleitung, Hauptteil, Schluß'[240], das eher an die Maßgaben für einen Besinnungsaufsatz in der Volksschule erinnert denn an ein reflektiertes Predigtaufbaumodell. Aufgrund ihrer mangelhaften theoretischen Ausführung und ihrer ungenügenden praktischen Anwendungsaufbereitung hat diese offenkundig weitestgehend sinnlose und unbrauchbare, weil Erklärungsnotstände keineswegs aufhebende Empfehlung zur Dreiteilung entsprechende Kritiken heraufbeschworen; immer wieder ist darauf aufmerksam gemacht worden, daß das real praktizierte "vorn ein Geschichtchen, hinten ein Geschichtchen, in der Mitte ein paar Dogmen"[241] keinerlei Predigtgliederungs- bzw. Predigt-

---

[240] Vgl. D. STOLLBERG, *Predigt praktisch. Homiletik - kurz gefaßt,* Göttingen 1979, 30f.; fernerhin besonders F. WINTER, *Die Predigt,* in: H. AMMER u.a. (Hg.), *Handbuch der Praktischen Theologie* (Band 2), Berlin 1974, 197-312, 265f.

[241] W. JETTER, *Die Predigt als Gespräch mit dem Hörer* (1966), zuletzt in: A. BEUTEL u.a. (Hg.), *Homiletisches Lesebuch,* aaO. 206-221, 214.

aufbaumodell erkennen läßt.[242] Dennoch sind unter (weitestgehend unverständlicher, weil unbegrün-deter) Akzeptanz dieser Dreiteilung die drei einzelnen "Teile" Gegenstand ausführlicher Untersuchungen mit verblüffenden Resultaten und Ratschlägen geworden. Auf der Grundlage unterschiedlichster methodischer und theologischer Zugriffe bzw. Perspektiven hat man zwischen liturgischen, anekdotischen oder negativen (usw.), zwischen textgeleiteten und gemeindegeleiteten, zwischen Ich-, Wir-, Du-, Ihr- und man-bezogenen Einleitungen differenziert, auch vor bestimmten Varianten gewarnt.[243] Vergleichbares ist auch für den sogenannten Schluß zu sagen, dem vielfache Möglichkeiten - emotional, hymnisch, rekapitulierend, ethisch-appellativ (u.v.m.) - attestiert, aber auch reichlich Warnungen zugerufen wurden.[244]

Ein umfassender Warnruf kam als grundsätzlicher Verbesserungsvorschlag aus einer Richtung, die die Predigt weniger als Entfaltung eines inhaltlich fest umrissenen Themas sondern mehr als Lösungsangebot real existierender Probleme und Krisen, weniger als Textarbeit denn als Menschenarbeit verstehen wollte. Unter den Bedingungen dieses Perspektivenwechsels war es zunächst konsequent richtig, Kriterien der zeitgenössischen (Lern-)Psychologie heranzuziehen, Predigthören als Problem-lösen-lernen aufzufassen und die fünf Phasen der Motivierung, der Problemabgrenzung, von Versuch und Irrtum, der Lösung und der Verstärkung auf die Predigtgliederung anzuwenden. Die daraus resultierende Fünfteilung der Predigt hatte somit - im Gegensatz zur Dreiteilung - ein Theoriekonstrukt im Hintergrund, das sich anderorts bewährt hatte. Doch der Fünferschritt - erstens: Aufmerksamkeit erreichen, Frage einleiten, Rede vorbereiten; zweitens: Frage konkretisieren, Problem definieren; drittens: Problemlösungen durchspielen und Scheinlösungen ablehnen; viertens: die besondere Lösung (des Glaubens) präsentieren und fünftens: selbige etablieren und beispielhaft realisieren - entsprach einem Lernschema. Und genau hier türmten sich die entsprechenden Einwände auf:

Kann die Predigtrezeption wirklich als Lernvorgang ausgelegt werden? Darf man Predigthörerinnen und -hörer konditionieren? Ist das, was in der Predigt zum Ausdruck gebracht werden will, tatsächlich mit erreichbaren emotionalen, affektiven, intellektuellen (usw.) Lernzielen zu vergleichen?[245] Darf die Predigt überhaupt unter Lernziele gestellt sein, bzw. andersherum: muß sie nicht vielmehr einen ruhenden und beruhigenden Gegenpol zur Welt des (zielstrebigen) Lernens bilden? Sollte sich die Predigt

---

[242] Diese Kritik bezog sich zwar in erster Linie auf die Dreiteilung einer inhaltzentrierten Predigt (daher auch "in der Mitte ein paar Dogmen"), läßt sich aber ohne Schwierigkeiten auf alle dreigeteilten hörerzentrierten Predigten ummünzen, die "vorn eine Lebenserfahrung, hinten eine Lebenserfahrung, in der Mitte eine christlich-religiöse bzw. ethisch-moralische Lösungsstrategie" haben!

[243] Vgl. F. WINTER, Die Predigt, aaO. 267f.; G.A.D. BRINKE, Wie fange ich eine Predigt an?, wp 13 (1975), 43ff.

[244] Vgl. F. WINTER, Die Predigt, aaO.; D. STOLLBERG, Predigt praktisch, aaO. 30.

[245] Das wäre dann nach Art von: Die Hörer sollen fühlen, daß sie getragen werden. Die Hörerinnen sollen verstehen, daß Gott sich in seinem Sohn und im Heiligen Geist offenbart. Die Hörer sollen wissen, daß Jesus von Nazareth eigentlich Joschuah geheißen hat. Die Hörerinnen sollen morgen früh mit dem Hund ihrer kranken Nachbarin Gassi gehen.

wirklich (unfreiheitlich) festlegen lassen auf Lernstoffe, Lernschritte und Lernerfolge, ohne dabei auf die vielfältigen Möglichkeiten individueller Zugänge, Rezeptionsweisen, Verstehensmöglichkeiten, Aneignungswege und Auffassungen Rücksicht nehmen zu dürfen? Und ist es wirklich so, daß ein Problem(bewußtsein) erst konstruiert werden muß, um als spannender Anreißer auf eine Lösung neugierig zu machen, die alsbald quasi ex nihilo vorgeschlagen wird? Gibt es nicht eine ganze Reihe wirklicher Erwartungen, auf die die wirkliche Predigt als Bezeugung einer wirklichen Glaubensperspektive sowieso - auch ungewollt - reagieren wird?

Der Umfang der berechtigterweise vorgelegten Fragen[246] macht deutlich, worin die Schwächen eines Modells zu sehen sind, das das menschendienliche Konfliktlösungs- und Problembewältigungspotential der christlichen Predigt zwar erkennt, in der Durchführung aber nicht den Vorwurf widerlegen kann, Didaktik zu instrumentalisieren und lernpsychologische Schemata vorbehaltlos zu adaptieren. Gleichwohl ist mit dem Nachweis dieser Schwächen nicht das letzte Wort gesprochen, wenn die Perspektive ein weiteres Mal gewechselt - und die Frage nach derjenigen Dramaturgie gestellt wird, die sich für "sachbezogene" Inhaltsentfaltungen und gleichermaßen auf "situationsbezogene" Problemlösungen entwickeln lassen müßte. Denn offensichtlich werden gerade diejenigen Predigten am spannendsten empfunden, in denen der rhetorisch angemessen entfaltete Inhalt auch als plausibler Problemlösungsvorschlag bzw. als dienliche Sinndeutungsperspektive wahrgenommen, - oder umgekehrt: in denen die Problemlösung bzw. das Deutungsintegral als "Inhalt" entfaltet wird. Daher empfiehlt sich - insbesondere unter dem Gesichtspunkt von Spannung und Spannungsaufbau - ein Modell, das die 'alten' rhetorischen Redeteile: *exordium (proömium / Prolog) - narratio - diversio et partitio - argumentatio - conclusio sive peroratio (epilogos)*[247] mit der o.g. Abfolge: *Motivierung - Problemabgrenzung - Versuch und Irrtum - Lösung - Lösungsverstärkung* kombiniert.

Und um noch einmal andersherum anzusetzen: Wenn sich die Frage stellt, welche Predigtgliederung ein anhaltendes Hörerintesse bedingen könnte, dann hat exakt diejenige Abfolge die besten Chancen, die sich auch ansonsten in der Welt des Redens und Erzählens erfolgreich hält, also in der Literatur, im Comic, im Film, überall dort, wo Geschichten erzählt werden wollen, überall dort, wo es gilt, Stories zu spinnen. Freilich haben hier die Schritte der Gliederung andere Titel; da geht es ganz konkret um den *Helden*, seine *Aufgabe*, die *Gefährdung / den Widersacher*, den *Sieg* und die *Rückkehr* bzw. den Epilog in der Alternative von "Und wenn sie nicht gestorben sind, leben sie noch heute" sowie "Und die Moral von der Geschicht...". Eine erstaunliche Parallelität zu den Stufen des lernpsychologisch begründeten Modells, aber auch zu den klassischen

---

[246] Natürlich erscheinen diese Fragen hier nur noch als 'rhetorische'. Die Beantwortungen sind längst geschehen bzw. stehen längst fest, sind aber nicht immer ohne ihre jeweiligen Begründungszusammenhänge und Erörterungsmuster nachzuvollziehen. Um nur ein Beispiel zu nennen, setzt die Entscheidung der Frage, ob Glaube lehr- und lernbar sei, keine didaktische Phrase frei, sondern eine umfangreiche religionstheoretische Besinnung - etwa zu dem Themenbereich: *Religion als Bewußtseinsphänomen, Deutungsintegral oder Erfahrungsprozeß* - voraus!

[247] Vgl. A. GRÖZINGER, *Die Sprache des Menschen*, aaO. 81f.

partes orationis der antiken Rhetorik ist erkennbar, wenn man die einzelnen Sequenzen näher in den Blick nimmt:
- Der Held wir eingeführt, anschaulich gemacht, zur Identifikations- oder Abgrenzungsfigur gemacht (Motivation / Einleitung);
- der Held bekommt eine Aufgabe, an ihn wird etwas herangetragen vom Leben selber, vom Schicksal, von Dritten usw., er muß aus der Alltäglichkeit offensichtlich heraus (Problem / Darlegung des Hergangs);
- die Aufgabe, die Situation, das Erlebnis erweist sich nicht so mit der Erfahrung verrechenbar, zu der bisherigen Sinndeutung kompatibel, mit der üblichen Praxis zu bewältigen wie erwartet (Versuch und Irrtum / Präzisierung des Sachverhaltes) ;
- von allen gedanklich und real durchgespielten Lösungsansätzen erweist sich allein einer als umfassend nützlich; es gibt nur einen Sieg, den aber hoffentlich "auf der ganzen Linie", oder zumindest so, daß "Sieg" anhält und von gewisser Dauerhaftigkeit ist (Lösung / Beweisführung);
- der Held kehrt zurück, nicht ohne zuvor den Sinn des Sieges in eine dauerhafte und tragfähige Lebenstheorie eingefügt oder in eine praktikable Handlungsmaxime überführt zu haben (Lösungsverstärkung / Konklusion). Epilog ist entweder: "sie lebten weiter" oder "tue dies und jenes [nicht]".

Nun läßt sich dieses Modell - verstehen wir es als Modell narrativer Homiletik - auf eine ganze Reihe biblischer (Predigt-)Texte anwenden. Aber wäre, wenn eine Bibelperikope in eine narrative Predigt eingeschmolzen wird, auch schon hinreichend geklärt, wie und wo in dieser Predigt denn der Bibeltext auftaucht?

Wie verhält es sich überhaupt grundsätzlich mit der Frage, wie, wo und wann in der Predigt der Bibeltext vorkommt? Aus einer ganz bestimmten Perspektive heraus scheint die Antwort leicht und eindeutig auszufallen; sie lautet: Wenn es gelingt, die biblische Geschichte mit ihrem Star-Value narrativ zu veranschaulichen, transparent zu machen und auf diese Weise ihrer Rezeption zu überantworten, "kommt sie auch vor"; sie ist fernerhin auch "da", wenn nicht ihr Wortlaut hörbar, sondern ihr Story- Value bzw. gar nur ihr Sense-Value erschließbar gemacht wird!

Um dies etwas auszuführen: Die Terminologie ist der Medienbranche entnommen. Von Star-Value spricht man, wenn den Erfolg eines Filmes in erster Linie die Hauptdarsteller (bzw. die "Helden") garantieren; der Begriff Story-Value greift, wenn einem Film hauptsächlich aufgrund der Qualität und Attraktivität der erzählten Geschichte Popularität zukommt. Wenn man erkennt, daß ein Film aufgrund seines Production-Value recht beachtet und erfolgreich ist, dann meint dies, das die Kinogängerinnen vor allem dem hohen technischen, finanziellen, personellen und zeitlichen Produktionsaufwand Beifall zeugen. Sense-Value meint schließlich den seltenen, aber durchaus vorkommenden Fall, daß weder die Hauptdarsteller berühmt sind noch die Story spektakulär ist, der Film aber erfolgreich wird, weil ihm die Rezipientinnen einen Sinn entnehmen, der seinen Kultstatus begründen könnte. Analog dazu lassen sich etwa Perikopentexte unterscheiden, denen ein Star-Value (etwa: Jesus-Geschichten), ein Story-Value (etwa: alttestamentliche Sagenkränze), ein Production-Value (etwa Texte mit entsprechender Redaktions- bzw. Schnitt- und Bearbeitungsgeschichte) oder ein Sense-Value (etwa: Paulus-Briefe) attestiert werden kann. Und so wie Film-Stories in ihrem

6.3 Predigtgliederung, Predigtaufbau - und "Wortstellung"

auffällig geltenden bzw. über ihr besonders hervorzuhebendes Value präsent und attraktiv werden, ohne die explizit thematisieren zu müssen, so wirken auch in Predigten die unterschiedlichsten Values nach.

Was die Bedeutung der jeweiligen Star-, Story- und Sense-Values einer Predigt für deren Rezeption ausmacht, dürfte recht evident sein. Doch auch das Production-Value einer Predigt bei deren Rezeption nicht zu unterschätzen. Dies zeigt sich z.B. an Situationen, in denen Pfarrerinnen und Pfarrern von ihren Hörerinnen und Hörern glaubhaft signalisiert wird, ihre Predigt habe gefallen, weil ein hoher Vorbereitungs- und Arbeitsaufwand erkennbar war ("Sie haben sich aber richtig mühe gegeben...." / "Man hat gemerkt, wie sie regelrecht von allen Seiten gekämpft haben... " / "Da haben sie sicherlich lange d'ran gesessen...." / "Alle Achtung....").

Bleibt tatsächlich die Frage, ob eine Predigt, die sich nicht nur an dem Story-Value der biblischen Perikope orientiert, sondern dies zu ihrem eigenen Value macht, nun auch noch zusätzlich den biblischen Text verlesen muß. Bleibt auch die Frage, ob ein Prediger, der auf der Grundlage und in enger Bezugsetzung zu den Sinngehalten der biblischen Perikope seinen Predigtakzent auf den lebensdienlichen und problemlösenden Sense-Value setzt, mit der Lektüre des Predigttextes wirklich seinen Schriftbezug artikuliert oder bloß Verfremdungseffekte betreibt und Verwirrspielchen in Gang setzt. Bleibt zuletzt die Frage, ob die Predigerin, die sich für ihre Hörenden konfessorisch-narrativ an den Heldentaten ihres Textprotagonisten abarbeitet, um dessen Bedeutung und Bedeutsamkeit in spannender Veranschaulichung zu sichern, diesen Star-Value auch in der Predigt geltend machen kann, wenn sie vorneweg, zwischendurch oder hintendrein den Bibeltext liest.

Sei's d'rum; am Ende bleibt freilich vielfach nur die schlicht pragmatische Frage, bei deren Beantwortung es allein um Fingerspitzengefühl und Stil, um angemessene Berücksichtigung von Gepflogenheiten und Erwartungen, um hinreichend schlüssige theologische Begründung geht: Wo kommt denn nun der Bibeltext hin? Wird er zu Beginn verlesen, um in einer An- oder Auslegung der Gemeinde nähergebracht zu werden? Darf er am Ende stehen, vielleicht um zu zeigen, daß alle zuvor in der Predigt angesprochenen Themen- und Problemkomplexe letztlich auf eine alt- oder neutestamentliche Perikope zulaufen und daß sämliche Weis- und Wahrheiten mit verblüffender Reinheit auf den biblischen (Sinn-) Punkt kommen können? Kann die Lektüre des Bibeltextes mitten in bzw. während der Predigt erfolgen, beinah unvermittelt sozusagen, um möglicherweise anzudeuten, wie der biblisch und kirchlich bezogene *lebendige Christengott* als Sinnzusammenhalt und -mitte in den Brennpunkten von Lebensgeschichten und Lebensbezügen erscheint? Kann man den Perikopentext aufteilen, den ersten Abschnitt zu Beginn lesen, mehrere Schlußmöglichkeiten predigend erwägen und debattieren, um schließlich den zweiten Teil zu präsentieren? Und wie verhält es sich schließlich - nun noch einmal! - mit der Überlegung, daß die Predigtperikope gar nicht explizit verlesen muß, sofern er wirklich in den narrativen Strukturen, den christlich-religiösen Entfaltungen oder auch der Sinnbotschaft der Verkündigungsansprache implizit enthalten ist?

Nun, und außerdem gibt es auch noch solche Augenblicke, in denen man für so manches keine Zeit mehr findet. Dann können mit einem Mal die banalsten Gliederungen, die trivialsten Einstiegsgeschichtchen, die schlichtesten Epiloge zu Predigten kommen, die als Wunderwerke erschlossen werden, weil vielleicht der Bibeltext "instinktiv" an der richtigen Stelle vorkam oder im Grunde schon das zweite Lied vor der Predigt alles klar gemacht hatte. Eines steht jedenfalls fest: Wer seine Predigtvorbereitungen abgeschlossen hat, sollte nicht nur das Gefühl haben, daß die Hörerinnen und Hörer die Frage "Verstehst Du?" mit "Ja, ich glaube schon!"[248] beantworten können, sondern mit ruhigem Gewissen sagen dürfen:

"Das Gefühl, etwas geschaffen zu haben, ist mit keinem anderen Gefühl vergleichbar. Es gibt kein Wort dafür. Es ist, als hätte man der Ewigkeit etwas entrissen, das lange Zeit eingefroren war. Nun beginnt es zu leben. Heute habe ich den Predigtentwurf abgeschlossen. Das klingt so einfach, wenn man es hört. Die Predigt ist fertig. Sie hat jetzt ein Eigenleben, hat sich von mir befreit."[249]

6.4 Literatur zur Weiterarbeit und Vertiefung
(zusätzlich zu den im Text sowie im Literaturverzeichnis aufgeführten Werken)

ad 6.1:
U. ECO, *Das offene Kunstwerk*, Frankfurt 1973
DERS., *Die Grenzen der Interpretation*, München 1995
DERS., *Zwischen Autor und Text. Interpretationen und Überinterpretationen*, München 1996
A. GRÖZINGER, *Praktische Theologie und Ästhetik*, München 1987
U. ROTH, *Predigten hören. Wissenssoziologische und textwissenschaftliche Überlegungen zum Verhältnis von Predigt, Hörer/-innen und Gesellschaft*, in: E. HAUSCHILDT / M. LAUBE / U. ROTH, *Praktische Theologie als Topographie des Christentums. Eine phänomenologische Wissenschaft und ihre hermeneutische Dimension*, Rheinbach 2000, 270-289
H. SCHRÖER / H. FERMOR / H. SCHROETER (Hg.), *Theopoesie*, Rheinbach 1998
W. TRILLHAAS, *Einführung in die Predigtlehre*, darmstadt ²1980
R. VOLP, *"Die Kunst, Gott zu feiern". Sieben Grundsätze zur Gestaltung einer lebendigen Religion*, in: A. GRÖZINGER / J. LOTT, *Gelebte Religion. Im Brennpunkt praktisch-theologischen Denkens und Handelns*, Rheinbach 1997, 225-240
DERS., *Die Kunst, Gott zu feiern. Liturgik*, 2 Bde., Gütersloh 1992/94

---

[248] Vgl. G. OTTO, *Rhetorische Predigtlehre,* aaO. 41.

[249] Im Original lautet dieses Zitat anders; Neil Gaiman hat es den Protagonisten seiner Arbeit "Der letzte Film" sagen lassen: "Das Gefühl, etwas geschaffen zu haben, ist mit keinem anderen Gefühl vergleichbar. Es gibt kein Wort dafür. Es ist, als hätte man der Ewigkeit etwas entrissen, das lange Zeit eingefroren war. Nun beginnt es zu leben. Heute habe ich das Drehbuch abgeschlossen. Das klingt so einfach, wenn man es hört. Es ist fertig. Es hat jetzt ein Eigenleben, hat sich von mir befreit." Vgl. N. GAIMAN / D. MCKEAN, *Der letzte Film,* Hamburg 1992, ohne Seitenangaben.

6.4 Literatur zur Weiterarbeit und Vertiefung

ad 6.2:

J.R. CLAYPOOL, *The Preaching Event*, San Francisco 1990

H. SCHRÖER, *Zwischen Beliebigkeit und Monotonie. Was tut sich in der evamgelischen Homiletik?*, in: Bibel und Liturgie 67/1994, 214-218

H.E. THOMÉ, *Gottesdienst frei Haus?*, Göttingen 1992

R. VOLP, *Grenzmarkierung und Grenzüberschreitung. Gottesdienst als semiotische Aufgabe*, in: DERS. / W. ENGEMANN, *Gib mir ein Zeichen. Zur Bedeutung der Semiotik für theologische Praxis- und Denkmodelle*, Berlin 1992, 175-186.

L.v. WEBER, *Lehrbuch des kreativen Schreibens*, Berlin 1990

ad 6.3:

U. ECO, *Im Wald der Fiktionen. Sechs Streifzüge durch die Literatur*, München 1994

K. HICKETHIER, *Film- und Fernsehanalyse*, Stuttgart 1993

R.A. JENSEN, *Telling the Story. Variety and Imagination in Preaching*, Minneapolis 1980

DERS., *Thinking in Story. Preaching in a Post-literate Age*, Lima (USA) 1993

G. LÄMMERMANN, *Grundriß der Religionsdidaktik*, Stuttgart 1991

J. LOTT, *"Religion und Lebensgeschichte" in praktisch-theologischen Handlungsfeldern zur Thematisierung von Erfgahrungen mit Religion*, in: A. GRÖZINGER / J. LOTT, *Gelebte Religion. Im Brennpunkt praktisch-theologischen Denkens und Handelns*, Rheinbach 1997, 157-174

F. SCHWEITZER, *Gelehrte, gelernte, gelebte Religion. Zum Verhältnis von Religion, Leben und Lernen*, in: A. GRÖZINGER / J. LOTT, *Gelebte Religion. Im Brennpunkt praktisch-theologischen Denkens und Handelns*, Rheinbach 1997, 142-156

P. SZONDI, *Theorie des modernen Dramas*, Frankfurt 1963

D.M. WARDLAW, *The Need for New Shapes*, in: DERS. (Hg.), *Preaching Biblically. Creating Sermans in the Shape of Scripture*, Philadelphia 1983, 11-25.

M. WOHLRAB-SAHR (Hg.), *Biographie und Religion. Zwischen Ritual und Selbstsuche*, Frankfurt/New York 1995

6.5 Leitfragen als Hilfestellung: Predigtkonzept - Konzeptpredigt

(Der folgende Fragenkatalog erhebt keinen Anspruch auf Vollständigkeit, sondern möchte als Anregung aufgefaßt werden)

Noch einmal: Als was sehe ich die Predigt eigentlich an?
(* Medium der Selbstoffenbarung Gottes? * Zeugen- bzw. Bekenntnisrede? * sprachlich gestaltetes Forum religiöser Sinnfindung oder Selbsterschließung? * akademische Belehrung über den Text, die politische Großwetterlage, die Gesellschaftsverhältnisse, ethische Forderungskataloge usw.? * historisch begründete und gewachsene kirchliche Auftragsrede? * offenes Kunstwerk? * machbare Rede, die durch Gottes Geist wunderbar wird? * beziehungsstiftende Plauderei auf der Grundlage eines historischen Religionsdokuments? * Initial religiöser Anschlußkommunikation? * etc.)

Worin besteht dann meine Aufgabe, worin meine Intention? Was will / soll ich vor dem Hintergrund dieser Predigtsicht? (bekennen, bereitstellen, behaupten, anbieten, schöpferisch leisten, bewirken, verändern usw.)

Werde ich entlastet? Wodurch?
(Eigendynamik von Rezeptionsprozessen * Eigenleben des einmal Ausgesprochenen * Gottesdienstlicher Kontext / Rahmenhandlung * Kirchlicher Auftrag / Communio Sanctorum * Rituelle Dimension von Gottesdienst und Predigt? usw.)

Was ist meine Überzeugungsbasis? (*dogmatisch konfessorische Dimension*)

Wie will sich meine Predigt in den gesellschaftlichen Sinndeutungs-Kommunikationsprozeß einspielen? (*diskursive Dimension*)

Welcher Perspektive will überzeugend Geltung verschafft werden? Wovon will die Predigt überzeugen? (*persuasive Dimension*)

Was muß die Predigt nun "haben"?

Wie knapp darf die Predigt werden in Bezug auf ihren Inhalt und ihre Dauer?

Welche Worte, Ideen, Paradigmen, Denkfiguren, Metaphern (und Stories) stehen für das, was ich sagen will?

Welche Worte, Ideen, Paradigmen, Denkfiguren, Metaphern (und Stories) sind dabei mehrdeutig und offen für verschiedene Zugänge und Auslegungen?

Welche Worte (usw.) können zu Reizworten werden?

Wie prognostizierbar ist der freie Gedankenflug bzw. die assoziative Kettenreaktion der Rezipierenden? (Hier kann man sich i.Ü. auch an den eigenen Assoziationen orientieren; vgl. Pkt. 2.3)

Ist es möglich, auf der Grundlage der Prognostik 'assoziativer Gedankenflüge' auch auszukalkulieren, wann und wie eine Rückkehr zum Predigthören wahrscheinlich wird? Kann die Predigt so gestaltet werden, daß sie an bestimmten Stellen einen leichten Wiedereinstieg ermöglicht?

Wie muß die Menge an sinn- und bedeutungstragenden Worten bestimmt werden, damit die Predigt nicht überfrachtet wird (und auch nicht die Hörenden!)?

Welche Redundanzformel empfiehlt sich in Anbetracht der erkundeten Gottesdienstsituation? In welchem etwaigen Zahlenverhältnis müssen die "notwendigen" und "überflüssigen" Worte der konkreten Predigt gesehen werden?

6.5 Leitfragen als Hilfestellung: Predigtkonzept - Konzeptpredigt

Wie viel Bekanntes muß / darf die Predigt enthalten, wie viel Neues muß / darf sie zumuten?

Wie viele Phrasen dürfen benutzt werden? Wie viele müssen benutzt werden, um die Predigt als "typische" Predigt erkennbar zu machen? Wie überflüssig ist z.B. die Sprache der Dogmatik? Ist sie für die gottesdienstliche Gemeindepredigt sinnleer und bedeutungslos, oder signalisiert sie die Verwiesenheit an die wissenschaftliche Tradition der Kirche? Und wie (ähnlich) verhält es sich mit den pastoralen Klischee-Formulierungen?

Wie viele Worte hat ein gut verstehbarer Predigtsatz? Nach mindestens wieviel Sätzen darf erst wieder ein neuer Gedanke besprochen werden? (Tipp: Sieben!)

Wie baue ich nun die Predigt auf?

"klassisch" (??)	an der antiken Rhetorik orientiert	an lernspsychologischen Schemata orientiert	am Story-Telling orientiert
Einleitung	exordium (Prolog)	Motivierung	Held
	narratio	Problem (-Abgrenzung)	Aufgabe / Problem
Hauptteil	diversio et partitio	Versuch und Irrtum	Krise / Gefahr / Gegner
	argumentatio	Lösung	Sieg
Schluß	conclusio sive peroratio (Epilog)	Lösungsverstärkung	Rückkehr des Helden / gestärkte Wiederaufnahme gewohnter Tätigkeiten (doppeltes Finale: Und wenn sie nicht gestorben sind ... / Und die Moral von der Geschicht...)

In welchem Verhältnis steht die Abfolge der einzelnen Phasen / Etappen / Gliederungsschritte (usw.) zu der Spannung der Predigt?

Gibt es eine Dramaturgie, die schon in der Vorgabe: Perikopentext erkennbar war?

Hat der Bibeltext ein Star-Value, ein Story-Value, ein Sense-Value?

Welche Konsequenzen kann dies für die Predigt haben?

Gestaltung für die Praxis, oder: Wie?

Wie ist mit Perikopentexten umzugehen, die jegliche "Spannung" vermissen lassen? Müssen "sperrige" Bibeltexte auch zu langweiligen Predigten führen?

Wie kann von der These Gebrauch gemacht werden, daß auch eine andere Story erzählt werden darf, wenn sie den Sinngehalt des Perikopentextes angemessen veranschaulicht?

Welche dramaturgischen Kniffe dürfen angewandt werden? Berechtigt nicht die orientalische Erzähltradition, die (auch) hinter der Entstehung der biblischen Geschichten steckt, zum "Weitererzählen" bzw. zur Auf- und Inanspruchnahme von Methoden und Tricks zeitgenössischer Erzählindustrie?

Wie erzähle ich nun meine Geschichte, halte ich nun meine Predigt, entfalte nun mein Bekenntnis usw. (s.o.)?

Wie leite ich ein?
* anekdotisch? ("Neulich hatte ich eine merkwürdige Begegnung...") * negativ-verfremdend? ("Ein Mann hat 100 Schafe. Eins geht verloren. Logischerweise kümmert er sich nun um die anderen 99 umso sorgfältiger und verbucht den Verlust als steuerliche Abschreibung...") * liturgisch? ("In dem zuletzt gesungenen Lied, dessen vierte Strophe ich noch einmal rezitieren möchte, ging es um ...")

Wie leite ich über?
* Frage-Antwort-Schema ("Was sagt uns dazu der Bibeltext?") * narrativ-dramaturgisch ("Und was passierte dann? - Die Antwort in wenigen Minuten nach der Werbung!") * musikalisch ("Zum Bewegen dieser Gedanken eine Meditation unseres Organisten...")

Wie schließe ich?
* konfessorisch-emotional ("Ich weiß nicht, wie sie damit umgehen. Wohl aber weiß ich, daß ich geborgen bin im Leben und im Tod, trotz Zweifel ....") * hymnisch ("Was stünde nun besser, als mit dem Philipperhymnus zu schließen .... / Amen.") * rekapitulierend ("Es geht also um: erstens..., zweitens,... drittens...") * ethisch-appellativ ("Was bleibt uns als Konsequenz? Laßt uns kleine Schritte des Friedens wagen und gleich damit anfangen, indem wir ...")

An welcher Stelle der Predigt kann die Lesung des Perikopentextes erfolgen? Welche Funktion und Bedeutung kommt dem Text bzw. der Lesung an gerade dieser Stelle zu? (etwa: Veranschaulichung des Schriftbezuges der Predigt, Erweis der Traditionsgebundenheit bzw. der Korrektheit kirchlicher Auftragsrede, Problemlösung, Story, Fazit, Zentrum aller Erörterungen * u.a.m.) Welche theologischen Argumente lassen sich jeweils anführen?

Wann, wie und wo soll der Bibeltext verlesen werden?

ZUSATZ

PROTOKOLL EINER PREDIGTVORBEREITUNG

PROTOKOLL EINER PREDIGTVORBEREITUNG
plus: Predigtentwurf

29. 9. 1997   Montag (Pastorensonntag): Wer weiß, wozu's gut ist, mit der Predigtvorbereitung anzufangen, wenn etwas Zeit da ist. Nächster Predigttermin ist der kommende Sonntag (für einen Pfarrer mit eigener Predigtstätte im Bezirk ist dies wohl immer der Fall?); es müßte nach der Regelzählung der 19. nach Trinitatis sein. Ein rascher Blick in den Kalender sucht Bestätigung, doch da steht deutlich: Erntedank - und zwar mit zwei zusätzlichen Gottesdiensttermin-Pfeilen: Am Donnerstag erwarte ich vier Schulklassen der ersten zwei Grundschuljahre zur gemeinsamen Erntedankfeier in der Kirche (*die Vorbereitungen sind abgeschlossen; letzte Absprachen mit den PädagogInnen Mittwoch um halb eins im Lehrerzimmer der Dorfschule*); am Sonntag nach dem Hauptgottesdienst treffen sich überwiegend Konfirmandinnen und Konfirmanden im Kindergottesdienst, auch hier 'Schwerpunkt: Erntedank' (*Dienstagabend KiGo-Helferkreis*)! Also quasi gleichzeitig 19. nach Trinitatis **und** Erntedank; bedeutet zwei Predigttexte, zwei Lesungen, zwei Graduallieder (usw.).

Mal nachsehen im Lektionar, jeweils zur *Lesereihe im Kirchenjahr:* I.
Erntedanktag. AT-Lesung Jesaia 58, 7-12: "Brich dem Hungrigen dein Brot" (*Gibt's auch als Lied*); Epistel 2. Korinther 9,6-15 "Einen fröhlichen Geber hat Gott lieb" (*Warum springen mich eigentlich immer die typischen Kalendersprüche in den Perikopen an?*); Evangelium Lukas 12, [13-14] 15-21: "Der reiche Kornbauer, dessen Seele - DU NARR! - nachts gefordert wird" (*Diese Seelenforderung --- schlicht gruselig. Denke dabei immer eher an den Teufel als an Gott. Hängt wahrscheinlich mit meiner Kindheit und der täglichen Dosis Grimms Märchen zusammen*).

Zum Vergleich 19. nach Trinitatis. AT-Lesung Exodus 34, 4-10 (*Zehn Gebote, zweiter Versuch. Ankündigung des Bundesschlusses mit halsstarrigem Volk....*); Epistel Epheser 4, 22-32 "Legt ab den alten Menschen" (*Wer gestohlen hat, stehle nicht mehr, sondern arbeite - das hätte ich gerne den Einrechern gesagt, die neulich über das Dach ins Pfarrhaus gestiegen sind und Omas ganzen Erbschmuck mitgenommen haben....*); Evangelium Markus 2, 1-12 "Der durch das Dach gelassen kam" (*Schon wieder "durch das Dach". Hat offensichtlich bleibenden Eindruck bei mir hinterlassen, dieser Einbruch. Übrigens schon -zig mal Predigten zur Perikope gehört, aber noch nie selber eine gehalten...*)

Den Zuschlag erhält die Textsammlung für den 19. Sonntag nach Trinitatis! Erstens mach ich schon zweimal in der Woche "Erntedank explizit". Zweitens habe ich mich vor sechs Jahren - erstaunlicherweise die gleiche Ausgangssituation - für "den reichen Kornbauern" entschieden (*und mußte im Anschluß an den Gottesdienst mit unserem real existierenden Dorfbauern plaudern, der offensichtlich einige Textpassagen zu sehr auf sich selbst bezogen hatte*). Drittens habe ich noch nie über Mk 2, 1ff. gearbeitet (*und Anreiz sowie Wille sind da*). Fernerhin ist Erntedank ohnehin nicht von Lk 12 abhängig.

Protokoll einer Predigtvorbereitung

Ich lese den Text (*Lektionar/ Perikopenbuch Seite 415, mit Atempausen*):
Nach einigen Tagen ging Jesus wieder nach Kapernaum; und es wurde bekannt, / daß er im Hause war. Und es versammelten sich viele, / so daß sie nicht Raum hatten, / auch nicht draußen vor der Tür; und er sagte ihnen das Wort. Und es kamen einige zu ihm, / die brachten einen Gelähmten, von vieren getragen. Und da sie ihn nicht zu ihm bringen konnten wegen der Menge, / deckten sie das Dach auf, wo er war, / machten ein Loch / und ließen das Bett herunter, auf dem der Gelähmte lag. Als nun Jesus ihren Glauben sah, sprach er zu dem Gelähmten: "Mein Sohn, deine Sünden sind dir vergeben."
Es saßen da aber einige Schriftgelehrte / und dachten in ihren Herzen: "Wie redet der so? Er lästert Gott! Wer kann Sünden vergeben als Gott allein?" Und Jesus erkannte sogleich in seinem Geist, / daß sie so bei sich selbst dachten, / und sprach zu ihnen: "Was denkt ihr solches in eurem Herzen? Was ist leichter, / zu dem Gelähmten zu sagen: Die sind deine Sünden vergeben, / oder zu sagen: Steh auf, nimm dein Bett und geh umher? Damit ihr aber wißt, / daß der Menschensohn Vollmacht hat, Sünden zu vergeben auf Erden" - sprach er zu dem Gelähmten: "Ich sage dir, / steh auf, nimm dein Bett und geh heim!" Und er stand auf, / nahm sein Bett und ging alsbald hinaus vor aller Augen, / so daß sie sich alle entsetzten / und Gott priesen und sprachen: "Wir haben so etwas noch nie gesehen."
Direkt im Anschluß an die Lektüre werfe ich einen Blick auf die Lektionen des betreffenden Sonntages (*Querschnitt*), sodann auf die Evangelien bzw. Motive der vorangegangenen und folgenden GD-Termine (*Längsschnitt*):
* Tagesmotiv für den 19. Sonntag nach Trinitatis: Jesus hat Macht über Krankheit und Sünde (*Evangelium*); handelt vollmächtig-selbstbewußt im Namen desjenigen Gott-Vaters, der einst von Mose mit Gnade und Strafe, Sündenvergebung und -vergeltung assoziiert wurde (*AT-Lesung!*). An den Sinn beider Texte anknüpfend, zugleich aber auch kategorial neu ist die Forderung und Konsequenz des *Epistel-Textes*. Nicht das Mit-Nehmen und Weiter-Tragen der alten Liegestatt (*"Nimm dein Bett..."*), sondern das radikale Ablegen alter Sünd-Identitäten ist das Gebot der Stunde: hinweg mit früherem Lebenswandel, früherem Selbstbetrug, früherer Begierde; das reibt nur innerlich auf, richtet den Menschen - glücklicherweise freilich nur den uneigentlichen Menschen, das "alte Ich", das "Alter Ego" - zugrunde. Fort also damit, und den "neuen Menschen" anziehen (*Interessante Bildsprache, mit der sich einiges anstellen läßt: Soll ich Ihnen den "neuen Menschen" einpacken - oder wollen Sie ihn gar nicht mehr ausziehen? Gleich anlassen also? Gute Idee, könnte sein, daß sie ihn schon unterwegs gebrauchen! Aber immer die Pflegeanleitung beachten...*).
* Am 18. n.T. ging es um das sogenannte Doppelgebot: "Liebe Gott und Deinen Nächsten wie dich selbst." (*Hat Jesus zumindest in Mk 2 praktiziert und veranschaulicht!*), Sonntag zuvor war es der *Sieg des Glaubens*, am 16. n.T. *Jesus als Herr über Leben und Tod*. Der 20. Trinitatissonntag thematisiert *Herzenshärte und Kinderliebe*, und der darauffolgende *Vergeltung oder Feindesliebe*. Wer eine Gedankenlinie vom sechzehnten bis zum einundzwanzigsten Trinitatissonntag zieht, mag die eine oder andere akzeptable Aufhängemöglichkeit für eine Predigt finden; zum Beispiel so: Jesus als Herr über Leben und Tod (*oder zumindest als derjenige, der dem Herrn über Leben und Tod ziemlich nahesteht*) provoziert Leute bis zum äußersten, ringt ihnen Glaubensseufzer, Bekenntnis-

plus: Predigtentwurf

sätze, fromme Kampfansagen ab, spricht ihnen im entscheidenden Augenblick aber das rettende, lösende Wort zu. Er bindet sie nur scheinbar an sich selbst, lenkt nämlich in doppelter Hinsicht von sich und seiner Person ab: Du sollst GOTT lieben, den Nächsten lieben, wie dich selbst. (*So wie die Träger der Bettenbahre; sie lieben ihren Nächsten, vertrauen Jesus, glauben an Gott.*) Jesus selbst wiederum vertraut Gott und seiner eigenen Mission, rechnet aber auch mit dem Glauben der Beteiligten. (*Die Demonstrationen seiner Sohnschaft-Vollmacht sind äußerst spektakulär, aber gleichwohl "kaum zu glauben"!*). Der Zusammenhang von Glauben und Leben stellt sich dann auch dar, wenn es um Herzenshärte, Vergeltung - und immer wieder um jenes eigentümliche geht, das wir Liebe nennen!
Kurze Pause. Dann erneutes Lesen der Perikope. (*Und Schluß für heute!*)

30.9. 1997   Dienstag. Frühmorgens der Anruf eines Bestattungsunternehmers; Todesfall in meinem Pfarrbezirk. (*Beerdigung bitte am Freitag, aber "geht nur bis zwölf, den die Friedhofsverwaltung vergibt keine Wochenendtermine"*) Christliches Begräbnis am Freitag! Meine Zeitplanung geht nicht aus den Fugen, wenn ich genau jetzt mit der Predigtvorbereitung weitermache. Mit den üblichen Unterbrechungen bis zum frühen Nachmittag, der vollkommen dicht ist (*KU I und II;Vermittlungsgespräch zwischen zwei zerstrittenen Jugendmitarbeiterinnen; KiGo-Vorbereitungskreis; Bezirkspresbyterium*). Überfliege nun mein Gedächtnisprotokoll, notiere Erinnerungssplitter, angereichert mit Assoziationen; zwischendurch der gegenkontrollierende Blick in das vor mir aufgeschlagene Perikopenbuch:

* Jesus in Kapernaum. Voll-Haus, Riesenversammlung. Popularität bedingt Platzmangel.
* *Arenasprecher bei Borussia Dortmund: Wir bedanken uns bei 54.200 Zuschauern. Das Stadion ist ausverkauft!*
* *Warum waren so viele dort? Gab es etwas zu sehen? Action, Thrill, Suspense? Waren Heilungswunder zu erwarten, dramatische Wortgefechte zwischen Jesus und den "üblichen Verdächtigen", rhetorische Spitzensätze auf beiden Seiten, der Sieg jedoch längst feststehend? In der linken Ringecke Jesus, allein gegen alle, in der rechten Ringhälfte die Bande der Schriftgelehrten. Und was steht auf den Vorankündigungsplakaten? Gottessohn kämpft in über neun Runden gegen Krankheit, Sünde und Tod? Fight des Jahrhunderts: Jesus, der Lästerer gegen die Söhne der Selbstherrlichkeit? (Nicht vergessen: Wir befinden uns erst bei Markus 2. Noch ahnen die Schriftgelehrten nichts von der drohenden Gefahr, die auf ihr Gottes- und Religionsverständnis zukommt. Nur wenige argwöhnen schon jetzt und hier in Kapernaum, bloß einige denken zaghaft "in ihren Herzen" nach über Gotteslästerung, Anmaßung usw.)*
* Prominenter Gastprediger sagt das Wort bis "draußen vor die Tür" hin. Der Gelähmte wird herbeigetragen.

Warum kommen nun die Freunde mit dem Gelähmten? Wie "gelähmt" ist der überhaupt? Seit wann? Aufgrund welcher Krankheit? Ein Unfall? Schleichendes Leiden? Wie groß der Schmerz? Noch Lebensmut und Lebensfreude vorhanden? Wie lange schon auf Freunde angewiesen? Was führt sie zu Jesus? Welche Worte werden zu hören begehrt? Mit-teilende, mit-leidende Worte? Erlösende Worte? Erklärungen auf die Fragen: Warum ich? Warum er? Warum so? Oder Taten des Wunderheilers? Für jedes Wehweh-

Protokoll einer Predigtvorbereitung

chen das rechte Wundermittel: die Allzweckwaffe des Gottessohnes, bekannt aus Film-, Funk- und Fernsehwerbung?
* *Vier Freunde plus Gelähmter , also insgesamt fünf. In Enid Blytons Kinderbüchern waren die fünf Freunde immer zwei Jungen, zwei Mädchen, ein Hund. Gut durchgemischt, von jedem etwas. Wie früher die guten Fußballmannschaften, denen ihre Trainer gerne aufmunternd zuriefen: "Elf Freunde müßt ihr sein!" Aber dies zählt heute wohl nicht mehr so. Erstens "sind Charaktere gefordert, keine Weicheier". Zweitens muß wahre Freundschaft offensichtlich stets mit Alkohol begossen werden; wie die Fernsehwerbung lehrt, stößt man "auf die Freundschaft" am besten mit "freundlichen" und "fröhlichen" Biersorten an. Und wenn ich noch mehr über die Freundschaft wissen möchte, lege ich eine Dschungelbuch-Videokassette ein und spule vor bis zu dem Lied der Geier: "That's what friends are for".*
Aber wie komme ich eigentlich darauf, daß es Freunde sein müssen, die den Gelähmten tragen? In der Perikope steht doch nichts von alledem. Hat es sich schlichtweg nur eingeprägt, weil die Kindergottesdiensthelferinnen, denen ich früher als Kind schwärmend und lauschend zu Füßen saß, in ihren Erzählungen so viel Wert und Akzent auf die Freundschaft legten? Oder entspringt meiner pessimistischen Realitätseinschätzung (*Freunde in der Not geh'n hundert auf ein Lot, und meist erhalten nur "Geschenke die Freundschaft"*) die konträre Wunschgeburt nach Freunden, wie sie 'im Buche stehen' bzw. in der Bibel beschrieben stehen müßten?
Zumindest eines sehe ich klar und deutlich: die vier Bahrenträger gehen mit dem Gebahrten durch dick und dünn. In Anverwendung und Verfremdung des markinischen Bildes denke ich,
- sie machen mit dem Getragenen durch,
- überwinden dabei Mauerwerk und Barriere,
- steigen anderen auf's Dach,
- kommen welchen durch die Deckenwand (Altes Drohwort im Ruhrgebiet: "Ich komm dir durch die Decke, du ....")
- und platzen "senkrecht von oben" ins Geschehen.
* *Wie ist eigentlich Karl Barth damit umgegangen, daß hier nicht Gott "senkrecht von oben" kommt, sondern ein gelähmter Mensch? Außerdem wüßte ich gern, ob ein Zusammenhang gesehen werden darf zwischen dem Gelähmten, der auf Jesus herabgesenkt wird, und der Tauftaube bzw. dem Taufgeist aus Markus 1,10!*
Im Zentrum aller Geschehnisse ruht Jesus; dessen Blick schwenkt unweigerlich auf die Szenerie, die sich zwar nun für jederman darstellt, aber nicht von allen gesehen und durchschaut wird.
Also **Jesus, der Seher, Teil I:** Er sieht (nicht die Freundschaft, sondern?) den Glauben seiner Gegenüber. Aber ist es das Vertrauen der "Vier", das den entscheidenden Ausschlag gibt für das, was nun folgt, oder das Vertrauen der Fünf (4+1), oder allein das Vertrauen des Aufgebahrten?
Dein GLAUBE hat dir geholfen! Nicht der Ehrgeiz deiner "Freunde" und nicht der Mut deiner Träger, nicht das Risiko, abgleiten zu können und nicht die Waghalsigkeit, jemanden durch ein Loch in der Decke herabzulassen. Kein Selbstbewußtsein hat dir geholfen. Nur der Glaube allein.

DEIN Glaube hat dir geholfen. Keine Litaneien dritter, keine fremden Maßgaben, allein dasjenige, was Du mit deinem ganzen Wesen, deiner ganzen Kraft, aus dir selbst hervorbringen konntest in Bezug auf Gott. Aus der Tiefe deines Herzens: Dein Glaube allein. DEIN GLAUBE hat dir geholfen. Keine Magie, keine Wunderheilerei, keine Tricks. Kein Psychokram, kein Copperfield, keine Taschenspielerei. Die Resultate sind echt. Daher runter von der Couch! --- "nimm dein Bett und geh!"
Aber diese Aufforderung erst später. Auch nicht im Anschluß an das bekannte und vermutlich deshalb hier assoziierte "Dein Glaube hat dir geholfen". Selbiges steht nämlich gar nicht im Text, sondern stattdessen: "Mein Sohn, deine Sünden sind dir vergeben" mit Konsequenzen zunächst weniger für den Gebahrten als für den Heilbringer. Denn

Jesus, der Seher, Teil II, erkennt in seinem Geist, was einige Schriftgelehrten bei sich denken: Kaum zu glauben ist an seine göttliche Vollmacht, kaum zu glauben, daß ER Kompetenz genug hat, an Gottes Stelle Sünden zu vergeben auf Erden. Das "kaum zu glaubende" ist folgerichtig experimentell zu beweisen; die sich aus der Gottessohnschaft (Mk 1, 11) immanent ableitende Vollmacht und Kompetenz muß quasi explizit gemacht - und über Macht-Demonstrationen veranschaulicht werden.

Gibt's in der Theologie durchaus, diese Überzeugung, derzufolge die sogenannten (Heilungs-)wunder nicht um der Menschen Wohl willen "praktiziert" wurden, sondern im wesentlichen der (Selbst-)Verherrlichung des Gottessohnes dienten. Wird m.E. gerne im Zusammenhang theologischer Erörterungen zum Johannes-Evangelium als entsprechende These entfaltet. Das irdische Leben Jesu: eine einzige Offenbarung (- und dies ist tatsächlich mehrdeutig gemeint). Werde mir gleichwohl mein Lebtag nicht sicher werden hinsichtlich einer Beantwortung der Frage, ob man am ehesten vom jesuanischen Selbstbewußtsein der Gottessohnschaft, vom Gott-Sein-Bewußtsein bzw. besser: Gottesbewußtsein Jesu (Ich und der Vater sind eins) oder von einer Deutungszuschreibung der Beteiligten (Evangelisten etwa, oder auch Petrus: Ich glaube, du bist ...) ausgehen sollte. Aber das trägt offensichtlich gar nicht so viel für Glauben, Christsein und Predigt (etc.) aus, wie ich mir einzureden geneigt bin.

* Geht es wirklich um eine Veranschaulichung von Vollmacht und Sündenvergebungskompetenz via Macht-Demonstration? Entsetzliche Vorstellung: Der Gebahrte muß seine Bahre umhertragen, weil Jesus etwas Vollmacht demonstrieren will - aber dafür darf er dann auch "gesund" nach Hause gehen, sozusagen als Nebenprodukt des Gottessohnschaft-Evidenznachweises.

Das wäre ich wiederum nicht zu akzeptieren bereit, selbst dann nicht, wenn es sich als "theologische" Richtigkeit zum verbindlichen Standpunkt brächte. Und es ist nicht die einzige Schlußfolgerung bzw. "theologische" Auslegung, die ich nicht bedingungslos mitmachen kann: auch den häufig genug "amtlich" bescheinigten Zusammenhang von Krankheit und Sünde bzw. Gesundheit und Sündenvergebung halte ich für ein allzu dünnes Eis, auf dem ich nicht coram publico einbrechen möchte. Wie menschenverachtendunevangelisch ist die Auffassung, daß einer, der Krankenbett oder Leidenspritsche nicht zu verlassen in der Lage ist, einfach nicht "richtig" glaubt? (Alles schon mal gehört; leider!) Oder daß eine, die liegenbleibt, folglich auch keine Sündenvergebung empfangen hat? Oder daß Krankheit von Sünde kommt?

Protokoll einer Predigtvorbereitung

* Und überhaupt, ganz konkret: Was mache ich mit diesem Text in der Predigt, wenn Frau P. im Gottesdienst sitzt, eine sogenannte "pflegende Angehörige"? Und was muß ich tun, wenn sie ihren Sohn mitbringt, der offensichtlich seit seiner Geburt --- *(aber darüber spricht man nicht!)*. Es wird immer ernster. Fortsetzung morgen.

1.10. 97   Mittwoch, zwischen Verwaltungskram und Büroarbeiten (vormittag) sowie Frauenhilfe (nachmittag) und Jugendgruppen (spätnachmittag bis abend): wissenschaftliche Analyse der Perikope Mk 2, 1-10, gefolgt von einer Zusammenfassung ihrer entscheidenden, interessanten, maßgeblichen (?) Resultate:
* Mit Mk 2, 1ff beginnt ein neuer Abschnitt im Mk-Evangelium; nach dem Christuszeugnis des Täufers, der Autorisierung (*oder Adoption?*) Jesu in der Taufe sowie seinen ersten Bewährungsproben (Wüste; erfolgreiche Jüngerberufung; Lehre in Kapernaum) folgen alsbald Demonstrationen seiner Autorität (Heilungen / Heilungswunder), gefolgt von zwangsläufig daraus resultierenden religiösen Lehr- und Praxisdebatten (Sünder- und Zöllnerkontakte; Fasten; Sabbat etc.), die wiederum in Auseinandersetzungen (mit tödlichem Ausgang; Mk 3,6) ausarten. Die vorliegende Perikope ist sozusagen der Übergang zwischen dem Themenkomplex "Heilung" und dem Themenkomplex "Konfrontation".
* Mit Mk 2,1+2 ist eine Perspektivenverschiebung vollzogen, die sich bereits angedeutet hat: Nicht länger muß er auf die Menschen zugehen, sie zur Umkehr und Nachfolge rufen (Mk 1, 14ff), gegen allgemeine Widerstände und Verunsicherungen antreten (Mk 1, 21ff). Nun kommen die Menschen auf ihn zu (Mk 1,32f), suchen ihn (Mk 1,37f), tragen Erwartungen an ihn heran (Mk 1, 40f), und konkretisieren ihre Einwände. Die Schar der Beteiligten differenziert sich aus; mit Mk 2 ist die erste Differenzierungsphase abgeschlossen: Es gibt Bedürftige, Interessierte, Zaungäste, Beobachter, Kritiker und konkrete Gegner. Der prozessualen Selbstausdifferenzierung des jesuanischen "Klientels" entspricht die (vorerst) zunehmende Präzisierung, "Spezialisierung" und "Perfektionierung" des Nazareners, der von seiner anfänglichen Imitation johannäischer Bußrufe (Mk 1,15) zu einer klar umrissenen und eigenständigen (Reich Gottes-Verkündungs-)Praxis übergeht. Diese Praxis bemißt sich an zwei Polen, die sich aus der "Situation" ergeben haben; es gibt die Bedürftigen einerseits, die selbstherrlich-unverständigen Kritiker andererseits. Ersteren wird geholfen im Namen Gottes, zweitere werden gescholten um Gottes Willen. Doch auch für eine dritte Gruppe, nämlich jene "unsichtbar" bleibende und doch raumfüllende Schar "Wort"-Interessierter, fällt etwas ab. Ihnen wird veranschaulicht, gezeigt, vor Augen geführt; ihnen wird eine "Demonstration" und "Show" zugleich geboten. (Denn den Bedürftigen *soll* nichts, den hartherzigen Unverständigen *kann* nichts demonstriert werden).
* Die Vermittlungs- bzw. Überleitungsfunktion von Mk 2, 1-12 (bzgl. der Themenkomplexe "Heilung" und "Konfrontation"), aber auch die damit endgültig vollzogene doppelte (bzw. dreifache) Pointierung des jesuanischen Wirkens stellt natürlich die Frage nach Aufbau und Konstruktion der Perikope. Die m.E. plausibelste Antwort betont eine Zäsur bei 2, 5b und 2, 11, sodaß sich zwei separate Szenen ergeben: Mk 2, 1-5a.11-12 wäre dann die Geschichte einer Heilung, in die auf kunstvolle, gleichwohl durchschaubare Weise die Episode einer Auseinandersetzung Mk 2, [5]6-10 über die göttliche

plus: Predigtentwurf

Legitimität Jesu, die Autorisierung der Sündenvergebung eingearbeitet ist. Aus dieser Perspektive heraus wird dann auch der den Heilungsgeschichten so eigene Zusammenhang von Heil-werden und Glauben wieder ersichtlich, der offensichtlich zunächst hinter der künstlichen Inbezugsetzung von Sünde und Krankheit abgetaucht war.
* Heilung bzw. Heil-machung durch Jesus ist auch in Mk 2, 1-5a.11-12 nicht einfach eine schlichte Wiederherstellung bestimmter Körperfunktionen, sondern eine einzige Veranschaulichung der not-wendenden Wechselwirkung von seelisch-geistlichem und leiblich-geistigem Wohl (Glauben und Aufstehen). In diesem Sinne greift natürlich auch die in dem fingierten Streitgespräch (Unterstellung einer Gegenposition und Widerlegung derselben; Mk 2, 8b+9) geltend gemachte Wechselbeziehung von Vergebungszusage bzw. erlösendem Wort einerseits und somit ermöglichter Selbstaufrichtung, Heimkehr und Lasttragkraft andererseits. Die bei Markus auffällige Fülle an metaphorischen und symbolischen Codierungen bedeutsamer Erkenntnisse darf keineswegs unterschätzt werden; recht verstanden geht es um diejenige überproportionale, quasi verhältnis- und maßstabslose Stärke und Kraft des Gesundeten, die es ihm ermöglicht, a) sich aufzurichten und erhobenen Hauptes b) in seine vertraute Heimat zurückzukehren - und dabei sogar noch (c) sein Bett, sprich: Altlasten, Vergangenheitsschatten und Leidensballast zu tragen! Sollte diese Stärke und Kraft nun in demjenigen Glauben zu finden sein, den Jesus gesehen und "freigesprochen" hat? Dann hat nicht Jesus geheilt (magisch!), sondern der Glaube geholfen; und dann besteht das wirkliche Wunder nicht in einer magischen Überwindung der Naturgesetze, sondern in der Erwirkung und Ermöglichung neuer Glaubensperspektiven und Lebenszugänge.
* Wozu also war Jesus von Gott bevollmächtigt worden? Zur prophetischen Aussprache des Gotteswortes, zur priesterlichen Ankündigung sakramental vermittelbarer Sündenvergebung, zur Beschwörung magischer Heilrituale bzw. zu an Zauberei grenzender Wunderheilkunst - all dies hätte nicht die Schwierigkeiten heraufbeschworen, die letztendlich in Vv. 6-10 erörtert werden mußten. Da aber geht es um die δυναμισ-Anmaßung des Nazareners, die mit und hinter dem Verstoß gegen die geltende Fundamentalunterscheidung zwischen dem Handeln (Sprechen, Wirken usw.) Gottes und dem Handeln (Sprechen, Wirken etc.) des Menschen erkennbar wird: "Wer kann ... außer Gott allein?". Was freilich die Schriftgelehrten nicht wissen können: Die δυναμισ-Anmaßung Jesu ist in Wirklichkeit ein existentielles, εξουσια beanspruchendes δυναμισ-Bewußtsein. Es ist ein Gottesbewußtsein, das seine Bestätigung nicht zuletzt dadurch erhält, daß Jesus die Gedanken der Schriftgelehrten τω πνευματι αυτου erkennt (wie Gott, vgl. 1. Kön 8, 39; Ps 14,6 u.ö.); ein Bewußtsein der eigenen Bevollmächtigung, das vielleicht auch in der "τεκνον"-Anrede an den Gebahrten mitschwang.
Und nur für diejenigen, die dies nicht imstande waren wahrzunehmen, mußte der δυναμισ-Erweis als ein εξουσια-Nachweis uminterpretiert werden, die Heil- und Ganzmachung des Patienten als Autoritäts-Beweis ausgelegt, das physische Zurechtbringen eines Menschen als eine Gottessohnschaft-Demonstration ausgewiesen werden. Das Handeln Jesu hatte im Ergebnis eine dreifache Pointe: Für den Leidenden und dessen Bahrenträger wurde es zum befreienden (Körper-)Erlösungswerk, für die Kritiker zu einer höchst irritierenden Beweisführung mit anschließendem rhetorischen Meisterstück; für die Zaungäste war es schlicht ein Wunder aus dem unendlichen Repertoire des großen

Gottes, auf dessen Erfahrung hin man für gewöhnlich in ungläubigen Jubel und frenetischen Beifall ausbricht. Und folgerichtig hatten sie offensichtlich auch die geringste Mühe, nach einem "entsetzlich verblüffenden" Werk Jesu eben genau Gott zu preisen.
* Doch wie war das nun noch mit der πιστισ? Es bleibt unklar, ob dieses bei Markus stets vor einer Heilungswunder-Schilderung ausdrücklich betonte Konstitutiv den vier Trägern oder den fünf Beteiligten (Träger plus Getragener) zuzurechnen ist. Welchen Sinn ergäbe es überhaupt, wenn man den Glauben nur den 'Freunden' zurechnet? Nun, dann könnte zumindest der recht beliebte Gedanke vom *stellvertretenden Glauben* etwas breiter getreten werden. Mir persönlich scheint dies, gerade vor dem Hintergrund des biblischen "Dein Glaube hat dir geholfen", eine etwas abwegige Variante zu sein. *Der stellvertretende Glaube dieser vier Bahrenträger hat dir geholfen* - das würde auch nicht zu der oben vertretenen Überzeugung passen, daß Jesus den schlichten Glauben seines leidenden Gegenübers erspürt, freigelegt und zu einer bewegenden, verändernden, gesundenden Kraft großgesprochen hat! Der impulsive Mut, das spontane Wagnis, die absurde Hoffnung aller Beteiligten, weite und krumme Wege zu gehen, Widrigkeiten in Kauf zu nehmen, Hindernisse zu überwinden, ohne wirklich und konkret zu wissen, was am Ende des Weges wartet - dies wird doch erst durch den deutenden Jesus auf den Begriff des Glaubens gebracht und auf Gott bezogen! Glaube und Gottbezogenheit: bei Mk 2, 1-12 offensichtlich auch narrativ vermittelt über die Figuren des *Angewiesen-sein-auf* und des *sich-nicht-selbst-tragen-könnens*, des *auf-ein-einziges-sinnvolles-Wort-lauerns* und des *von-erlösender-Zusage- her-neu-tragen- und gehen-wollens*.
* Ein letzter Gedanke. Bei all den Überlegungen hinsichtlich der Frage, was Jesus (bzw. der markinische Jesus) in Mk 2, 1-12 wirklich hat demonstrieren wollen: Wie wäre es mit der Alternative, aus dem jesuanischen Wirken schlicht und einfach seine Überzeugung von der Menschenfreundlichkeit seines Gottes, dem Erhaltungswillen seines himmlischen Schöpfers herauszulesen? Also nach dem Motto: Jesus veranschaulicht in seiner Praxis die Fürsorglichkeit des himmlischen Vaters, für den er grundsätzlich und unverrückbar einsteht und geradesteht?
(Ist das nicht fast schon *Ich und der Vater sind eins?*) Und wie verhält sich dies dann wiederum zu der beinahigen Parallelisierung von Gottesliebe und Menschen- bzw. Nächstenliebe als Antwort auf die Frage nach dem höchsten Gebot? Dies nämlich haben die vier Bahrenträger doch erfüllt, als sie ohne Aussicht auf persönliche Vorteile *Nummer Fünf* so sehr liebten, daß sie ihn trugen! Haben sie nun ein göttliches Werk getan? Ein barmheriges? Ein christliches? Einen Liebes- oder einen Freundschaftsdienst? Eine Tat des Glaubens (s.o.)? ---
Genug Material. Theologische Reflexion und innerbiblische Assoziation sind ziemlich ineinandergeflossen. Sei's d'rum. Morgen mehr. Und zwar zu Gegenwart und Alltag!

2.10. 97   Donnerstag, kurz nach gelungenem Schulgottesdienst mit Schwerpunkt: Erntedank. Zwei Beerdigungstermine. Den einen soeben angenommen (*kommender Dienstag*), den anderen *(für morgen: Freitag)* ein drittes Mal endgültig bestätigt. Und zwar vor wenigen Minuten, in dem letzten Seelsorgegespräch mit der Witwe und der Schwester des Verstorbenen. Es begann, nicht ganz unerwartet, mit der Frage: Womit hat er das verdient?

plus: Predigtentwurf

(Autsch. Woher soll ich nun wissen, womit man den Tod verdient. Und Leiden. Und Krankenlager. Und womit die Angehörigen ihre Traurigkeit, ihre Schmerzen, ihre Einsamkeit verdient haben. Meinen sie, ich weiß darauf 'ne gescheite Antwort, nur weil ich Pfarrer bin? Gott bin ich nicht. --- Aber ich hüte mich, aus der Haut zu fahren. Oder es generell so zu machen wie der ehemalige Kollege aus E: Der lehnte nämlich alle menschlichen Fragen schroff ab und wurde biblisch: Laß die Toten ihre Toten begraben. Eine selten unverschämte Einstellung. Unverschämt und unevangelisch!)

* Ich möchte am liebsten den ganzen Tag nur so dasitzen auf der Couch, an die Decke starren, nichts mehr denken. Aber ich zerbrech mir den Kopf, Herr Pfarrer. Womit hat er das verdient? *(Die Witwe!)*

* Dabei laufen so viele Menschen auf Gottes Erdboden herum, die was Schlimmes getan haben, und mein Bruder (...) tut niemandem 'was zuleide (...) und muß so fürchterlich leiden - ist das denn richtig? *(Die Schwester!)*

* Usw.

* Da ist er wieder, der Tun-Ergehen-Zusammenhang im (pastoralen) Alltag, hab ich auf dem Heimweg gedacht. Tun-Ergehen in religiösem Gewande, Tun-Ergehen in Reinkultur.

* *Wer leidet, muß es verdient haben. Wer krank ist, hat gesündigt. Wer früh stirbt, war sicherlich schon in jungen Jahren ein Lümmel. Schlimme Finger haben ein schlimmes Ende verdient. Unrecht Gut gedeihet nicht, und wer glücklich und bescheiden lebt, wird mit einem Lächeln im Gesicht sterben.* Bekannt sind solcherlei Rede- und Denkweisen hinlänglich, bekannt ist eigentlich auch, daß die entsprechenden Wenn-dann-Formulierungen und Wer-der-Sätze kaum funktionstüchtig sind. Auch nicht umkehrbar. Schließlich ist die Fülle diesbezüglich widersprechender menschlicher Erfahrungsbelege einfach überwältigend: Korrupte Politiker, Waffenhändler und Kriegstreiber leben bisweilen erstaunlich lange und gut, ebenso Drogendealer, Frauenschänder und Kindesmörder. Und nicht erst der Besuch einer Säuglingskrebsstation läßt die Frage nach den moralischen Ursachen und Gründen von Krankheit im Halse quellen, bis man würgen muß.

* Vor vier Tagen kam das einjährige Töchterchen von X. und Y. in die Kinderklinik. Lungenentzündung, keine rasche Genesung in Aussicht, möglicherweise auch geringe Komplikationen. Ein Elternteil sollte in den ersten Nächten am Krankenbettchen Wache schieben; gerade auch sinnvoll, wenn das Kleine aufwacht, es sieht dann ein vertrautes Gesicht. Insgesamt aber kein Grund zur großen Beunruhigung. Sagen die Ärzte. Dennoch einen Mittag später große Not, Tränen, Ängste, Vorwürfe. Die Großmutter des Kindes hatte die Eltern daran erinnern müssen, daß die Kleine noch nicht getauft ist. Eine Tragödie, ein Drama wurde vorausgesehen: Wenn dem Kind etwas geschieht, dann erstens mit Sicherheit auch aufgrund mangelnder religiöser Substanz. Und zweitens ist 'ohne Taufe' der Weg des Einjährigen vorbestimmt: Es kommt definitiv "nicht zu Gott in den Himmel". Die Eltern waren fix und fertig. Omas Worte hatten Gewicht. Bis heute frühmorgens die Ärzte die Absolution erteilten: In zwei Tagen (übermorgen) kann die Kleine abgeholt werden. Alles wird gut. Und am nächsten freien Termin wird getauft, hatte mein katholischer Amtsbruder versprechen müssen. Denn mittlerweile wollte es die Familie, vor allem auf Zuraten von Oma, ganz richtig machen. Die beste, älteste, echteste

Protokoll einer Predigtvorbereitung

aller Taufen, sozusagen. Zur Sicherheit! In gut vierzehn Tagen wird also aus dem kleinen Sünderlein und Heidenkind ein katholischer Himmelsanwärter, potentielles Engelchen und Gotteskind gemacht.

* Aber eigentlich sind wir doch alle "kleine Sünderlein, 's war immer so...". Der Beweis kann schon vor der Karnevalszeit angetreten werden: Gestern nachmittag in der Frauenhilfe wurde an verschiedenen Tischen nach Angaben mehrerer glaubhafter Zeugen auffällig intensiv gesündigt, und zwar im Modus des Sahneteilchen-Genießens. Der Solotrompeter unseres Posaunenchores ist vergangenes Wochenende unter dem dämonischen Einfluß von zwei, drei Bierchen an einer roten Ampel zum Verkehrssünder geworden, ganz im Gegensatz zu jener älteren Dame aus dem Singekreis, die, weil sie schläft, nicht sündigt. Anders wiederum deren Nichte (oder Schwiegertochter?), die, weil sie vorher sündigt, noch besser schläft *(beide Äußerungen von der älteren Dame; aufgeschnappt und notiert in der vorletzten Woche. Ich danke meinem Zettelkasten!)*.

* Und so zerrinnt die Möglichkeit einer (theologischen) Wirklichkeitsinterpretation in den Händen: Die klassischen Deutungsintegrale und Interpretamente sind verballhornt und trivialisiert bis zur Unkenntlichkeit. Ist damit auch die Chance einer religiösen Deutung von Lebenslauf und Lebenssinn dahin und verspielt? Ich stelle mir einen Dialog vor und lache: *Mein Sohn, deine Sünden sind dir vergeben! - Welche Sünden, Opa? Was weißt du denn schon von Sünden? Und dein Sohn bin ich schon lange nicht, verstanden?*

* Ein anderer Versuch. Ich frage nach Symbolen, die sowohl in der Lebenswelt meiner Gemeindeglieder als auch in der Bildwelt der Perikope auftauchen. Eine flüchtige Idee, erstmals am Rande meiner Assoziationen aufgetaucht, verdichtet sich. Symbol *Tragebahre,* oder auch: *Runter von der Couch* (s.o.). Waren sich nicht gestern abend im Streitschlichtungsgespräch die beiden jungen Teamerinnen C. und F. ausgerechnet darin einig gewesen, daß die Jugendausschußsitzung neulich voll daneben war und sie lieber 'Kautsch geen' gemacht hätten? Diese Redewendung höre ich bestimmt zwei- dreimal in der Woche; *Couch gehen* ist in dieser Region ein geflügeltes Wort. *Couch gehen* macht man, wenn man *alle* ist, kaputt, fertig, groggy, malone, fix und foxi, platt, durch mit dem Thema des Tages, wenn *Ende Gelände* ist oder *aus die Maus* für die nächsten paar Stunden. *Couch gehen* kann die Vorstufe der 'Nachtruhe' sein, aber auch die Komplettkapitulation vor dem Fernseher. *Couch gehen* kann für das völlige Abdriften in eine melancholisch-monotone Zwischenwelt ohne Reflexion und Lebensfreude stehen, aber auch nur ein kurzer Rückzug in ein Refugium der völligen Privatheit werden. *Couch gehen* steht zwischen zwei Extrema, nämlich *im Bett gehen* und *wieda vorde Tür gehen* - und läßt eigentlich, anders als zunächst zu vermuten, die Chance offen, zwischen "Ende" und "Neustart" zu wählen.

Wenn ich es mir so recht überlege, ist *Couch geh'n* ein entscheidendes Paradigma dieser Gemeinde. Es steht für das *Genußschema: Gemütlichkeit,* für die *Lebensphilosophie: Harmonie,* für Streben nach Geborgenheit, eine gewisse Lebenszufriedenheit und die *fundamentale Interpretation: Einfachheit.* Harmoniemilieu, Integrationsmilieu, Unterhaltungsmilieu, würde Schulze sagen.

Ich auch. Morgen weiter. Jetzt *Couch gehen.* Ausprobieren.

plus: Predigtentwurf

3.10. 97   Freitag, Ziemlich genau 0.13 Uhr *(nach gewöhnlichem Ermessen also eher der Donnerstagnacht zuzurechnen)*. Schon spät, und in gut einer Stunde (*gegen halb zwei*) soll Schluß sein. Ab 9.00 Uhr früh ist nur noch Beerdigung d'ran. Und danach geht erfahrungsgemäß sowieso nichts mehr. Also Fortsetzung der Predigtvorbereitung; zunächst alle Fäden aufnehmend:
[a] Kirchenjahreszeitlich bedingter Themenkontext: vgl. 16nT - 21nT (s.o.: *Jesus - Herr über Leben und Tod - ringt Menschen Glauben ab - spricht ihnen Lösungsworte zu - verweist sie an Gott und die Nächsten - bindet sich selbst an Gott und die Nächsten - macht den Zusammenhang von Glauben und Leben geltend*) Fernerhin Erntedank. *(Geschenktes Leben, verliehene Gaben, Dankbarkeit und Verantwortung.)*
[b] Gottesdienstlich bedingter Themenkontext: Breites Spektrum, offene Pole. Panorama von *Sündenvergebung und - vergeltung* (atl. Lesung) bis hin zu der *Erneuerung des Menschen* (ntl. Lesung.)
[c] Der Prediger als Kontext: In den Assoziationen und auch darüber hinaus intensive Beschäftigung mit den "Freunden", der Freundschaft, echter Freundschaft usw. (Defizite? Überschuß?). Muß jedoch kein Manko sein. Fernerhin eine auffällige Bemerkung gegen Barth. (Sachbezogen? Polemisch? Programmatisch?) Die Pointe gleichwohl wichtig. Von oben die Gabe - von oben auch die Aufgabe. Ausbaufähig die Frage nach der Gabe Jesu; interessant die Fragen erstens nach Grund, Ursache und Symptomatik der Krankheit, zweitens nach der Art und Weise ihrer Heilung!
[d] biblischer und theologischer Kontext (Exegese, Textmeditation, Texthermeneutik usw.): Ein Rahmen, zwei Szenen, drei Wirkungsweisen. Fernerhin mehrere Verknüpfungen.
* Ein Rahmen: Kapernaum bzw. Haus in Kapernaum.
* Zwei Szenen: *Heilung* plus *Autoritätsdebatte.*
* Drei (Aus-)Wirkungen Jesu: *Hilfeleistung zur gesunden Lebensbewältigung im Glauben* plus *Autoritätsdemonstration* plus *entsetzlicher Showeffekt dieser unglaublichen Demonstration als Initial einer (Massen-)Gottesverehrung.*
* Drei Richtungen: Der Kranke, die Schriftgelehrten, die schweigende Mehrheit.
* Drei Ziel- und Zwecksetzungen: Hilfe, Belehrung, Gotteslob.
* Erste Verknüpfung: Gesundheit mit Glauben bzw. Heilwerdung mit Gottesbezug; Knotenpunkt: neues Leben!
* Zweite Verknüpfung: Jesu Werk mit Jesu Bevollmächtigung. Knotenpunkt: Gottes Sohn!
* Variante: Jesu Taten und Gottes Wille; Knotenpunkt: Sündentilgung.
* Dritte Verknüpfung: Jesu Begabung und Jesu Handeln. Knotenpunkt Liebe und Verantwortung!
Summary: Was Jesus tut, entspricht dem Willen seines himmlischen Vaters bzw. Auftragsgebers. Jesus heilt, weil Gott die Gesundheit will; Jesus identifiziert die Liebe, das Vertrauen, den Wagemut und die Freundschaft als Facetten des Glaubens, weil auch das Gottesverhältnis von Vertrauen, Liebe usw. bestimmt sein muß. Jesus beschwört das Leben ohne Sünde, weil Gottes Entwurf des wahren Menschen ein Ende von Selbstentfremdung, Uneigentlichkeit und Gottesferne voraussetzt. Ein Leben lang gilt es, Gott entgegenzuglauben, seinem eigentlichen Leben entgegenzuleben und sich selbst

(bzw. dem Selbstentwurf) nicht fremd, sondern vertraut zu sein. Es ist ein Prozess des immer wieder aufstehens, sich erhebens, losgehens, des sich von der Couch lösens! Es ist ein Prozess der Erkenntnis, daß mit der Gabe die Aufgabe wächst, proportional zur Kraft die Verantwortung. Welche Gabe hatte Jesus? Zumindest die Gabe des Sehens und Sprechens, und zwar in besonderer Hinsicht: Jesus sah tief, er sah den Glauben (Bahrenträger) und die Zweifel (Schriftgelehrter), er sprach den Gebahrten in freier Rede frei, er redete ihm zu, gab ihm Zuspruch und redete ihn groß, bis hin zum aufrechten Gang. Wer solches kann, muß solches auch tun. Wer von oben den Geist empfängt, muß auch von oben die Not entgegennehmen...

[e] Gegenwartskontext: (Drei eindeutige Forderungen, eine Idee!)

* Ich will gegen das magische Verständnis angehen.

* Ich will theologisch von "Sünde" reden, ohne dabei das trivial gewordene Wort "Sünde" zu traktieren.

* Ich will nicht nach einem möglichen Zusammenhang von Krankheit und "Sinn" fragen, geschweige nach dem Verhältnis von Moral und Physis (gut und gesund).

* Ich könnte mir vorstellen, in der Predigt Gebrauch von der "Zwischenwelt Couch" zu machen. (Stichworte: Lethargie, sich hängenlassen, sich aufgeben, einfachen Lösungen den Vorzug geben usw.).

[f] Skopus: Glauben und Aufstehen. Gabe und Aufgabe (Erntedank). Hoch von der Couch.

[g] Form: Anknüpfung an die narrative, von symbolisch-metaphorischen Codierungen ausgeprägt Gebrauch machende Vermittlungspraxis von Markus. Erzählen, als wäre es gestern geschehen. Berücksichtigung des Hörer-Bedarfes an Geschichten und Lebensgeschichten, daher: Ergänzung der Vorgaben unter Beibehaltung der narrativen Struktur, also Schilderung der Fünfer-Freundschaft, Veranschaulichung des Krankheitsverlaufes als Freundschaftsverlauf. Vom eigentlichen Leben erzählen und von dem Anziehen des "neuen Menschen" (s.o.: Epistel!)

Und selbstverständlich Vorsicht: das jesuanische Lob des Glaubens nicht allein als Lob der Freundschaft ausweisen, also kein "Ich sei, gewährt mir die Bitte, in eurem Bund der ..." - Sechste.

4.10. 1997 Samstag. Die morgen (19. Sonntag nach Trinitatis / Erntedanktag) zu haltende Predigt kann lauten wie folgt:

***

So viel wie eine Hand Finger hat, liebe Gemeinde, nämlich fünf (Finger einzeln zeigen), und so geschlossen wie fünf Finger zu einer Hand werden können (ganze Hand zeigen).

Sie waren fünf. Seit ihrer Kindheit, seit ihrer Jugend. Fünf. Der Kräftige, der Schlaue, der Zarte, der Liebe, der Lustige. Oder wie sie auch immer wahrgenommen wurden, wenn sie die Bildfläche betraten. Gemeinsam auf dem Marktplatz und den Feldern, Arm in Arm in den Häusern und den Schänken, zusammen in der Synagoge. Alle für einen - einer für alle. Seht, da kommen wieder die fünf, raunte man in der Stadt Kapernaum. (...)

plus: Predigtentwurf

Und dann änderte sich einiges. Es begann in der Weinstube von Andreas. Gerade noch hatten sie gemeinsam ihre Gläser gehoben, da ---
"Hey, kannst Du nicht achtgeben, Samuel? Du gießt mir ja deinen ganzen Wein über das Gewand.... - Samuel? Samuel, Du zitterst ja?"
"Verzeih mir, Elias. Mir ist, als hätte ich keine Kraft mehr in meiner Hand... alles ganz taub..."
"Du hältst sicherlich deinen Pflug falsch", spottete Amos über den Tisch, "den ganzen Tag verkrampfst du deine Arme auf dem Feld, und abends kannst du nichtmal mehr dein Glas halten...." Die Freunde lachten. Alles schien wieder gut. Samuel massierte seine Hand und gab bald zu verstehen, daß es besser geht.
Zehn Tage später ging er das erste Mal zu Boden, fiel kopfüber-seitlich in den Staub. Alle Augen auf sich gerichtet, suchte er Halt zu finden und Haltung zu bewahren.
"Was ist mit dir?", versuchte Michael ihn aufzurichten, "bist du über deine eigenen Beine gestolpert?"
Der Gefallene schluckte hörbar. "Ich habe rechts kein Gefühl mehr!", erklärte er mit entsetztem Blick: "Und nicht erst seit heute...."
Zwei Monate danach vermochte sich Samuel überhaupt nicht mehr zu rühren. "Keine Kraft mehr, keinen Stand..." hauchte er ständig in leiser Monotonie, "kein Gefühl mehr, keinen Halt....".
"Wir sind dein Halt!" Laut und deutlich meldete sich Tobias zu Wort. "Denn wir sind deine Freunde! Du erträgst uns seit Jahren. Jetzt tragen wir dich!"
Sie blieben fünf. Vier Träger, ein Gebahrter, und wenn man sie fragte, sagten sie, es sei eigentlich alles so geblieben wie vorher und immer. Eigentlich alles wie gehabt. Eigentlich.

*

"Jesus ist wieder da!" Unüberhörbar tönte es durch die Gassen Kapernaums. "Jesus ist wieder da!" rief auch Elias laut, als er in die Stube stürzte. Er kam wie gewöhnlich als letzter von seinen Feldern. Micha, Tobias, Amos: sie alle hatten sich bereits um Samuel herumgesetzt, die üblichen Geschichten ausgetauscht, Erinnerungen, Anekdoten, Zukunftspläne.
"Habt ihr gehört? Jesus ist wieder da!" Elias setzte etwas Nachdruck in seine Stimme. "Er soll schon vielen Menschen geholfen haben!" Die Freunde schauten verstohlen zu Samuel; Samuel lächelte. Wie überhaupt in den vergangenen Tagen: er lächelte wieder mehr. "Man darf die Hoffnung nie aufgeben", soll er vor einer Woche zu Tobias gesagt haben. Erst fragend, hilfesuchend und ernst, dann eben lächelnd.
"Jetzt spricht er gerade zu den Menschen unten *im Haus.*" Elias hatte den Satz nicht beendet, da waren sie alle schon aufgesprungen. Unten *im Haus* - man wußte, wo das war und wie man dorthin gelangte, auch mit einer Tragebahre. Und während sie sich eilten, zwei vorn, zwei hinten an der Bahre, hofften sie, ahnten und wünschten, daß dort unten *im Haus* etwas auf sie wartete....

*

Jesus ließ seine Blicke umhergehen. "Das Haus ist voll bis zu den Türen", hatte man ihm schon mitgeteilt. Aber daß er so schreien mußte, so das Wort heben, um auch für die Menschen da draußen noch hörbar zu sein ... "Das Reich Gottes ist nahe herbeigekommen", rief er, "Gott will euer lieber Vater sein. Jedes Haar auf eurem Kopfe kennt er, eure Sorgen sind ihm nicht fern. Er möchte mit euch gehen, um eure Wege zu teilen. Gott möchte, daß ihr euch auf ihn verlaßt, daß ihr niemals vergeßt, daß er ...." Jesus hielt inne. Ein kleiner Lehmklumpen hatte ihn am Kopf getroffen. Wurde er schon wieder beworfen? "Gott will, daß ihr lebt, ein Leben führt, das gut und sinnvoll ist, Gott will... Hey!" Zum zweiten Mal Lehm. Jesus blickte kurz umher, dann nach oben. Ein Lichtstrahl bahnte sich den Weg durch ein kleines Loch in der Decke, traf genau ihn, wurde breiter, breiter, (Arme benutzen!) das Loch wurde größer, größer --- immer mehr Lehmkrümel fielen herab, nun auch Stroh, Gras, etwas Sand.

Und dann kam etwas durch die Decke. Direkt von oben, nicht aus heiterem Himmel, aber doch von hell einfallendem Licht umspielt, als wäre es ....

Es war ein Mensch.

*

Ein Liegegestell, an vier Stricken aufgehängt, sackte hernieder; auf der Liege ein Mann. Heruntergekommen, herabgelassen, senkrecht herunter von oben, wo vier Männer standen und spürten, wie die rauhen Seile mit mächtigen Rucken durch ihre Hände schnitten. Als die Bahre vor Jesus auflag, sprangen die Männer vom Dache herab, mitten in das überfüllte Haus. Stumm standen Micha, Tobias, Elias und Amos um den aufgebahrten Samuel herum. Kein Wort. Hatte ihnen die Anstrengung den Atem geraubt, die Aufregung die Stimme verschlagen?

Sie waren mit ihrer Kraft am Ende. Bis auf das Dach und wieder hinunter waren sie gegangen, als der Weg schon versperrt schien. Über Stock und Stein. Weite Wege hatten sie auf sich genommen, sich Tage um die Ohren geschlagen und Nächte durchgemacht, manchmal mit dem Kopf durch die Wand, manchmal aus Verzweiflung davor. Aber geschafft hatten sie's, bis hierher. Das wurde ihnen nun schlagartig bewußt. Bis jetzt hat die Energie ausgereicht, weil sie ausreichen mußte. Alles was in ihrer Macht stand, hatten sie getan für den Freund. Doch nun unterstand er nicht mehr ihnen. In diesem Augenblick lag sein Schicksal nicht mehr in ihren Händen. Jetzt gehörte er einem anderen, das spürten sie. Und brachten es nicht über ihre Lippen.

Jesus sah es. Er sah es bei allen Fünfen, bei dem einen stärker, dem anderen weniger stark, mal ausgeprägt, mal eingeprägt, mal zart, mal extrovertiert, aber immer ehrlich: Jesus sah ihr Vertrauen, hörte ihr stummes Flehen, ahnte ihr leises Gebet, fühlte ihre Hoffnung, erkannte ihre Liebe, spürte --- ihren Glauben. Das war es, was ihm in geballter Form gegenüberstand und so gar nicht in Worte gefaßt werden konnte. Jesus - Du - Gott - kann es - in deine Hände befehlen wir unseren -

Jesus beugte sich herab zu Samuel. Worte wurden gewechselt, Blicke getauscht, Berührungen.

Und was dann geschah....

*

Gnade sei mit Euch und Frieden, von dem, der da ist und der da war und der da kommen wird. Amen, liebe Gemeinde!

So etwa hat es sich zugetragen damals, und es hat wohl reichlich Zeugen gegeben. Augenzeugen, Ohrenzeugen, wichtige Zeugen, falsche Zeugen. Mehrere Varianten gab's. Was hatten Jesus und Samuel zueinander gesagt?

plus: Predigtentwurf

- "Jesus hat gesagt: Steh auf, nimm dein Bett, und geh. Das war alles", erklärten nicht wenige der befragten Zuschauer. ER habe wohl den jungen Mann auf der Bahre dazu bringen wollen, endlich den aufrechten Gang zu wagen, ein ganzer Kerl zu werden, Rückgrat zu zeigen im Leben, bemerkte jemand, und ein ander versuchte zu korrigieren: "Jesus wollte, daß der junge Mann da mal runter kommt von der Couch, etwas mehr Lebensfreude zeigt, nicht so lethargisch abhängt."

- "Jesus hat gesagt: Deine Sünden sind Dir vergeben." sagten andere - und machten hinter vorgehaltener Hand plausibel, daß das ein ganz schön starkes Stück gewesen sei. Ohnehin habe er sich aufgeführt wie der Herrgott selber dabei .... Und sie erzählten dann auch noch von einer Fortsetzung in kleinerem Kreise. Jesu habe, so wußten sie zu berichten, mit den Schriftgelehrten noch ein ernstes Gespräch darüber führen müssen. Erst habe man Beweise verlangt von ihm für seine angeblich göttliche Vollmacht. Dann habe er den Mann auf der Liege geheilt - und sei im allgemeinen Volksjubel abgetaucht...

- "Jesus hat gesagt: Dein Glaube hilft Dir, Samuel. Steh auf. Das, was Jesus immer sagt, wenn er einem Menschen hilft", wußten welche. Sie waren sich nur nicht ganz sicher, ob das nun im wirklichen oder im übertragenen Sinne gemeint war. Und das hing wiederum damit zusammen, daß sie gar nicht wußten, unter welch eigentümlicher Krankheit der Gebahrte litt. Depressionen, die dich auf das Bett schmeißen? Eine Nervenentzündung, deren Symptome körperlich, und deren Ursache seelischer Art war? Eine Bandscheibengeschichte, die man selbst heutzutage nicht allein medizinisch angeht, mit Cortisonspritzen und Operationen etwa, sondern bespricht, immer wieder bespricht?

"Was hatte der eigentlich, der Samuel?"

Hat Jesus vielleicht mit ihm darüber geredet? Etwas getan, was alle anderen bisher ausgeblendet, totgeschwiegenhatten? Nicht fragen wie es geht, sondern so gucken als sei alles gut; immer nur so tun, als habe sich nichts geändert, als bleibe alles beim alten, wir tragen dich eben von Kneipe zu Kneipe, und so weiter....

Jesus hat geredet. Vielleicht über Glaube, Liebe, Hoffnung generell. Vielleicht über Ängste, Wünsche, Nöte allgemein. Möglicherweise aber auch über die ganz konkrete Todesfurcht, die schlechten Träume, die wachen Nächte. Oder ganz alltäglich und doch so besonders: über die Unsicherheit in der Öffentlichkeit, das schamlose Hinsehen der einen und das verschämte Wegschauen der anderen Mitmenschen, die schleichende Ignoranz und die galoppierende Oberflächlichkeit "Gott sei Dank nicht ich".

Jesus hat zugehört und hingesehen. So sehr zugehört und hingesehen, daß er etwas wahrgenommen hat, was den anderen nie aufgefallen wäre. Einen kleinen Funken Lebensmut. Einen Hauch an Vertrauen. Einen Schimmer Zuversicht. "Du glaubst, Samuel", hat er vielleicht geflüstert zu dem Gebahrten. "Du glaubst ja!"

Und auf den zögernden Blick des Gebahrten mag er gesagt haben: "Ich glaube auch, Samuel, ich glaube auch. Ich bin gewiß daß weder Tod noch Leben mich von Gott scheiden können. Ich bin gewiß, daß ich aus Gottes Hand meinen Geist habe und in Gottes Hände meinen Geist lege. Weißt Du was, Samuel? Ich glaube, ich habe Gott zum Vater. Ich glaube, wir haben alle Gott zum Vater. Und sollen etwas ganz besonderes tun. Etwas ganz besonderes sein. Hast Du gehört, Samuel?"

Der Gebahrte nickte. Er hatte nicht nur gehört, sondern verstanden. Und er war selber verstanden worden.

"Dann steh auf!"
Und Samuel stand auf.
Die Menge sah es. Und lobte Gott mit herrlichem AMEN

*

Der Evangelist Markus hat diese Begebenheit übrigens in sein Evangelium aufgenommen. Heute soll es in allen evangelischen Kirchen von der Kanzel verlesen und von den Menschen vernommen werden: [Lesen Mk 2, 1-12]

*

Und der Friede Gottes, welcher höher ist als alle Vernunft, bewahre Eure Herzen und Sinne in Christus Jesus. AMEN

ANHANG

ÜBERSICHTEN & LITERATUR

TABELLARISCHE UND GRAPHISCHE ÜBERSICHTEN

I: Das Kirchenjahr[a]

Sonn- und Festtage des Kirchenjahres

Sonntags- bzw. Festtagsname	Leitmotiv / Thematischer Akzent des Evang.-textes	Evangelium	Epistel	AT-Lesung	Liturg. Farbe
1. Advent	Einzug in Jerusalem	Mt 21, 1-9	Röm 13, 8-12 [13-14]	Jeremia 23, 5-8	violett
2. Advent	Der kommende Menschensohn	Lukas 21, 25-33	Jakobus 5, 7-8	Jesaja 63, 15-16 [17-19a] 19b; 64, 1-3	violett
3. Advent	Der Nachfolger Johannis	Mt 11, 2-6 [7-10]	1. Kor 4, 1-5	Jesaja 40, 1-8 [9-11]	violett
4. Advent	Lobgesang der Maria	Lk 1, [39-45] 46-55 [56]	Phil 4, 4-7	Jesaja 52, 7-10	violett
Christvesper	Die luk. Weihnachtsgeschichte	Lk 2, 1-20	Titus 2, 11-14	Jesaja 9, 1-6	weiß
Christnacht	Der Traum des Joseph	Mt 1, [1-17] 18-21 [22-25]	Röm 1, 1-7	Jesaja 7, 10-14	weiß
Christfest 1	Das geborene Kind	Lk 2, [1-14] 15-20	Tit 3, 4-7	Micha 5, 1-4a	weiß
Christfest 2	Fleischwerdung d. Wortes	Joh 1, 1-5 [6-8] 9-14	Heb 1, 1-3 [4-6]	Jesaja 11, 1-9	weiß
1. So. n. d. Christfest	Simeon und Hanna	Lk 2, [22-24] 25-38 [39-40]	1. Joh 1, 1-4	Jesaja 49, 13-16	weiß

---

[a] Nach: *Perikopenbuch mit Lektionar*, hrsg. von der Lutherischen Liturgischen Konferenz Deutschlands, Hannover ³1986 (erstellt von stud. theol. Volker Pesch)

Tabellarische und graphische Übersichten

Altjahrsabend	Warten auf die Stunde des Menschensohns	Lk 12, 35-40	Röm 8, 31b-39	Jesaja 30, [8-14] 15-17	weiß
Neujahr	Die Erfüllung der Schrift	Lk 4, 16-21	Jak 4, 13-15	Jos 1, 1-9	weiß
2. So. n. d. Christfest	Der Zwölfjährige im Tempel	Lk 2, 41-52	1. Joh 5, 11-13	Jesaja 61, 1-3 [4.9]11.10	weiß
Epiphanias (6.1.)	Anbetung des Gottsohnes	Mt 2, 1-12	Eph 3, 2-3a. 5-6	Js 60, 1-6	weiß
1. So. n. Epiphanias	Taufe Jesu	Mt 3, 13-17	Röm 12, 1-3 [4-8]	Js 42, 1-4 [5-9]	grün
2. So. n. Epiphanias	Hochzeit in Kana / Der Freudenmeister	Joh 2, 1-11	Röm 12, [4-8] 9-16	2. Mose 33, 17b-23	grün
3. So. n. Epiphanias	Der Heiden Heiland	Mt 8, 5.-13	Röm 1, [14-15] 16-17	2. Kön 5, [1-8] 9-15 [16-18] 19a	grün
4. So. n. Epiphanias	Der Herr der Naturmächte	Mk 4, 35-41	2. Kor 1, 8-11	Js 51, 9-16	grün
5. So. n. Epiphanias	Der Herr der Geschichte	Mt 13, 24-30	1. Kor 1, [4-5] 6-9	Js 40, 12-25	grün
Letzter So. n. Epiphanias	Verklärung Christi	Mt 17, 1-9	2. Kor 4, 6-10	2. Mose 3, 1-10 [11-14]	weiß
Septuagesima	Lohn und Gnade	Mt 20, 1-16a	1. Kor 9, 24-27	Jer 9, 22-23	grün
Sexagesima	Viererlei Ackerfeld	Lk 8, 4-8 [9-15]	Heb 4, 12-13	Js 55, [6-9] 10-12a	grün
Estomihi	Nachfolge und Kreuz	Mk 8, 31-28	1. Kor 13, 1-13	Amos 5, 21-24	grün
Aschermittwoch	Schätze im Himmel	Mt 6, 16-21	2. Ptr 1, 2-11	Joel 2, 12-18 [19]	violett

Invokavit	Versuchung	Mt 4, 1-11	Heb 4, 14-16	1. Mose 3, 1-19 [20-24]	violett
Reminiszere	Den Menschen ausgeliefert	Mk 12, 1-12	Röm 5, 1-5 [6-11]	Js 5, 1-7	violett
Okuli	Nachfolge und Verzicht	Lk 9, 57-62	Eph 5, 1-8a	1. Kö 19, 1-8 [9-13a]	violett
Lätare	Vom Tod zum Leben	Joh 12, 20-26	2. Kor 1, 3-7	Js 54, 7-10	violett
Judika	Nachfolge und Dienst	Mk 10, 35-45	Heb 5, 7-9	1. Mose 22, 1-13	violett
Palmsonntag	Einzug des wahren Königs	Joh 12, 12-19	Phil 2, 5-11	Js 50,4-9	violett
Gründonnerstag	Das letzte Mahl	Joh 13, 1-15 [34-25]	1. Kor 11, 23-26	2. Mose 12, 1.3-4.6-7.11-14	weiß
Karfreitag	Kreuzigung	Joh 19, 16-30	2. Kor 5, [14b-19] 19-21	Js [52, 13-15]9; 53, 1-12	schwarz / keine
Vesper am Karfreitag	Grablegung	Joh 19, 31-42			schwarz / keine
Karsamstag	Grabwache (Höllenfahrt)	Mt 27, [57-61] 62-66	1. Ptr 3, 18-22	Hes 37, 1-14	schwarz / keine
Osternacht	Maria und der Engel	Mt 28, 1-10	Kol 3, 1-4	Div.	weiß
Ostersonntag	Auferstehung	Mk 16, 1-8	1. Kor 15, 1-11	1. Sam 2, 1-2.8-8a	weiß
Ostermontag	Emmaus	Lk 24, 13-35	1. Kor 15, 12-20	Js 25, 8-9	weiß
Quasimodogeniti	Der "ungläubige" Thomas	Joh 20, 19-29	1. Ptr 1, 3-9	Js 40, 26-31	weiß
Miserikordias Domini	Der gute Hirte	Joh 10, 11-16 [27-30]	1. Ptr 2, 21b-25	Hes 34, 1-2 [3-9] 10-16.31	weiß

Tabellarische und graphische Übersichten

Jubilate	Der wahre Weinstock	Joh 15, 1-8	1. Joh 5, 1-4	1. Mose 1-4a. 26-31a. 2, 1-4a	weiß
Kantate	Sohn und Vater	Mt 11, 25-30	Kol 3, 12-17	Js 12, 1-6	weiß
Rogate	Überwindung der Welt (Vom Beten)	Joh 16, 23b-28 [29-32] 33	1. Tim 2, 1-6a	2. Mose 32, 7-14	weiß
Christi Himmelfahrt	"Himmelfahrt" / Erhöhung	Lk 24, [44-49] 50-53	Apg 1, 3-4 [5-7] 8-11	1. Kö 8, 22-24.26-28	weiß
Exaudi	Ansage des Trösters	Joh 15, 26-16, 4	Eph 3, 14-21	Jere 31, 31-34	weiß
Pfingstsonntag	Kirche des Geistes	Joh 14, 23-27	Apg 2, 1-18	4. Mose 11, 11-12.14-17.24-25	rot
Pfingstmontag	Schlüssel des Himmels	Mt 16, 13-19	1. Kor 12, 4-11	1. Mose 11, 1-9	weiß
Trinitatis	Trinität / Aus Geist geboren	Joh 3, 1-8 [9-15]	Röm 11, [32] 33-36	Js 6, 1-13	grün
1. So. n. Trinitatis	Lazarus, Apostel und Propheten	Lk 16, 19-31	1. Joh 4, 16b-21	5. Mose 6. 4-9	grün
2. So. n. Trinitatis	Das große Gastmahl	Lk 14, [15] 16-24	Eph 2, 17-22	Js 55, 1-3b [3c-5]	grün
3. So. n. Trinitatis	Suche, Umkehr und Freude	Lk 15, 1-7 [8-10]	1. Tim 1, 12-17	Hese 18, 1-4.21-24.30-32	grün
4. So. n. Trinitatis	Barmherzigkeit und Richtgeist	Lk 6, 36-42	Röm 14, 10-13	1. Mose 50, 15-21	grün
5. So. n. Trinitatis	Gottvertrauen und Menschenfang	Lk 5, 1-11	1. Kor 1, 18-25	1. Mose 12, 1-4a	grün
6. So. n. Trinitatis	Mission und Taufe	Mt 28, 16-20	Röm 6, 3-8 [9-11]	Js 43, 1-7	grün

I: Das Kirchenjahr

7. So. n. Trinitatis	Brot und Leben	Joh 6, 1-15	Apg 2, 41a.42-47	2. Mose 16, 2-3.11.18	grün
8. So. n. Trinitatis	Blindenheilung	Mt 5, 13-16	Eph 5, 8b-14	Js 2, 1-5	grün
9. So. n. Trinitatis	Dankbarkeit und Rechenschaft	Mt 25, 14-30	Phil 3, 7-11 [12-14]	Jere 1, 4-10	grün
10. So. n. Trinitatis	Klage über Jerusalem / Tempelreinigung	Lk 19, 41-48	Röm 11, 25-32	2. Kön 25, 8-12	grün
11. So. n. Trinitatis	Pharisäer und Zöllner	Lk 18, 9-14	Eph 2, 4-10	2. Sam 12, 1-10.13-15a	grün
12. So. n. Trinitatis	Taubstummenheilung	Mk 7, 31-37	Apg 9, 1-9 [10-20]	Js 29, 17-24	grün
13. So. n. Trinitatis	Der "Nächste"	Lk 10, 25-37	1. Joh 4, 7-12	1, Mose 4, 1-16a	grün
14. So. n. Trinitatis	Aussatz, Heilung und Dankbarkeit	Lk 17, 11-19	Röm 8, [12-13] 14-17	1. Mose 28, 10-19a	grün
15. So. n. Trinitatis	Sorgen und Vertrauen	Mt 6, 25-34	1. Ptr 5, 5c-11	1. Mose 2, 4b-9 [10-14] 15	grün
16. So. n. Trinitatis	Die Macht über Leben und Tod	Joh 11, 1[2]3.17-27 [41-45]	2. Tim 1, 7-10	Klage 3, 22-26.31-32	grün
17. So. n. Trinitatis	Der Sieg des Glaubens	Mt 15, 21-28	Röm 10, 9-17 [18]	Js 49, 1-6	grün
18. So. n. Trinitatis	Das höchste Gebot	Mk 12, 28-34	Röm 14, 17-19	2. Mose 20, 1-17	grün

Tabellarische und graphische Übersichten

19. So. n. Trinitatis	Krankenheilung - Sündenvergebung	Mk 2, 1-12	Eph 4, 22-32	2. Mose 34, 4-10	grün
20. So. n. Trinitatis	Herzenshärte und Kinderliebe	Mk 10, 2-9 [10-16]	1. Thes 4, 1-8	1. Mose 8, 18-22	grün
21. So. n. Trinitatis	Vergeltung oder Feindesliebe?	Mt 5, 38-48	Eph 6, 10-17	Jere 29, 1.4-7.10-14	grün
22. So. n. Trinitatis	Schuld und Gnade	Mt 18, 21-35	Phil 1, 3-11	Micha 6, 6-8	grün
23. So. n. Trinitatis	Kirche und Welt	Mt 22, 15-22	Phil 3, 17 [18-19]	1. Mose 18, 20-21.22b-33	grün
24. So. n. Trinitatis	Überwindung des Todes	Mt 9, 18-26	Kol 1, [9-12] 13-20	Pre 3, 1-14	grün
Drittl. So. d. Kirchenjahres	Das Reich Gottes	Lk 17, 20-24 [25-30]	Röm 14, 7-9	Hiob 14, 1-6	grün
Vorl. So. d. Kirchenjahres	Weltgericht	Mt 25, 31-46	Röm 8, 18-23 [24-25]	Jere 8, 4-7	grün
Buß- und Bettag	Theodizee oder Umkehr?	Lk 13, [1-5] 6-9	Röm 2, 1-11	Js 1, 10-17	violett
Letzter So. d. Kirchenjahres	Zur Stunde bereit? Das Himmelreich kommt.	Mt 25, 1-13	Offb 21, 1-7	Js 65, 17-19 [20-22] 23-25	grün

I: Das Kirchenjahr

Unbewegliche Fest- und Gedenktage (Auswahl)

Sonntags- bzw. Festtagsname	Leitmotiv / Thematischer Akzent des Evang.-textes	Evangelium	Epistel	AT-Lesung	Liturg. Farbe
Maria Verkündigung (25. März)	Verheißung: Geburt	Lk 1, 26-38	Gal 4, 4-7	Js 7, 10-14	weiß
Johannistag (24. Juni)	Geburt des Johannes	Lk 1, 57-67 [68-75] 76-80	Apg 19, 1-7	Js 40, 1-8	weiß
Michaelistag (29. September)	"Von guten Mächten..."	Lk 10, 17-20	Offb 12, 7-12a	Josua 5, 13-15	weiß
Erntedankfest (1. So. im Okt.)	Gottes Gaben und wahrer Reichtum	Lk 12, [13-14] 15-21	2. Kor 9, 6-15	Js 58, 7-12	grün
Reformationstag (31. Oktober)	Allein aus Glauben, allein aus Gnaden	Mt 5, 1-10 [11-12]	Röm 3, 21-28	Js 62, 6-7.10-12	rot
Allerheiligen (1. November)	"Selig sind, die ...."	Mt 5, 1-10 [11-12]	Offb 7, 9-12 [13-17]		rot

Tabellarische und graphische Übersichten

II: Die Erlebnisgesellschaft[b]

Die sozialen Milieus, charakterisiert in Stichworten

	Niveaumilieu	Harmoniemilieu	Integrationsmilieu	Selbstverwirk-lichungsmilieu	Unterhaltungs-milieu
Manifestation in der Alltags-erfahrung	Publikum der Hochkulturszene / politische und wirtschaftliche Elite: Ärzte, Anwälte, Vorstandsmitglieder / Bekleidungsstil: konservativ, qualitätsbewußt, "elegant" / Rotary, Lions / Lokale mit "gehobener" Atmosphäre	ältere Arbeiter und Verkäuferinnen / Rentner und Rentnerinnen / Bekleidungsstil: billig und unauffällig / Fußballpublikum / Pauschaltourismus	mittlere Angestellte und Beamte / Besitzer von Eigenheimen / Vereinsleben / Mittelklassewagen	"Yuppies", Spontis, neue Kulturszene / Studentenkneipen, Griechen, Italiener, Ambiente-Läden / moderner Freizeitsport (Surfen, Radfahren, Joggen, Tennis) / Boutiquen / Naturkostläden	jüngere Arbeiter und Arbeiterinnen, Verkäuferinnen / Bekleidungsstil: sportlich, oft billige Massenware / Fußballfans / Bodybuilding / Bräunungsstudio / Spielhallen und Automatensalons
Alltagsästhetik / Präferenzen	Konzert, Museum, Oper / Tageszeitung: Kultur, Wirtschaft, Politik	Fernsehshows, Quiz, Heimatfilme, Unterhaltungssendungen / Schlager und Volksmusik / Bildzeitung / Goldenes Blatt u.ä.	Trivialliteratur / Fernsehen / leichte Musik / lokale Nachrichten / Schauspielhaus	Trend- und Kulturfilm / Tennis, Surfen / Rockfestival / Cafe / Diskotheken	Auto oder Motorrad fahren / Kirmes / Vergnügungsviertel // Sportszene / Video sehen / Suche nach Abwechslung / Feste / Diskotheken / Modezeitschriften
Genußschema	Kontemplation	Gemütlichkeit	Gemütlichkeit und Kontemplation	Action und Kontemplation	Action
Distinktion	antibarbarisch	antiexzentrisch	antiexzentrisch und antibarbarisch	antikonventionell und antibarbarisch	antikonventionell

[b] Nach: G. SCHULZE, *Die Erlebnisgesellschaft, Kultursoziologie der Gegenwart*, Frankfurt ⁵1995, 291, 300, 311, 321, 330 (erstellt von Dennis Jäschke)

II: Die Erlebnisgesellschaft

Lebens-philosophie	Perfektion	Harmonie	Harmonie und Perfektion	Narzißmus und Perfektion	Narzißmus
sonstige Aspekte	vorherrschend Hochsprache / gute Selbstinszenierung / politisches Interesse	dialektgefärbte Sprache / relativ hohe Lebenszufriedenheit / geringe Offenheit	Nachbarschaftskontakte	gute Selbstinszenierung / großer Freundeskreis / geringe Lebenszufriedenheit / Suche nach Abwechslung / hohe Offenheit	hoher Zigarettenkonsum / geringe Religiosität / geringes Interesse an öffentlichen Angelegenheiten
Situation		häufig Selbstzurechnung zur Unter- oder Arbeiterschicht /geringer Wohnkomfort / niedrige Bildung, niedriger beruflicher Status von Partnern	typische Merkmale der Tätigkeit des mittleren Angestellten	Arbeit am Bildschirm / Schulbildung des Partners mittel oder höher	geringe Wohnzufriedenheit / Schulbildung und Status der Eltern gering / Schulung und Status des Partners gering
Ich-Welt-Bezug	weltverankert	weltverankert	weltverankert	ichverankert	ichverankert
Primäre Perspektive	Hierachie	Gefahr	soziale Erwartungen	Innerer Kern	Bedürfnisse
Existentielle Problemdefinition	Streben nach Rang	Streben nach Geborgenheit	Streben nach Konformität	Streben nach Selbstverwirklichung	Streben nach Stimulation
Fundamentale Interpretation	Komplexität und Ordnung	Einfachheit und Ordnung	mittlere Komplexität und Ordnung	Komplexität und Spontaneität	Einfachheit und Spontaneität
Erlebnisparadigma	Nobelpreisverleihung	Hochzeit	nette Runde	Künstler	Miami Beach

183

Tabellarische und graphische Übersichten

III: Faktoren im System: Predigt[c]

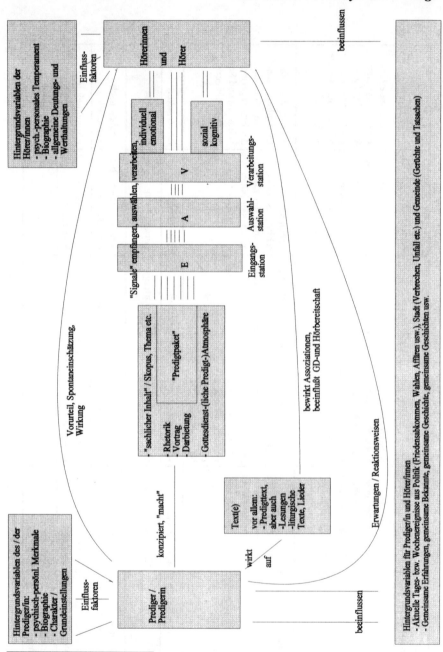

[c] Erstellt nach: K.W. DAHM, *Hören und Verstehen. Kommunikationssoziologische Überlegungen zur gegenwärtigen Predigtnot*, (zuletzt) in: A. BEUTEL u.a. (Hg.), *Homiletisches Lesebuch. Texte zur heutigen Predigtlehre*, Tübingen ²1989, 242-252

LITERATUR

(Man beachte bitte zusätzlich die in den einzelnen Kapiteln jeweils unter der Rubrik "Literatur zur Weiterarbeit und Vertiefung" aufgeführten Titel; sie sind hier nicht noch einmal katalogisiert.)

H. ALBRECHT, *Sie sagen Gott, und sie meinen Kattun. Religion in den Medien, alltäglich: Das Beispiel Werbung*, in: DERS., *Die Religion der Massenmedien*, Stuttgart 1993, 42-62

H.E. BAHR, *Verkündigung als Information*, Hamburg 1968

K. BARTH, *Das Wort Gottes als Aufgabe der Theologie*, in: J. MOLTMANN (Hg.), *Anfänge der Dialektischen Theologie, Bd.1*, München 1977

DERS., *Die kirchliche Dogmatik I/2 (Die Lehre vom Wort Gottes)*, Zürich ⁸1990

DERS., *Die kirchliche Dogmatik IV/3 (Die Lehre von der Versöhnung)*, Zürich 1959

DERS., *Homiletik. Wesen und Vorbereitung der Predigt*, Zürich 1966

DERS., *Menschenwort und Gotteswort in der christlichen Predigt*, ZZ 3, 1925

W. BARTHOLOMÄUS, *Evangelium als Information*, Köln 1972

H.D. BASTIAN, *Verfremdung und Verkündigung*. ThEh 127, München 1965

DERS., *Vom Wort zu den Wörtern. Karl Barth und die Aufgabe der Praktischen Theologie*, EvTh 28 (1968), 25-55

O. BAUMGARTEN, *Prinzipielle Homiletik*, aus: *Leitfaden der Homiletik zu den Vorlesungen des Prof. O. Baumgarten*, Kiel 1899, 5-13, zuletzt in: F. WINTZER, *Predigt. Texte zum Verständnis und zur Praxis der Predigt in der Neuzeit*, München 1989, 73-81

U. BECK, *Risikogesellschaft. Auf dem Weg in eine andere Moderne*, Frankfurt / M. 1986

H.J. BENEDICT, *Verkündigung als Information - Zehn Jahre danach*, WuPKG 69 (1980), 338ff

P.L. BERGER / TH. LUCKMANN, *Modernität, Pluralismus und Sinnkrise. Die Orientierung des modernen Menschen*, Gütersloh 1995

A. BEUTEL, *Offene Predigt. Homiletische Bemerkungen zu Sprache und Sache*, in: PTh 77 (1988), 518-537

DERS., / V. DREHSEN / H.M. MÜLLER, *Homiletisches Lesebuch. Texte zur heutigen Predigtlehre*, Tübingen ²1989

K.H. BIERITZ, *Das Kirchenjahr. Feste, Gedenk- und Feiertage in Geschichte und Gegenwart*, München ³1991

DERS., *Das Kirchenjahr*, in: H.C. SCHMIDT-LAUBER / K.H. BIERITZ (Hg.), *Handbuch der Liturgik. Liturgiewissenschaft in Theologie und Praxis der Kirche*, Göttingen 1995, 453-489

DERS., *Offenheit und Eigensinn. Plädoyer für eine eigensinnige Predigt*, in: BThZ 14 (1997), 188

P.C. BLOTH, *Die Perikopen*, in: H.C. SCHMIDT-LAUBER / K.H. BIERITZ (Hg.), *Handbuch der Liturgik. Liturgiewissenschaft in Theologie und Praxis der Kirche*, Göttingen 1995, 715-727

R. BOHREN, *Predigtlehre*, München ⁴1980

K. BORNKAMM / G. EBELING (Hg.), *Martin Luther. Ausgewählte Schriften*, Bd. 5, Frankfurt 1982

G.A.D. BRINKE, *Wie fange ich eine Predigt an?*, wp 13 (1975), 43ff

F.T. BRINKMANN, *Glaubhafte Wahrheit - erlebte Gewißheit. Zur Bedeutung der Erfahrung in der deutschen protestantischen Aufklärungstheologie (Arbeiten zur Theologiegeschichte Bd. 2)*, Rheinbach-Merzbach 1994

DERS., *Comics und Religion. Das Medium der Neunten Kunst in der gegenwärtigen Deutungskultur*, Stuttgart 1999

DERS., *Seelsorge im Trauerfall. Lehrmeinungen, populäre Kulturen und religiöse Lebensdeutung*, PTh 88 (1999), 42-58

DERS., *"Gott ist ein Kissen"? Überlegungen zu Metaphern, Stories und christlich-religiösen Gehalten in Predigt und Gottesdienst*, PT 35 (2000), 24-40

DERS., *Biographie und Gottesglaube. Ein kleiner Versuch zu Luthers theologischer Entwicklung im Zusammenhang von Textauslegung und Selbstdeutung*, IJPT 2/00, Berlin-New York 2000

B. BRINKMANN-SCHAEFFER, *Kino statt Kirche? Zur Erforschung der sinngewährenden und religionsbildenden Kraft populärer zeitgenössischer Filme*, Rheinbach-Merzbach 1999

R. BULTMANN, *Die Bedeutung des Alten Testaments für den christlichen Glauben*, GuV I, ⁵1964, 313-336

DERS., *Die Geschichte der synoptischen Tradition*, Göttingen ⁹1979

B.S. CHILDS, *Biblical Theology in Crisis*, Philadelphia 1970

H. CONZELMANN / A. LINDEMANN, *Arbeitsbuch zum Neuen Testament*, Tübingen ¹¹1995

P. CORNEHL / H.E. BAHR, *Gottesdienst und Öffentlichkeit*, Hamburg 1970

K.W. DAHM, *Hören und Verstehen. Kommunikationssoziologische Überlegungen zur gegenwärtigen Predigtnot*, (zuletzt) in: A. BEUTEL / V. DREHSEN / H.M. MÜLLER (Hg.), *Homiletisches Lesebuch. Texte zur heutigen Predigtlehre*, Tübingen ²1989, 242-252

K.-F. DAIBER / H.W. DANNOWSKI / W. LUKATIS / K. MEYERBRÖKER / P. OHNESORG / B. STIERLE, *Predigen und Hören. Ergebnisse einer Gottesdienstbefragung, Bd.2: Kommunikation zwischen Predigern und Hörern - sozialwissenschaftliche Untersuchungen*, München 1983

H.-W. DANNOWSKI, *Kompendium der Predigtlehre*, Gütersloh 1985

M. DOERNE, *Das Liebeswerk der Predigt. Ein Beitrag zur Predigtlehre*, (zuletzt) in: F. WINTZER (Hg.), *Predigt. Texte zum Verständnis und zur Praxis der Predigt in der Neuzeit*, München 1989, 162-173

U. DUCHROW, *Alternativen zur kapitalistischen Weltwirtschaft. Biblische Erinnerung und politische Ansätze zur Überwindung einer lebensbedrohenden Ökonomie*, Gütersloh-Mainz 1994

P. DÜSTERFELD / H.B. KAUFMANN, *Didaktik der Predigt*, Münster 1975

G. EBELING, *Was heißt "Biblische Theologie"?*, WuG I, Tübingen [3]1967, 69-89

U. ECO, *Zwischen Autor und Text*, in: DERS., *Zwischen Autor und Text. Interpretationen und Überinterpretationen. Mit Einwürfen von Richard Rorty u.a.*, München 1996, 75-91

W. ENGEMANN, *Der Spielraum der Predigt und der Ernst der Verkündigung*, in: E. GARHAMMER / H.G. SCHÖTTLER (Hg.), *Predigt als offenes Kunstwerk. Homiletik und Rezeptionsästhetik*, München 1998, 180-200

DERS., *Semiotische Homiletik. Prämissen - Analysen - Konsequenzen*, Tübingen / Basel 1993

W. FAULSTICH, *Medientheorien. Einführung und Überblick*, Göttingen 1991

H. FREI, *The Eclipse of Biblical Narrative*, New Haven 1974

O. FUCHS, *Sprechen in Gegensätzen. Meinung und Gegenmeinung in kirchlicher Rede*, München 1978

DERS., *Die lebendige Predigt*, München 1978

J.P. GABLER, *Von der rechten Unterscheidung der biblischen und dogmatischen Theologie und der rechten Bestimmung ihrer beider Ziele (= Oration de iusto discrimine theologiae biblicae et dogmaticae regundisque utriusque finibus*, 1787; deutsche Übersetzung v. O. Merk); in: G. STRECKER, *Das Problem der Theologie des Neuen Testaments* (WdF 367), Darmstadt 1975, 32-44

H.G. GADAMER, *Wahrheit und Methode. Grundzüge einer philosophischen Hermeneutik*, Tübingen [4]1975

N. GAIMAN / D. MCKEAN, *Der letzte Film*, Hamburg 1992

C. GEERTZ, *Dichte Beschreibung. Beiträge zum Verstehen kultureller Systeme*, Frankfurt [3]1994

H. GESE, *Das biblische Schriftverständnis*, in: DERS., *Zur biblischen Theologie*, Tübingen [2]1983, 9-30

DERS., *Erwägungen zur Einheit der biblischen Theologie*, in: DERS., *Vom Sinai zum Zion*, München 1974, 11-30

W. GRÄB, *Die gestaltete Religion. Bizer'sche Konstruktionen zum Unterricht als homiletische und liturgische Übung*, in: DERS. (Hg.), *Religionsunterricht jenseits der Kirche?*, Neukirchen 1996, 69-82

DERS., *Lebensgeschichten - Lebensentwürfe - Sinndeutungen. Eine praktische Theologie gelebter Religion*, Gütersloh 1998

DERS., *Praktische Theologie als religiöse Kulturhermeneutik. Eine deutende Theorie gegenwärtig gelebter Religion*, in: E. HAUSCHILDT / M. LAUBE / U. ROTH, *Praktische Theologie als Topographie des Christentums. Eine phänomenologische Wissenschaft und ihre hermeneutische Dimension*, Rheinbach 2000, 86-110

A. GRÖZINGER, *Die Sprache des Menschen*, Gütersloh 1991

J. GÜNTNER / T. LEIF, *"Innere Ziele mit äußeren Mitteln verfolgen". Gerhard Schulze und die Erlebnisgesellschaft*, in: Die neue Gesellschaft. Frankfurter Hefte 40, 1993, 349-354

J. HACH, *Gesellschaft und Religion in der Bundesrepublik Deutschland*, Heidelberg 1980

E. HAUSCHILDT (Hg.), *Text und Kontext in Theologie und Kirche*, Hannover 1989

DERS., *Kirchliche Trauungen zwischen Magiebedürfnis und Interpretationschance*, in: PTh 88 (1999), 29-33

H.V. HENTIG, *Lebensklug und fromm. Ein Gebet, das ein Gedicht ist*, in: Evangelische Kommentare 4/95 (1995), 209

J. HERMELINK, *Predigt und Predigtlehre bei K. Barth*, PTh 76 (1987), 440-460

R. HEUE / R. LINDNER, *Predigen lernen*, Gladbeck 1976

R. HITZLER, *Sinnwelten: ein Beitrag zum Vestehen von Kultur*, Opladen 1988

K. HOLL, *Luthers Bedeutung für den Fortschritt der Auslegungskunst*, in: DERS., *Gesammelte Aufsätze zur Kirchengeschichte, Bd. 1: Luther*, Tübingen 1921, 414-450.

W. HUBER, *Die Sinnfrage in der säkularisierten Gesellschaft: Transzendenz, Religion und Identität*, in: W. WEIDENFELD / D. RUMBERG (Hg.), *Orientierungsverlust - Zur Bindungskrise der modernen Gesellschaft*, Gütersloh 1994, 45-57

W. JENS, *Von deutscher Rede*, (Erweiterte Neuausgabe) München 1983

M. JOSUTTIS, *Rhetorik und Theologie in der Predigtarbeit*, München 1985

F. KERMRODE, *The Romantic Image*, London: Routledge, 1961

K. KOCH, *Was ist Formgeschichte. Methoden der Bibelexegese*, Neukirchen ^{5}1989

B.W. KÖBER, *Die Elemente des Gottesdienstes (Wort Gottes, Gebet, Lied, Segen)*, in: H.C. SCHMIDT-LAUBER / K.H. BIERITZ (Hg.), *Handbuch der Liturgik. Liturgiewissenschaft in Theologie und Praxis der Kirche*, Göttingen 1995, 689-714

G. LANCZKOWSKI, Art. *Inspiration, I. Religionsgeschichtlich*, RGG III/3, 773f

F. LANG, *Christuszeugnis und biblische Theologie*, EvTh 29 (1969), 523-534

E. LANGE, *Die Schwierigkeit, Pfarrer zu sein*, in: E. LANGE, *Predigen als Beruf. Aufsätze zu Homiletik, Liturgie und Pfarramt* (Hg. R. Schloz), München ^{2}1987, 142-166

DERS., *Zur Theorie und Praxis der Predigtarbeit*, in: DERS., *Predigen als Beruf*, aaO. 9-51

DERS., *Zur Aufgabe christlicher Rede*, in: DERS, *Predigen als Beruf*, aaO. 52-67

LANDESKIRCHENAMT DER EVANGELISCHEN KIRCHE VON WESTFALEN (Hg.), *Das Recht in der Evangelischen Kirche von Westfalen*, Bielefeld, Stand Mai 1998

G.E. LESSING, *Über den Beweis des Geistes und der Kraft*, in: H.G. GÖPFERT (Hg.), *Gotthold Ephraim Lessing. Werke*, Darmstadt 1996 (München 1979), Bd. 8, 9-14

DERS., *Das Testament Johannes*, in: H.G. GÖPFERT (Hg.), *Gotthold Ephraim Lessing. Werke*, Darmstadt 1996 (München 1979), Bd. 8, 15-20

DERS., *Die Erziehung des Menschengeschlechts*, in: H.G. GÖPFERT (Hg.), *Gotthold Ephraim Lessing. Werke*, Darmstadt 1996 (München 1979), Bd. 8, 489-510

R. LISCHER, *Die Funktion des Narrativen in Luthers Predigt. Der Zusammenhang von Rhetorik und Anthropologie*; in: A. BEUTEL u.a., *Homiletisches Lesebuch*, aaO. 308-329

E. LOHSE, *Die Einheit des Neuen Testaments als theologisches Problem*, EvTh 35 (1975), 139-154

U. LUCK, *Welterfahrung und Glaube als Grundproblem biblischer Theologie* (TEH 191), München 1976

TH. LUCKMANN, *Die unsichtbare Religion*, Frankfurt a. Main 1991

N. LUHMANN, *Funktion der Religion*, Frankfurt/Main 1977

M. MCLUHAN, *Die magischen Kanäle. Understanding Media*, (Amerika. 1964), Düsseldorf / Wien 1968

H. LUTHER, *Frech achtet die Liebe das Kleine. Spätmoderne Predigten*, Stuttgart 1991

DERS., *Stufenmodell der Predigtvorbereitung*, in: ThPr 17, 1982, 60-68

DERS., *Predigt als inszenierter Text. Überlegungen zur Kunst der Predigt*, in: ThPr 18 (1983), 89-100

DERS., *Predigt als Handlung. Überlegungen zur Pragmatik des Predigens*, in: ZThK 80 (1983), 223-243

G.M. MARTIN, *Predigt als 'offenesKunstwerk'? Zum Dialog zwischen Homiletik und Rezeptionsästhetik*, in: EvTh 44 (1984), 46-58

F. MILDENBERGER, *Systematisch-theologische Randbemerkungen zur Diskussion um eine Biblische Theologie*, in: Ders. / J. TRACK (Hg.), *Zugang zur Theologie* (FS W. Joest), Göttingen 1979, 11-32

J. MILES, *Gott. Eine Biographie*, München 1998

M. MOTTÉ, *Auf der Suche nach dem verlorenen Gott. Religion in der Literatur der Gegenwart*, Mainz 1997

F. NIEBERGALL, *Wie predigen wir dem modernen Menschen?*, Tübingen 1921 (= Erste Aufl. v. 3. Teil)

G. OTTO, *Predigt als Rede*, Stuttgart 1976

DERS., *Rhetorische Predigtlehre. Ein Grundriß*, Mainz 1999

W.A. DE PATER, *Theologische Sprachlogik*, München 1971

W. PHILIPP, Art. *Inspiration, III. Inspiration der hl. Schrift, dogmatisch*, RGG III/3, 779-782

H.-C. PIPER, *Predigtanalysen. Kommunikation und Kommunikationsstörungen in der Predigt*, Göttingen / Wien 1976

H.F. PLETT, *Von deutscher Rhetorik*, in: DERS. (Hg.), *Die Aktualität der Rhetorik*, München 1996

M. PÖTTNER, *Realität als Kommunikation*, Münster 1995

P. PRASCHL, *GOTT Ein Suchbild*, in: Amica. *Das Frauenmagazin für Freundinnen*, Amica Verlag GmbH & Co.KG, Hamburg, Heft 1/2000, 95-98

G.V. RAD, *Theologie des Alten Testamentes*, Bd. 2, München [4]1965

T. RENDTORFF, *Christentum außerhalb der Kirche*, Hamburg 1969

F. RIEMANN, *Die Persönlichkeit des Predigers aus tiefenpsychologischer Sicht*, in: R. RIESS (Hg.), *Perspektiven der Pastoralpsychologie*, Göttingen 1974, 152-166

R. RIESS, *Zur pastoralpsychologischen Problematik des Predigers*, zuletzt in: A. BEUTEL / V. DREHSEN / H.M. MÜLLER, *Homiletisches Lesebuch. Texte zur heutigen Predigtlehre*, 154-176

D. RITSCHL / H.D. JONES, *"Story" als Rohmaterial der Theologie*, 1976

M. RÖßLER, *Die Liedpredigt. Geschichte einer Predigtgattung*, Göttingen 1976

J. ROLOFF (Hg.), *Die Predigt als Kommunikation*, Stuttgart 1972

H.H. SCHMID, *Unterwegs zu einer neuen Biblischen Theologie?*, in: K. HACKER u.a. (Hg.), *Biblische Theologie heute. Biblisch-theologische Studien Bd. 1*, Neukirchen-Vluyn 1977, 75-95

J. SCHREIBER, Art. *Predigt*, in: G. OTTO (HG.), *Praktisch-theologisches Handbuch*, Stuttgart [2]1975, 476-493

O. SCHREUDER, *Die schweigende Mehrheit*, (zuletzt) in: A. BEUTEL u.a., Homiletisches Lesebuch, aaO. 253-260

H. SCHRÖER, *Bibelauslegung durch Bibelgebrauch. Neue Wege "praktischer Exegese"*, EvTh 45 (1985), 500-515

DERS., *Umberto Eco als Predigthelfer? Fragen an Gerhard Marcel Martin*, in EvTh 44 (1984), 58-63

A. SCHÜTZ / TH. LUCKMANN, *Strukturen der Lebenswelt 1+2*; Frankfurt 1979 / 1984

G. SCHULZE, *Die Erlebnisgesellschaft. Kultursoziologie der Gegenwart*, [5]1995

U. SCHWAB, *Lebensgeschichte erzählen. Wandlungen in der Wahrnehmung einer religiösen Gattung durch die Praktische Theologie*, in: E. HAUSCHILDT / M. LAUBE / U. ROTH, *Praktische Theologie als Topographie des Christentums*, aaO. 290-303

A. SCHWEIZER, *Homiletik*, Leipzig 1848

M. SEITZ, *Zum Problem der sogenannten Predigtmeditationen*, (zuletzt) in: A. BEUTEL u.a., *Homiletisches Lesebuch*, aaO. 141-151

G. SIEGWALT, *Biblische Theologie als Begriff und Vollzug*, KuD 25 (1979), 254-272

H.G. SOEFFNER, *Auslegung des Alltags - Der Alltag der Auslegung. Zur wissenssoziologischen Konzeption einer sozialwissenschaftlichen Hermeneutik*, Frankfurt 1989

DERS., *Die Ordnung der Rituale. Die Auslegung des Alltags 2*, Frankfurt 1992

T. STAEHLIN, *Kommunikationsfördernde und -hindernde Elemente in der Predigt*, in: WPKG 61 (1972), 297ff

U.V.D. STEINEN, *Rhetorik - Instrument oder Fundament christlicher Rede? Ein Beitrag zu Gert Ottos rhetorisch-homiletischem* Denkansatz, in: EvTh 39 (1979), 101-127

D. STOLLBERG, *Predigt praktisch. Homiletik - kurz gefaßt, mit zehn Predigtentwürfen*, Göttingen 1979

CH. TAYLOR, *Quellen des Selbst. Die Entstehung der neuzeitlichen Identität*, Frankfurt 1996

P. TILLICH, *Über die Idee einer Theologie der Kultur*, in: Religionsphilosophie der Kultur. Zwei Entwürfe von Gustav Radbruch und Paul Tillich, Berlin 1919, 28-51

W. TRILLHAAS, *Einführung in die Predigtlehre*, Darmstadt ²1980

O. WEBER, Art. *Inspiration, II. Inspiration der hl. Schrift, dogmengeschichtlich*, RGG III/3, 775-779

E. WINKLER, *Der Predigtgottesdienst*, in: H.C. SCHMIDT-LAUBER / K.H. BIERITZ (Hg.), *Handbuch der Liturgik. Liturgiewissenschaft in Theologie und Praxis der Kirche*, Göttingen 1995, 248-270

F. WINTER, *Die Predigt*, in: H. AMMER u.a. (Hg.), *Handbuch der Praktischen Theologie* (Band 2), Berlin 1974, 197-312

F. WINTZER (Hg.), *Predigt. Texte zum Verständnis und zur Praxis der Predigt in der Neuzeit*, München 1989

F. WITTEKIND, *Das Diesseits der Erinnerung. Religiöse Deutungsmuster des Lebens in Rosamunde Pilchers Roman "Die Muschelsucher"*, Praktische Theologie 30, 1995, 187-195

Evangelisches Gottesdienstbuch. Agende für die Evangelische Kirche der Union und für die Vereinigte Evangelisch-Lutherische Kirche Deutschlands; Herausgegeben von der Kirchenleitung der Vereinigten Evangelisch-Lutherischen Kirche Deutschlands und im Auftrag des Rates von der Kirchenkanzlei der Evangelischen Kirche der Union, Berlin - Bielefeld - Hannover 1999

Der Heidelberger Katechismus, (hg. v. O. Weber), Gütersloh ²1983

Martin Nicol

Grundwissen Praktische Theologie

Ein Arbeitsbuch
2000. 264 Seiten
Kart./Fadenheftung
DM 35,80/öS 261,–/sFr 33,–
ISBN 3-17-015276-9

Der Autor

Professor Dr. Martin **Nicol** lehrt Praktische Theologie an der Universität Erlangen-Nürnberg

Praktische Theologie bezieht sich auf aktuelle Phänomene in Kirche und Gesellschaft. Das macht es den Studierenden besonders schwer, sich gesichertes Wissen für Prüfungen anzueignen. Dieses Arbeitsbuch leitet an zu eigener Urteilsbildung im Spannungsfeld von aktuellen Phänomenen und wissenschaftlichem Diskurs:

Es fördert den Umgang mit Texten, die für den praktisch-theologischen Diskurs wichtig geworden sind („Klassiker") oder werden könnten. Bei den Empfehlungen zur Lektüre wird zwischen Pflicht und Kür unterschieden.
Durch Leitfragen zur Lektüre wird der Umgang mit wissenschaftlichen Texten eingeübt.
Thematische Querschnitte (Focus-Kapitel) und Querverweise zielen auf Verknüpfungen zwischen bereits gesichertem und neu erworbenem Wissen, zwischen den Teilbereichen des Faches sowie zwischen der Praktischen Theologie und anderen theologischen Disziplinen.
Ein PT-Wörterbuch jeweils am Ende von Abschnitten dient der Einübung in die Fachsprache und der Sicherung des erworbenen Wissens.

Kohlhammer

W. Kohlhammer GmbH · 70549 Stuttgart · Tel. 0711/78 63 - 280